COMUNICOLOGIA:
Reflexões sobre o futuro

Vilém Flusser

COMUNICOLOGIA
Reflexões sobre o futuro

As conferências de Bochum

Tradução de
Tereza Maria Souza de Castro

Editado por
Silvia Wagnermaier e Siegfried Zielinski

Com prefácio de
Friedrich A. Kittler
e posfácio de
Silvia Wagnermaier

martins fontes
selo martins

© 2015 Martins Editora Livraria Ltda., São Paulo, para a presente edição.
© 2008 Fischer Taschenbuch Verlag in der S. Fischer Verlag GmbH,
Frankfurt am Main.
Esta obra foi originalmente publicada em alemão sob o título *Kommunikologie weiter denken – die Bochumer Vorlesungen*.

Publisher **Evandro Mendonça Martins Fontes**
Coordenação editorial *Vanessa Faleck*
Produção editorial *Susana Leal*
Diagramação *Megaarte Design*
Revisão técnica e preparação *Vicente de Arruda Sampaio*
Revisão *Juliana Amato Borges*
Ellen Barros
Renata Sangeon

1ª **edição** março de 2015 | **Fonte** Rotis / Agaramond
Papel Offset 75g/m² | **Impressão e acabamento** Yangraf

Dados Internacionais de Catalogação na Publicação (CIP)
(Câmara Brasileira do Livro, SP, Brasil)

Flusser, Vilém, 1920-1991.
 Comunicologia : reflexões sobre o futuro : as conferências de Bochum / Vilém Flusser ; tradução de Tereza Maria Souza de Castro ; editado por Silvia Wagnermaier e Siegfried Zielinski ; com prefácio de Friedrich A. Kittler e posfácio de Silvia Wagnermaier. – São Paulo : Martins Fontes - selo Martins, 2014.

Título original: Kommunikologie weiter denken : die "Bochumer" Vorlesungen

ISBN 978-85-8063-177-7

1. Comunicação 2. Comunicação – Filosofia 3. Ensaios – Coletâneas I. Título.

14-11267   CDD-102

Índices para catálogo sistemático:
1. Filosofia : Ensaios   102

Todos os direitos desta edição reservados à
Martins Editora Livraria Ltda.
Av. Dr. Arnaldo, 2076
01255-000 São Paulo SP Brasil
Tel.: (11) 3116 0000
info@emartinsfontes.com.br
www.martinsfontes-selomartins.com.br

Por ocasião de sua primeira estada como docente convidado na Alemanha em 1991, na Universidade do Ruhr-Bochum, Vilém Flusser pretendia repensar fundamentalmente sua crítica da cultura (*Kulturkritik*) face às novas mídias. Dali deveria surgir uma nova versão de seu *opus magnum* teórico sobre as mídias, de sua teoria da comunicação humana. Mas não foi possível ir além das preleções. Alguns meses depois, ele faleceu em um acidente de trânsito. No Arquivo Vilém Flusser, as preleções de Bochum foram compiladas, dando origem a um texto conciso.

Vilém Flusser, nascido em 1920 e falecido em 1991, emigrou em 1939 para Londres e depois para São Paulo. Em 1963, tornou-se docente de filosofia da ciência, em 1964, titular de teoria da comunicação na Universidade de São Paulo. Na editora Fischer foram publicados *Kommunikologie* [*Comunicologia*] (FTV 13389) e *Medienkultur* [*Cultura da mídia*] (FTV 13386).

Sumário

Prefácio de Friedrich A. Kittler.......................... 11

Sobre as conferências de Bochum de Vilém Flusser............ 17

    Advertência dos editores............................. 17

    Publicação na rede................................. 21

    Edição em livro 25

    Agradecimentos................................... 27

Conferência inaugural: palestra diante do conselho da fundação.. 29

    Motivos... 29

    Ciências do espírito e da natureza..................... 30

    Teoria da Comunicação 33

    O fenômeno da comunicação humana 36

    Estruturas de comunicação 37

    Comunicologia como crítica da cultura 41

    Antevisão.. 43

1. Da arte comunicológica do definir 45
   Cultura/crítica 45
   Processar: diálogo 49
   Transmitir: discurso 50
   Armazenar 51
   Estruturas de discurso 57
   Pontos de vista 61
   Revoluções culturais 69
2. De espaços e ordens 75
   A ordem da república 79
   Publicar I 82
   Publicar II 86
   Publicar III 90
   Espaço vital 93
   Espaço cósmico 94
   Espaço virtual 96
3. Abstrações e seus *feedbacks* 113
   Do material para o histórico 113
   Contra-Picto-Grafia: Escrita é História 135
   Programar 165
4. De ciências e artes, da política e da técnica 169
   Ciência: aplicação e autoridade 169
   Da arte: Ars como τέχνη (*tékhne*) 172

Da perda da aura e da morte do autor 177

Análise do trabalho 181

A prática do escrever 188

Do *homo universale* para o trabalho em grupo 192

O ciclo da estética 196

O desempregado como vanguarda 199

Do fim da política I 200

Do fim da política II 205

Do fim da política III 207

5. Da morte das imagens e do fim da História 211

Imagem fotográfica e História 211

A imagem como simulação da História 219

Filme: pós-história eterno 224

Vídeo: *Instant Philosophy* 232

Enfeixamento *versus* conectividade em rede 246

Jogo e arte 257

6. Do acaso e da liberdade de lutar contra ele 277

Cair 277

Projetar ou descobrir? 283

Inconcebível 289

Da liberdade I: visar (*Absehen*) 290

Da liberdade II: antecipar 291

Da liberdade perdida I: pecado 295

Da liberdade perdida II: técnica e vontade 298

Da liberdade III: supor 302

7. Do ócio 305

Escola, *shabat*, templo 305

Filosofia 311

Universidade e ensino escolar obrigatório 312

Desemprego e interface 314

Sobre o sufixo "-mática" 318

Sobre o prefixo "tele-" 321

Páthos 325

Continuar a pensar a comunicologia
Posfácio de Silvia Wagnermaier 327

1. Flusser: escrever para publicar 330

2. O projeto de Flusser para visualização 358

Apêndice 371

A biblioteca de Flusser – uma seleção 371

As publicações internacionais de Vilém Flusser 384

Glossário 391

Índices 407

Prefácio

Friedrich A. Kittler

A Universidade do Ruhr-Bochum, bastião de concreto de um espírito reformista passado, jazia no sol de primavera. Começava o semestre do professor convidado Vilém Flusser. Mas, para lembrar que Bochum se localizara na Vestfália, e a Vestfália estivera em mãos camponesas, a faculdade de filologia recepcionou seu ilustre convidado fora dos próprios muros. Sobre uma colina verde que desce suavemente para os meandros do rio Ruhr há muito existia um galpão rural que a Universidade do Ruhr tinha reformado e reservado para atos solenes. O contraste não poderia ser maior: antigas rodas de carroça e foices, arados e rastelos decoravam um auditório no qual Flusser pensava anunciar o fim de toda a história e a marcha triunfal da informática.

Era o semestre de verão de 1991. Edith Flusser já levara seu marido de carro muitas vezes de Robion, na Provença, para a Alemanha, mas apenas para congressos ou centros científicos. Seus livros, e até um livro de homenagem (*Festschrift*), já haviam sido publicados. Mas as diversas visitas a universidades como professor convidado na Europa e América do Norte que esses livros lhe atribuía não correspondiam absolutamente à realidade. Na Alemanha, cujos pensadores haviam influenciado Flusser, ele permaneceu um estranho, profético, perturbador, não acadêmico. Por isso sua alegria ao receber o convite para lecionar durante todo um semestre em Bochum. Flusser se aproximava do seu 71º aniversário; o seu último. Ainda no outono daquele mesmo ano, certa noite, entre Praga e Eger, Flusser encontrou a morte. E, como se ele a tivesse diante dos olhos, proferiu naquela ocasião, no galpão, perante os professores reunidos, algo que transpassou seus ouvintes: Flusser disse que "bater as botas" não era apenas algo iminente, mas também algo que o movera a aceitar o nosso convite. Flusser chamou de "partir desta vida" não apenas o que estava para lhe acontecer, mas também o que o movera a aceitar nosso convite.

Segundo consta, Pitágoras, que Flusser colocava decididamente acima de Picasso, disse que a relação entre velhos e jovens não é fácil. Os pais, por mais que queiram, não podem legar necessariamente sua beleza aos filhos. Os velhos têm de passar seu poder aos jovens, por mais que a ele se agarrem. Só na educação, *paideía,* em grego, a situação seria diferente: os velhos dão, os jovens recebem, mas nenhum lado perde.

Foi exatamente assim, todavia mais rigorosamente do que Pitágoras, que Flusser pensou, mesmo porque ele mencionou explicitamente a própria morte. Suas "conferências de Bochum" dirigiram-se ao mesmo tempo a jovens estudantes e à mídia técnica, ou seja, à posteridade. O fato de tudo ter sido gravado superou, para sua alegria, a separação entre ciências da natureza e humanas, que as últimas conferências de Flusser combateram. Apenas a esperança de vê-las publicadas em breve não pôde ser concretizada. Por isso, desde então, gerações inteiras de universitários vêm e vão sem ter ouvido nada além de boatos sobre Flusser como um herói fundador da ciência midiática atual. Pois praticamente nenhum dos livros publicados em alemão, e que deveriam ainda ser lançados, parecia a ele mesmo tão bem compilado e conciso como as "conferências de Bochum".

Mal Flusser levantava os óculos e os pousava sobre a testa, punha-se a falar livremente, sem ler. Da barba do profeta vinham palavras como relâmpagos, porque elas também sempre eram sentenças. Ousavam chamar de demagógico o discurso sobre democracia; não silenciavam, como Wittgenstein, diante do que não se pode dizer. Pois para Flusser o que importava era, em primeira e última instância, dar definição, ou, mais ainda, honra a uma elite nova – alfanumérica. Apesar de todo o respeito diante do nome de seu deus judaico, a mensagem de Flusser não era mística, mas algébrica: o número superando as fronteiras de nossas línguas em algoritmos de computador. Isso em uma época em que a Universidade do Ruhr acreditava estar fazendo muito ao ampliar seu curso de teatro com filme e televisão. Em uma época em que amigos e admiradores de Flusser também entendiam, sobretudo, as próprias instalações de vídeo e animações em computador como mídias *high-tech*.

Não sei se Vilém Flusser alguma vez escreveu ou mesmo copiou um algoritmo. Mas ele era encantado por eles, como oráculos e profetas por seus deuses. O pai de Flusser ensinara matemática em um ginásio de língua alemã em Praga e protestara em vão quando o diretor trocou a fotografia de Masaryk por uma de Hitler. Isso pode ter motivado o filho a divergir sempre de seu grande modelo, ou seja, a fenomenologia, sempre nos pontos em que Husserl tentava religar (que é sabidamente um dos sentidos de *religio*) a álgebra a solos do *Lebenswelt* [mundo da vida]. Muito longe de enxergar nela uma crise do espírito europeu e de encontrar a origem da geometria na lama fértil do Nilo, Flusser olhava, justamente a partir da álgebra, para a pré-história. A seus olhos, o *homo erectus* já era um computador. Exatamente como o próprio Flusser, ele processava, armazenava e transmitia algo que simplesmente não se pode legar: língua, cultura, informação. Assim, de forma convincente, o historiador das mídias afirmou-se mais como um profeta voltado ao passado.

Hoje podemos dizer que estamos mais avançados sob o aspecto da história das mídias. Tantos detalhes novos vieram à tona, alguns erros foram corrigidos e muitos atalhos foram abertos através dos milênios que a ciência midiática da Alemanha hoje desfruta de prestígio internacional. Mas, se é permitido usar palavras que Blaise Pascal tomou de Peter von Blois: só vemos mais longe como gigantes porque nós, anões, estamos sobre seus ombros. Quando Flusser não só empurrava seus óculos sobre sua testa larga, mas, no meio da conferência, animava-se em toda sua grandeza, o conselho da Fundação Bochum pôde entender algo dessas palavras.

O próprio Flusser sabia quem e o que ele transmitiu a nossos ouvidos: "Todas as pessoas com as quais estava ligado em Praga estão mortas. Todas. Os judeus nos campos de concentração, os tchecos na resistência, os alemães em Stalingrado".

Sobre as conferências de Bochum de Vilém Flusser

Advertência dos editores

Do final de maio até o final de junho de 1991, Vilém Flusser foi professor na Universidade do Ruhr-Bochum, a convite de Friedrich Kittler. Nesse contexto, ele ministrou aulas sobre os complexos temáticos "estruturas de comunicação", "fenômenos da comunicação humana" e "comunicologia como crítica da cultura". Em sua palestra inaugural, em 31 de maio de 1991, registrava expressamente a presença de um de seus editores, que deveria publicar sua obra na Alemanha e manifestava o desejo de que aquelas conferências fossem imediatamente publicadas como livro. Sob encargo da universidade, estudantes realizaram gravações com gravadores de fita cassete disponíveis no comércio da época. Diferentemente de suas aulas na França e no Brasil, para as quais Flusser elaborava de antemão manuscritos extensos –

parcialmente publicados em seguida[1] –, em Bochum ele falou livremente[2]. O filósofo da cultura, considerado espontâneo e apaixonado, esperava de seu discurso e do diálogo com o público um pensar ainda mais dinâmico. Ele expressou isso com pouca modéstia aos estudantes em Bochum: "É terrivelmente insatisfatório o que estou lhes contando. Vocês são testemunhas – isso não acontece com frequência, não gostaria de subestimar –, vocês são testemunhas de uma filosofia *in fieri*. Sem qualquer pretensão, acho que deve ser como quando Hegel foi chamado a Berlim ou quando Husserl foi para Göttingen ou [...] a comparação é melhor: quando Bergson foi para a academia ou quando Bachelard lecionou na Sorbonne"[3]. Vilém Flusser, que faleceu alguns meses depois em um acidente de automóvel, deixou suas últimas aulas como um legado de crítica da cultura – com mais de cinquenta horas de gravação de suas falas, a transcrição abrange novecentas páginas.

À época das conferências de Bochum já estavam sendo preparadas, em língua alemã, duas edições da obra de Flusser.

---

1   O livro *Gesten* [Gestos], por exemplo, baseia-se em manuscritos de aulas.
2   Apenas para sua palestra para o conselho da fundação, que correspondeu a uma aula inaugural, houve um manuscrito detalhado, datilografado cuidadosamente em sua máquina de escrever mecânica.
3   Vilém Flusser. "Conferências de Bochum", 1991 (http://www.flusserarchive.org/fllusserstream/play_chapterfile.php?audiofile=ogg/kulturkritikIII2a04.ogg&textfile=txt/kulturkritikIII2a04.txt&au_id=195&chapter_id=16), 8:35-9:18. Futuramente também em: http://www.flusser-archive.org.

Em 1983, Andreas Müller-Pohle começou, em sua editora European Photography[4], uma edição da obra em dez volumes, a *Für eine Philosophie der Fotografie* [Para uma filosofia da fotografia], que foi concluída provisoriamente em 2006 com o lançamento do volume *Vom Zweifel* [Da dúvida][5]. Stefan Bollmann lançou seis volumes da obra de Flusser. Após a liquidação financeira da Editora Bollmann, a Fischer assumiu as publicações. Houve algumas tentativas de publicar as conferências de Bochum em forma de livro. Fracassaram por diversas dificuldades e, pelo que se sabe, não por financiamento. Na época, Flusser já era figura conhecida e estabelecida. No começo dos anos 1990, na era da implementação maciça da internet nos países pós-industriais, não havia apenas um interesse geral bastante grande por textos filosóficos e críticos sobre as mídias. Uma nova geração de designers, intelectuais e artistas, que começava a crescer com as técnicas culturais telemáticas, era entusiasta das visões construtivas sobre as novas tecnologias. É essencialmente sob essa perspectiva que Flusser foi percebido como inovador.

O fator decisivo para que as aulas não fossem publicadas imediatamente foi, segura e principalmente, o material em si e seu estado. As gravações eram volumosas, mas incompletas. Faltavam fitas cassetes inteiras, alguns trechos

---

4 Por algum tempo, a editora usou o nome de Immatrix Publications.
5 Informações exatas na bibliografia.

tinham sido gravados involuntariamente sobre outros e, no próprio conteúdo do texto, havia consideráveis redundâncias, tanto com relação a textos já publicados quanto por intersecções temáticas entre os diversos cursos no âmbito das Conferências de Bochum. Não existia uma transcrição eletrônica das gravações disponíveis. O que havia era apenas uma pilha de cópias ruins de textos das conferências, datilografados em máquina de escrever elétrica. A fala livre de Flusser durante as conferências, além disso, desde o início só permitia pensar em uma publicação como um novo texto, portanto, como uma dispendiosa nova edição dos textos existentes. Mas mesmo assim não estariam resolvidas as dificuldades dos estreitos entrelaçamentos das perguntas e discussões com a palestra e seu desenvolvimento.

Cinco anos após a morte de Flusser, Stefan Bollmann observou, no posfácio do volume *Kommunikologie*[6], editado em 1996 por ele e Edith Flusser, que seria possível esperar algo novo do aparecimento das Conferências de Bochum, deixando no horizonte a sua futura publicação[7]. Até uma

---

6   Contém os manuscritos revisados *Umbruch der menschlichen Beziehungen* [Reviravolta das relações humanas] e *Vorlesungen zur Kommunikologie* [Conferências sobre a ciência da comunicação].
7   Stefan Bollmann, *Editorisches Nachwort*; in Flusser, Vilém. *Kommunikologie*. Organizado por Stefan Bollmann e Edith Flusser. Frankfurt am Main: Fischer, 1998, p. 353-5.

primeira publicação como edição eletrônica na rede ainda decorreriam outros nove anos.

Publicação na rede

Em 1998, Edith Flusser doou o espólio de seu marido à Academia de Arte e Mídia, de Colônia, para que esta o administrasse. Sob a direção de Siegfried Zielinski, foi organizado ali o Vilém Flusser Archiv[8], e o trabalho de projeto científico foi assumido por Silvia Wagnermaier.

Desde o início o Arquivo não tinha o objetivo de ser uma editora, mas uma instituição de pesquisa que apoia projetos de publicação de terceiros ou os desenvolve em parceria. Seu objetivo era principalmente manter o pensamento de Flusser vivo e passível de desenvolvimento para as gerações seguintes de intelectuais. Para nós, o objetivo direto era tornar acessível a presença do pensador dialógico de Praga também àqueles que não o conheceram em vida – ao menos em um sentido não aurático, na medida em que isso é possível justamente por meio de reproduções técnicas. O "projeto de edição intermidiático" patrocinado pela *Deutsche Forschungsgemeinschaft* [Sociedade Alemã de Amparo à Pesquisa] baseou-se no fato de que, para Flusser, não apenas o uso de várias línguas era

---

8 Em um primeiro momento com apoio ativo do filósofo e teórico das mídias Nils Röller, que, hoje, leciona em Zurique.

característico, mas também o uso de diferentes práticas e formas midiáticas de expressão, o que Flusser gostaria de ter feito mais intensamente do que lhe foi possível por razões técnicas e econômicas.

O trabalho sistemático de reconstrução começou com a digitalização do material gravado disponível e com a elaboração de uma transcrição correta. Paralelamente, foi necessário preencher as frequentes lacunas no material existente. As gravações de Vila Richter, um dos ouvintes das "Conferências de Bochum" na época, foram muito úteis. Em 2003, ele levou ao Arquivo Flusser suas gravações particulares de algumas aulas e as colocou à disposição do trabalho editorial. A qualidade de suas gravações era muito superior às existentes, o que possibilitou que trechos faltantes das conferências fossem completados e que algumas das lacunas fossem diminuídas ou definitivamente preenchidas. Porém, as gravações existentes ainda não são integrais.

Desde 2005, a edição das "Conferências de Bochum em 1991" está permanentemente disponível na rede[9]. Todo o material de áudio e texto foi inserido e sincronizado on-line em um programa *David Links* concebido especialmente para ele. Assim, as conferências e as discussões com os estudantes

---

9 Vilém Flusser, *Bochumer Vorlesungen* 1991 [Conferências de Bochum 1991]. Editado por Silvia M. Wagnermaier e Siegfried Zielinski. Disponível em: http://flusser-archive.org/publications/bochumervorlesungen.

podem ser acessadas e, ao mesmo tempo, ouvidas e lidas através da página do arquivo _Vilém_Flusser_Archiv. Por meio da função de busca, é possível examinar conceitos e estudar o abrangente *corpus* de forma orientada.

Os fatores decisivos para a publicação do áudio-texto das "Conferências de Bochum" na rede não foram tanto as dificuldades previsíveis de edição do manuscrito como monografia, pois desde o início a havíamos planejado para um momento posterior. Mais importantes foram as vantagens e os pontos fortes do material acústico associado ao texto linear legível. O espírito combativo e a oratória enfática de Vilém Flusser se sobressaem. O material de áudio é de forte expressão, vivo, paradoxal, provocante; é um material maravilhoso para escutar e intuir a vivência dos movimentos do pensamento que se desenvolve a partir do diálogo com outros.

Além da esperada publicação em livro, que deveria colocar as conferências de Flusser o mais rápido possível à disposição de um público maior, o filósofo da cultura de Praga tinha em vista outra forma de divulgação. Aos universitários em Bochum ele descreve um caminho tecnicamente um tanto obscuro pelo qual seus discursos deveriam ser levados até os interessados. Embora vagas, porque antecipavam tecnologias futuras da rede de informação, as estruturas daquela forma de divulgação eram claras. Correspondiam ao que Flusser chamava de "revolução da comunicação": "A revolução da comunicação consiste basicamente em ter criado canais que ligam espaços privados, cruzando o antigo espaço público [...] Os canais, visíveis ou não visíveis, deslocam o espaço público, de forma que este desaparece atrás dos canais, e transformam o espaço privado em um queijo suíço: eles perfuram-no de forma que o vento da comunicação sopra como um furacão através dos espaços privados. Nessa situação não se pode falar de política. Pois o que significa publicar? É verdade, ainda escrevo livros que são publicados, isto é, que são distribuídos pelo meu editor até sua livraria. E então vocês vão à livraria e compram meu livro. E também é verdade, eu venho até vocês em Bochum e dou minha palestra e vocês, sentados nesta sala de aula, me escutam. Então fazemos da sala de aula um espaço político. Mas isso só porque somos idiotas ultrapassados. Na verdade eu deveria falar a palestra nesta maquininha aqui, a partir desta maquininha, vocês deveriam fazer tantas cópias quantas quisessem e ouvir em casa, e portanto não precisariam sair de casa, mas acessar em seu *minitape* digitando o número, sei lá, 'Ruhr 27', e então esta fita seria entregue de alguma forma na casa de vocês. A política ainda não desapareceu, mas ela se tornou totalmente supérflua"[10].

---

10 Vilém Flusser em sua palestra sobre *Kommunikologie als Kulturkritik II* [Comunicologia como crítica da cultura II], 22 de junho de 1991, em Bochum [http://www.flusser-archive.org/flusserstream/play_chapterfile.php?audiofile=ogg/kulturkritikII3a02.ogg&textfile=txt/kulturkritikII3a02.txt&au_id-427&chapter_id=15#, 8:05-9:40].

Edição em livro

As transcrições lidas e refeitas com ajuda de OCR (*Optical Character Recognition*) formaram o material de base para a edição como livro das "Conferências de Bochum". O imenso volume de mais de novecentas páginas foi reduzido a mais ou menos um quinto. Para o livro foi mantida também a sequência básica das conferências, porém, foram elaborados e definidos tópicos temáticos que se tornaram decisivos para a divisão do texto em capítulos e parágrafos temáticos, bem como para as reduções realizadas com objetivo de concisão. As linhas argumentativas de Flusser deveriam poder ser claramente reconstituíveis. Dessa forma prescindiu-se no livro de muitas digressões, mas atentou-se para que fosse mantida a estratificação variada e a vivacidade da argumentação.

Finalmente foi trabalhada frase por frase, construções de frases inteiras foram reformuladas e palavras isoladas substituídas. O princípio mais importante na edição foi sempre o de manter a fluência peculiar, o estilo e, obviamente, o teor da fala de Flusser.

É incomum um procedimento tão invasivo com um texto de espólio. Porém, a revisão é verificável em qualquer trecho. A edição em livro remete aos capítulos da edição completa na rede por meio de capítulos e numerações entre colchetes. Assim, é possível em qualquer trecho recorrer ao contexto da versão não resumida na rede e também ouvir e ler discussões com os estudantes em Bochum, totalmente ausentes da versão impressa. As informações entre colchetes permitem, além disso, inferir o grau das reduções; alguns números, por exemplo, nunca aparecem.

O acesso à edição na rede das *Conferências de Bochum em 1991* é possível através da página do Vilém Flusser Archiv na Universidade das Artes de Berlim [www.flusser--archive.org].

O posfácio de Silvia Wagnermaier oferece uma visão geral das publicações de Flusser e de sua recepção na Alemanha, o que até então não tinha sido feito de maneira conexa. Dessa maneira, fica evidente o valor da publicação das "Conferências de Bochum".

Os glossários das palavras latinas e gregas usadas por Flusser, anexados ao texto, devem facilitar a compreensão. Propositalmente, nós as deixamos no texto em sua forma original, porque fazem parte da originalidade peculiar ao discurso.

Pela primeira vez, o livro possui também uma bibliografia selecionada referente à chamada "biblioteca de viagem" (*Reisebibliothek*) de Flusser. Edith Flusser colocou à disposição do arquivo não apenas todos os manuscritos conservados, correspondências, publicações, mas também a biblioteca que seu marido utilizava constantemente na Europa. Ela não é muito extensa, mas interessantíssima com relação à forma de trabalho do filósofo da cultura. Publicamos a seleção para incentivar a pesquisa da relação das fontes com o pensamento de Flusser.

Agradecimentos

Somos muito gratos a todos que contribuíram para que as Conferências de Bochum de Vilém Flusser pudessem ser lançadas tanto na rede como nesta versão em livro: Marie-Luise Angerer, Tim Elzer, Eckhard Fürlus, Herrn Ganse, Freya Hattenberger, Andreas Henrich, Angela Huemer, Friedrich A. Kittler, David Link, Marcel René Marburger, Dirk Matejowski, Nadine Minkwitz, Anthony Moore, Bob O'Kane, Vila Richter, Nils Röller, Klaus Sander e Lukas Vleck.

Sem a generosa ajuda do estado da Renânia do Norte-Vestfália e da Academia de Arte e Mídia em Colônia, o projeto não poderia ter sido concretizado. Também agradecemos à Universidade das Artes de Berlim, que abriga e fomenta, desde janeiro de 2007, o Vilém Flusser Archiv. Edith Flusser colocou à disposição os direitos para a publicação e – como sempre – deu seu apoio maravilhoso em todos os sentidos.

As edições na rede e livro das Conferências de Bochum de Vilém Flusser foram generosamente incentivadas pela DFG – Sociedade Alemã de Amparo à Pesquisa no projeto "Edição intermidiática".

Silvia Wagnermaier e Siegfried Zielinski
Berlim, maio de 2008.

Conferência inaugural: palestra diante do conselho da fundação

Motivos

[conselho da fundação 01] Aceitei, grato, o convite para dar aulas aqui durante um semestre, em três blocos, por dois motivos óbvios e ainda outro um pouco mais profundo. Os dois motivos óbvios são: em primeiro lugar, gostaria de oferecer aos ouvintes, da melhor maneira possível, uma visão geral da problemática da comunicação humana para que eles possam, por iniciativa própria, escolher subáreas para seu próprio estudo e seu próprio trabalho. Em segundo lugar, espero que essa minha participação seja gravada em áudio e talvez até em vídeo. Um de meus editores irá publicá-la rapidamente como livro. Fixar esta visão geral para os universitários do futuro é um empenho importante. Em São Paulo, dei cursos semelhantes durante anos, que estão contidos nas chamadas *apostilas*. Desde minha saída do Brasil nunca mais o fiz. Estou muito grato por ser-me concedida a ocasião de reunir e condensar meus pensamentos novamente, pois, nesse ínterim, naturalmente refleti sobre muitas coisas e mudei minha opinião.

Ciências do espírito e da natureza

Aqui e agora é o momento para explicar-lhes o verdadeiro motivo de meu esforço ao aceitar este convite. Há muitos anos sou da opinião, quase da convicção, de que o estudo do fenômeno ao mesmo tempo misterioso e fascinante da comunicação humana é uma área em que, por causa de uma separação funesta, as chamadas ciências exatas e as outras se sobrepõem. Essas outras ciências são denominadas, absurdamente, de *Geisteswissenschaften* (ciências do espírito), mas a palavra *humanities* (humanidades) também não capta bem a coisa.

Quero lhes dizer resumidamente por que estou tão empenhado em colaborar na superação dessa separação perniciosa entre ciências da natureza e *humanities*. Vocês sabem que há cerca de 450 anos surgiu a forte suspeita que a natureza é indescritível, mas contável; que, portanto, textos não são um bom código quando se trata de formular um saber, sendo preciso formular os conhecimentos de forma matemática. Eu lhes darei dois motivos para o surgimento dessa suspeita. Em primeiro lugar, os números são claros e inequívocos.

São claros porque cada número tem um único significado. Números são unívocos. Por exemplo, o número 2 refere-se inequivocamente à quantidade de duas coisas. Em segundo lugar, os números são claros porque entre um número e outro há um intervalo. São nitidamente separados uns dos outros. O código numérico é claro e distinto, enquanto o código linguístico, reproduzido pelas letras, é ambíguo. As palavras não podem ser tão definidas como os números. Existe ainda um motivo mais profundo. O alfabeto foi inventado para tornar visíveis as chamadas línguas flexionáveis, isto é, as indo-europeias e hamito-semitas. O alfabeto também é aplicável para outros grupos linguísticos, mas não tão bem. Essas línguas têm a característica de anunciar proposições, isto é, elas enunciam predicados diante de um sujeito. É uma estrutura muito rígida, enquanto com números se pode jogar de forma muito diferente. Os algoritmos seguem uma estrutura muito mais flexível. Consequentemente, as línguas – e por isso também as letras – não são bem adequadas para formular modelos de conhecimento. Desde o século XV, pelo menos desde Nicolau de Cusa, os pesquisadores passaram do alfabeto para os números. As ciências da natureza utilizam cada vez menos letras. As chamadas ciências da natureza são disciplinas que formulam as leis da natureza matematicamente. As letras, como código do conhecimento, são cada vez mais deixadas de lado. As áreas do conhecimento para as quais as letras são deslocadas chamam-se *Geisteswissenschaften*, o que é uma ofensa para o espírito. Os campos, para os quais são deslocados e que procuram por conhecimento, chamam-se ciências humanas, o que é uma ofensa para o intelecto, pois significa que são ciências que não podem ser formuladas de forma exata. É como aquela velha piada: um sociólogo é um economista que não sabe matemática. Essa separação entre duro e flexível, entre número e letra, aconteceu por volta do século XV. Ela é de um mal extraordinário, dá ensejo à opinião de que os conhecimentos exatos quantificam, e os inexatos qualificam. Para dizer mais simplesmente: na ciência natural deve-se perguntar "por quê?", enquanto a pergunta "para quê?" está reservada às ciências da cultura. Quando pergunto: "Por que chove?", faço uma pergunta de ciência natural. Quando pergunto: "Para que chove?" então estou fazendo, digamos assim, mitologia. Definir a natureza como aquela área em que perguntas teleológicas, perguntas "Para quê?", não são permitidas, coloca em xeque o problema da antropologia de forma fundamental. A que pertence o ser humano como área de pesquisa? Penso, como tantos outros, que esse questionamento é errado.

Desde o colapso do humanismo, e por isso desde o colapso do iluminismo [conselho da fundação 02], resumidamente, desde Auschwitz e Hiroshima, não temos mais uma imagem de ser humano. Aquilo que na Alemanha se denomina *Geisteswissenschaften*, e, na América do Norte, *humanities*, não oferece essa noção. Talvez possamos chegar a uma nova imagem de ser humano na área da pesquisa da comunicação humana. Se conseguirmos isso, teremos superado a separação entre áreas do conhecimento exatas e maleáveis. Talvez a comunicação humana não seja, como disse a princípio, uma área na qual as ciências da natureza e da cultura se sobreponham, mas, ao contrário, aquela área de onde essas disciplinas do conhecimento irradiam. Muitos críticos me repreendem por tentar aplicar conhecimentos da ciência natural para problemas culturais. Isso soa tão terrível quanto tecnocrático: querer pensar de forma exata em questões culturais, ou seja, querer desvalorizar a cultura. Querem pensar de forma exata em questões culturais. Isto é, querem desvalorizar a cultura. Creio que esses críticos não têm razão. O que eu (e alguns outros) tento é superar essa separação entre exato e inexato. O que lhes disse soa como um problema metodológico, mas vocês, talvez, tenham percebido em minhas explicações que isso é um problema quente, e não frio.

Teoria da Comunicação

Do que se trata a comunicação humana? Trata-se de armazenar informações adquiridas, processá-las e transmiti-las. O que acabei de dizer soa como nada, mas é colossal. Parece contradizer um dos princípios da natureza, o da entropia. A entropia, o Segundo Princípio da Termodinâmica, diz que o Universo, visto como um sistema fechado, torna-se cada vez mais probabilístico, que os elementos dos quais o Universo se compõe se espalham cada vez mais uniformemente, e que, portanto, as informações se perdem – e que o tempo acaba quando não existe mais informação. Evidentemente há epiciclos nos quais se formam informações, por assim dizer, negativamente entrópicas, mas a tendência básica é a perda das informações.

Acabei de dizer que a comunicação humana objetiva armazenar informações. A cultura é um dispositivo para armazenar informações. Isto é, o ser humano está a princípio empenhado contra a natureza, sem, contanto, revogar o segundo princípio: que o ser humano é a natureza. Ele é uma parte da natureza, funciona dentro dela. Porém, tudo o que chamamos de "ser humano" é antinatural, contraposto à tendência básica da natureza. Eu disse agora há pouco que não se trata de armazenar quaisquer informações, mas informações adquiridas. Isso contraria as Leis de Mendel. As Leis de Mendel dizem que apenas informações genéticas herdadas podem ser legadas. Mas a cultura também é um dispositivo para legar informações adquiridas. Não quero dizer que o ser humano é o único ser que faz isso, mas esse empenho para transmitir informações adquiridas, esse esforço pela próxima geração – portanto, esse empenho contra a própria morte e contra a morte do próximo –, isso é antibiológico. Na frase aparentemente banal: "A comunicação humana é o armazenamento, processamento e transmissão de informações adquiridas" está oculta uma violenta negação, tanto de um princípio da física, como de um princípio da biologia. A negação permite pelo menos supor uma nova imagem de ser humano. Por isso meu empenho. Talvez a teoria da comunicação seja no futuro a área que na Idade Média foi assumida pela teologia. Talvez seja a área de uma nova crença pós-religiosa. Tentei dizer isso metodologicamente, porque estamos em uma universidade e devemos expressar essas coisas suculentas de uma forma seca. Essa é uma área que vai muito além da competência de uma vida humana e muito além da competência dos pensadores atuais que se ocupam do problema.

O que eu tentarei fazer aqui em Bochum são apenas passos bastante hesitantes e incipientes na direção de uma futura comunicologia. Se esse motivo que acabei de lhes esboçar ficou claro – caso contrário, na realidade eu não teria aceito o convite, por assim dizer, no apagar das luzes, antes de bater as botas –, se está claro para vocês esse empenho de ainda reunir como possível, armazenar, processar e transmitir aquilo que adquiri, enfim, se isso foi compreendido por vocês, poderei, então, dizer o que pretendo.

O fenômeno da comunicação humana

Darei um curso que denominei "O fenômeno da comunicação humana". Nele tentarei desdobrar um pouco esse problema que lhes expliquei brevemente. Considerarei a cultura, perdão, como um aparelho cuja finalidade é armazenar as informações adquiridas em forma de cidades, países, edifícios, bibliotecas etc., e lá processá-las. Neste curso irei combater intensamente a ideia da criatividade e do autor. Tentarei mostrar que nenhuma informação pode ser criada *ex nihilo*, mas que tudo o que fazemos se limita a manipular informações adquiridas. Tentarei mostrar como a chamada criatividade aconteceu em diferentes épocas. E terminarei o curso com a observação da atual, violenta crise. Somos a primeira ou a segunda geração que começa a pressentir uma teoria da criatividade. Talvez sejamos os primeiros que manipulamos informações não mais apenas empiricamente, mas baseados em teorias exatas. Consequentemente, estamos diante de uma explosão da criatividade.

[conselho da fundação 03] Se conseguirmos acabar com a separação entre ciências do espírito e ciências da natureza, se conseguirmos ver em máquinas, na técnica, desempenhos igualmente grandes, criativos, como na música ou na arte ou na política, e se pudermos observar como na área da técnica já explode, atualmente, a criatividade nesse sentido, então temos de nos preparar para uma criatividade de *team-workshop* sem igual. Isso é o que tentarei explicar aos ouvintes.

Estruturas de comunicação

No segundo curso, que sugeri denominar "Estruturas de Comunicação", analisarei as chamadas memórias ou suportes de memória, conforme sua estrutura. Isso também soa extraordinariamente "trivial", mas deve ser dito, pois é de fato algo extraordinariamente palpitante.

Coloquemo-nos no momento da hominização. O que acontece ali? Um macaquinho, digamos assim, *homo erectus robustus*, para dar um nome à coisa, anda pelo mundo e pega deste mundo um troço qualquer, uma pedra, por exemplo, e a transforma em um objeto, em um problema. O fato de ele pegar algo que, para falar como Kant, agrada sem que haja interesse, com que não se pode copular, que não se pode devorar e que não oferece perigo – é algo que nunca antes acontecera. Aquele animal arranca algo do mundo da vida e o transforma em objeto. Ele ainda não lasca a pedra, simplesmente a coloca diante de si. Ele faz de seu mundo da vida um mundo objetivo, e se torna um sujeito do mundo objetivo. Com essa ação – isso certamente já pode ser chamado de ação – surge o abismo do estranhamento, da hominização, onde de um lado está o sujeito último e do outro, o mundo objetivo. Em que consiste essa ação? Consiste no gesto da abstração.

Do mundo da vida quadridimensional em que vivo, que se constitui de fenômenos que dizem respeito a mim, surge algo tridimensional, uma pedra. Eu diria que aquela pedra é um suporte tridimensional de memória. A tridimensionalidade é uma consequência do gesto do compreender. Quando eu compreendo algo, a coisa compreendida é tridimensional.

Transportemo-nos agora para a quase atualidade, digamos, para a Dordonha há trinta mil anos. Na época – e falo de nossa espécie *homo sapiens sapiens* –, o homem esbarra de todos os lados no mundo objetivo. Tenta obter uma visão geral de sua situação. Então dá um passo para trás daquele mundo objetivo, para dentro de sua subjetividade, para poder ter uma visão geral do mundo objetivo, para ter, como se diz, uma imagem do mundo objetivo. Nesse curso analisarei exatamente o que acontece quando me retiro do mundo manifesto, daquilo que se denomina ingenuamente de realidade objetiva. Afinal, não se trata de realidade, mas certamente daquilo que é objetivamente. O mundo ali não é apenas objetivo, mas é fenomenal, pois só aparece. O passo para trás que dei aumenta minha distância, e meus braços não são suficientemente longos para poder agarrar o mundo novamente. O mundo não pode mais ser apanhado com as mãos, mas simplesmente aparece. Falo por exemplo de cineastas, mas por enquanto, digamos, do pintor de pôneis em Lascaux, o que vai dar mais ou menos na mesma.

Se eu tirar essa distância e o mundo se tornar apenas um mundo daquilo que aparece, que, em compensação, pode ser abrangido pelo olhar, então terei dois problemas fundamentais. Um dos problemas é que minha visão é fugidia. O segundo problema é que minha visão é subjetiva. Portanto, de alguma forma, tenho de fixar e intersubjetivar minha visão. Para fixar serve, por exemplo, uma parede rochosa ou uma tira de celuloide. Para fazer uma visão subjetiva tornar-se intersubjetiva, tenho de codificá-la simbolicamente e ordenar os símbolos em um código, para que aquele que acessa essas informações também possa decifrá-las. Com isso, acho que consegui transmitir *in nuce* o problema de construir imagens e daquilo que se denomina imaginação. Mostrarei como conseguimos, há cerca de trinta mil anos, voltar atrás, do compreender ao imaginar, do mundo objetivo a um imaginário, das três dimensões às duas dimensões da superfície. O próximo passo acontece há cerca de 3500 anos.

Todas as mediações têm uma chamada dialética interna. Não quero dizer nenhuma bobagem nobre, mas essa palavra é inevitável. No alemão consegue-se dizer bem isso. Quando alguma coisa representa (*vorstellen*) outra coisa, ela também se apresenta à frente (*sich vorstellen*) da outra. Quando uma imagem representa uma paisagem, ela também veda a paisagem. A imagem fica na frente da paisagem. É dessa dialética – conforme a qual, justamente porque se fez uma imagem, é impossível alcançar aquilo de que se fez uma imagem – que tratam, como vocês devem saber, a religião judaica e Platão. Os profetas acreditam que fazer imagens levaria à adoração de imagens, à idolatria. Platão quer proibir aos autores de imagens a entrada na república. Resumindo, para quebrar a fascinação da imagem, rasga-se a imagem. Arrancam-se elementos da imagem. Elementos da imagem chamam-se pixels[1], como vocês sabem. Tiram-se os pixels da superfície da imagem e faz-se com eles colares de pérolas. Assim se inventa a escrita linear. A escrita linear é inventada para contar imagens, para explicar, para explicar o mundo.

O próximo passo, ao qual já aludi, parte do texto e volta à dimensão zero, ao cálculo. Os textos também geram o encobrimento daquilo que é visado graças à sua contradição interna. Além da idolatria, há uma textolatria. [conselho da fundação 04] Não apenas a teologia, mas também o marxismo, por exemplo, mostram quão violenta pode ser a textolatria. Para se proteger da textolatria, calcula-se. Eis a última abstração a que se pode chegar, à dimensão zero dos números.

Agora volto a falar da virada atual. Dispomos atualmente de máquinas que não só podem esmiuçar o mundo em pontos – ou seja, calcular –, mas que podem reunir nova-

---

[1] Do inglês *pixel* (abreviação de *picture* e *element*), para elemento de imagem, ponto da imagem.

mente esses pontos esmiuçados, computá-los e projetar tais pontos reunidos de modo a produzir mundos alternativos, imagens. Em outro sentido da palavra, imagens calculadas, imagens que já tenham em si a crítica. Naturalmente, o exemplo típico de tais imagens são as sintéticas, geradas numericamente. Na fotografia e no filme, entretanto, o elemento do cálculo já está. Quem faz o filme ou a fotografia não é o cineasta, mas o fabricante da câmera. Ele calcula os processos mecânicos, químicos e ópticos. E sobre isso será o segundo curso.

Comunicologia como crítica da cultura

Chamarei o terceiro curso de "Comunicologia como crítica da cultura". Aqui utilizarei um truque. Geometrizarei o painel de controle dos canais. Direi: há círculos. Nesses círculos estão ligadas algumas memórias para trocar, entre si, as informações que armazenam, círculos dialógicos; por exemplo a família, por exemplo, teoricamente, o parlamento. Discutirei as vantagens e desvantagens do painel de controle em círculos e mostrarei como o diálogo corre o risco de cair em ponto morto.

Discutirei os semicírculos, a chamada "estrutura teatral", em que se rompe o círculo e coloca-se, no meio, uma σκηνή (cena) e um προςκήνιον (proscênio) e com essa divisão ao meio do coro em uma ἀναστροφή (*anastrophé*) e uma καταστροφή (*katastrophé*) e o papel do κορυφαῖος (corifeu) e o papel do deus que sai da máquina; resumindo, o teatro como um tipo do semicírculo. Mostrarei como o clima existencial se modifica assim que saio do círculo para o semicírculo.

Acharei então o caminho para a pirâmide a partir do semicírculo, por exemplo, para a estrutura do exército, da igreja ou da administração estatal, onde os diferentes níveis funcionam como relé para as informações. Mostrarei a diferença entre religião e tradição. A religião vai, com efeito, de baixo para cima na hierarquia. Vai até lá em cima, no topo. Até Rômulo, Cristo, o chefe de Estado – ou seja lá o que for. Por outro lado, a tradição desce do topo, vai de Rômulo até o último cliente. Tentarei explicar da melhor maneira possível aos ouvintes essa noção, a noção piramidal do autor e da autoridade, pois tais ouvintes são jovens, e já não têm mais como saber o que são estruturas autoritárias.

Explicarei a chamada estrutura de enfeixamento, por exemplo, como acontece nos jornais, no rádio ou na televisão. Quer dizer, há uma emissora. A emissora envia sua mensagem em feixes para salas, dentro das casas, e quem por acaso estiver flutuando no espaço vazio e apanhar a mensagem se tornará um receptor dessa conexão fascista – no verdadeiro sentido da palavra. Pois *fasces* significa feixe. Descreverei essa estrutura do feixe, erigida sobre o livro impresso e a máquina de escrever, como diagnóstico de um importante aspecto de nosso tempo: a tendência de enfeixar toda a cultura e nos conduzir a um totalitarismo uniformizado (*gleichgeschalteter Autoritarismus*) sem igual.

A isso contraporei o diagnóstico oposto da conectividade. Tentarei mostrar que a conectividade já existe, pelo menos, desde a invenção do correio. Ele é uma conectividade em rede na qual cada pessoa é um nó de fios. Nesse nó, informações entram, são processadas e saem. Tentarei mostrar que uma imagem da sociedade em rede, uma *vision en raison*, se é que posso dizer assim, quebra o nó ideológico do eu, a noz ideológica do eu. Tentarei mostrar que, ali onde se produz uma rede, a identidade se perde, porque a identidade e a diferença implicam uma na outra, que a existência (*Dasein*) se torna dialógica, que o "eu" é reconhecido como aquilo a quem se diz "você". Terminarei esse curso com um prognóstico duplo: ou enfeixamento, ou conectividade em rede.

Antevisão

Instituições como esta à qual fui convidado são lugares onde se pode, talvez, lutar contra o enfeixamento e a favor da conectividade em rede. Fez-se a pergunta: são mil e duzentos alunos. Para que eles vêm aqui, afinal? Do que viverão quando forem embora? A resposta é o aspecto que o mundo de hoje terá em dez ou vinte anos (o que nos é difícil imaginar); que profissões existirão. Certamente as profissões da comunicação desempenharão um papel muito mais importante do que hoje. Talvez esses jovens estejam aqui para prestar contas da virada que vivemos, da falta de uma imagem humana que temos de superar conjuntamente. Não tenho a menor ideia de como resultará meu curso, pois não tenho ideia de como são os meninos e meninas que virão. Caso seja um bom material humano, se eles me torturarem com perguntas e contra-argumentos, eu terei de mudar minha opinião. Consequentemente não posso prever qual será o resultado. De qualquer forma, todos os que estão aqui estão convidados a participar dessa aventura. Muito obrigado!

1. Da arte comunicológica do definir

Cultura/crítica

[crítica da cultura I 1a01]

É dever do intelectual definir os termos que usa. Por isso defino da seguinte forma: comunicologia é a teoria da comunicação humana, aquele processo graças ao qual informações adquiridas são armazenadas, processadas e transmitidas. A cultura é aquele dispositivo graças ao qual as informações adquiridas são armazenadas para que possam ser acessadas. Tomara que vocês tenham percebido imediatamente a malícia. Defini a cultura de tal forma que a comunicologia se torna responsável por ela. A crítica é o ato graças ao qual um fenômeno é rompido para que se veja o que está por trás dele. Quando uma criança abre a barriga de uma boneca para olhar dentro dela, isso é um ato de crítica. Agora tentaremos abrir a barriga da cultura para ver quais conectores comunicológicos estão ocultos ali.

É típico da atualidade não crer mais em quaisquer ordenações da realidade estruturadas em pirâmide. Somos antipositivistas. Ao lado da ideia marxista da economia como infraestrutura da sociedade, no século XIX aceitou-se de forma geral a seguinte estrutura da realidade. A infraestrutura é a física, as ciências físicas. O nível seguinte são as biológicas, o seguinte, as psicológicas, o superior, as ciências sociológicas. Pelo menos desde Edmund Husserl, ou seja, pelo menos desde que a intuição fenomenológica (*phänomenologische Schau*) foi disciplinada, acreditamos antes que as ordenações que descobrimos nas coisas foram levadas por nós mesmos para dentro delas. Eu assumo a estrutura da comunicação como infraestrutura da cultura e da sociedade.

Sobre isso, mais algumas observações metodológicas. Por muito tempo, especialmente sob a influência das filosofias platônica e aristotélica tal como elas se expressaram na doutrina eclesiástica, tinha-se a convicção de que a infraestrutura da sociedade seria a fé. As pessoas viviam em uma cidade, *civitas*, para salvar a alma em conjunto e cada um por si, e alcançar o além e a salvação, saindo desse vale de lágrimas graças a uma prova final, chamada morte. Se vocês perguntassem "o que é cultura" a um crítico da cultura na Idade Média, ele teria dito: é um dispositivo para aprender a morrer bem, *ars moriendi*[1]. Consequentemente, a sociedade em geral, e a cultura, em especial, foi encarada como um tipo de escola, como uma preparação para a prova de maturidade para entrar no céu. Isso não é apenas cristão. É mais antigo. Já os antigos gregos e os antigos judeus estavam convictos de que a finalidade da vida na Terra é uma preparação para a outra vida.

Ócio em latim é *otium*. O antônimo, perda de ócio, chama-se *negotium*. O trabalho era algo negativo; por exemplo, para os judeus era um castigo imposto à humanidade por ocasião da expulsão do Paraíso; para os gregos, era sinal de uma vida de pouco valor. Quem trabalhava não era cidadão. Não tinha o direito de participar da cidade. Quem trabalhava eram apenas escravos, mulheres e crianças. O objetivo era ir à escola. Daí a conhecida frase: *"Non vitae, sed scholae discimus"*. "Não aprendemos para a vida, mas para a escola.[2]" Na revolução burguesa, no Renascimento [crítica da cultura I 1a02], a frase foi alterada para: *"Non scholae, sed vitae vivimus"*[3].

Aqui não se trata apenas [crítica da cultura I 1a03] do estabelecimento do mercado livre. A igreja é extraordinariamente intervencionista. Acredita em um preço justo, fixado pelo

---
1 Arte de morrer.
2 Literalmente: "não para a vida, mas para a escola aprendemos". Essa frase de Sêneca (*Epistulae morales* 106, 2), contudo, é interpretada como crítica pioneira do sistema escolar.
3 "Não para a escola, mas para a vida vivemos."

Estado ou pelo bispo. Se se acreditar nos cidadãos e no fato de que a infraestrutura da sociedade é a economia, então se pode ver no Renascimento a revolução que estabelece um mercado livre contra a economia planejada de mercado da igreja, ou seja, uma ordem cibernética. Na verdade, porém, não se trata mais de observar valores eternos na contemplação, mas, ao contrário, de produzir valores melhorados graças ao trabalho. O tempo da modernidade – no sentido de ser um tempo novo, não no sentido do atual, como o que dá lugar ao pós-moderno – é o tempo das modas, dos modelos e das modulações. A filosofia marxista, até onde ela merece o nome de filosofia, está visivelmente ancorada nos valores burgueses do Renascimento.

Além disso, começa aquele estranho silêncio sobre a morte, que caracteriza a modernidade. Se o trabalho é o valor supremo ou até a fonte de todos os valores, então não se deve mais falar sobre a morte. A lembrança da morte seria a lembrança de que trabalhar é um esforço frustrante. Sob esse ponto de vista, pode-se definir a modernidade como uma conspiração que visa calar sobre a morte, transmitindo, por exemplo, informações às gerações futuras. Consequentemente, a morte se torna indiferente. Um bom exemplo desse calar-se sobre a morte é Darwin, que fala da vida como se fosse um o quê, e não um como, e também que a vida se desenrola, mas nunca do fato de que tudo está consagrado à morte, pelo menos tudo aquilo que extrapola o unicelular. Ele não fala, portanto, que até o chamado fluxo imortal dos genótipos está condenado ao perecimento. Toda a modernidade com seus atos gigantescos, sobretudo das ciências da natureza, pode ser considerada uma conspiração para a negação da existência.

Portanto, quanto ao ponto de vista da presente crítica da cultura: vivemos em uma contrarrevolução. Somos elementos contrarrevolucionários que querem reverter a torção dos valores sociais. Estamos em um período obscuro, reacionário, para dizê-lo em termos modernos. Ou, então: despertamos do sono dogmático do otimismo. Por isso não acreditamos que haja algum sentido em falar de uma estrutura objetiva da sociedade, embora naturalmente tenhamos de concordar que a sociedade tem uma finalidade. Diferentemente da natureza, que é criticada apenas de forma causal, a sociedade deve ser criticada teleologicamente. No entanto, não vemos mais na sociedade a finalidade de produzir valores, mas a de conferir sentido ao absurdo da vida face à morte – conferir um sentido (*Sinngebung*), usando novamente as palavras de Husserl. Sob esse ponto de vista a comunicação torna-se visível como uma possível infraestrutura da sociedade.

Processar: diálogo

Na comunicação humana existe um armazenador de informações adquiridas – ou, para falar com simplicidade, uma memória. O diálogo é o método graças ao qual informações que estão depositadas em duas ou mais memórias são trocadas para conduzir a novas informações. Quero abordar dois dos limites do diálogo. Primeiro: quando as informações em duas memórias se assemelham muito, o diálogo é redundante. As pessoas que têm mais ou menos as mesmas informações não podem dialogar entre si. Segundo: quando informações completamente diferentes estão depositadas em duas memórias, então os diálogos são impossíveis, porque toda informação de uma é ruído para a outra. Se eu falar exclusivamente tcheco e vocês, exclusivamente suaíli, não poderemos nos entender.

Transmitir: discurso

O discurso é o método graças ao qual as informações que estão depositadas em uma memória são transmitidas a outros. O diálogo produz informações, o discurso as mantém. Está claro que discurso e diálogo devem estar acoplados para que a comunicação aconteça, pois no discurso são distribuídas informações que foram anteriormente elaboradas no diálogo, e no diálogo são trocadas informações que anteriormente penetraram na memória graças a um discurso. Um momento importante da crítica da cultura é a relação entre diálogo e discurso. Se o diálogo prevalece, então logo surgem elites. A massa é cada vez menos informada. Isso é típico de nosso tempo. Há um diálogo, principalmente nas ciências da natureza, do qual a maior parte da humanidade está excluída. Por isso, absolutamente não se pode falar, em nossa situação, de democracia. Tal afirmação é pura demagogia. Raramente a cultura foi estruturada de forma tão elitista como atualmente. Podemos dizer isso, pois, afinal, todos nós fazemos parte da elite. Se nos apresentamos democraticamente, então usamos máscaras. Se o diálogo prevalece, então a *turba ingrata*[4] torna-se uma *turba ignara*[5]. Se o discurso prevalece, como na época do nazismo ou do stalinismo, as informações se desgastam muito rapidamente e caducam. Quando o discurso prevalece, a cultura empobrece rapidamente. O equilíbrio extremamente difícil entre diálogo e discurso hoje só pode ser conquistado graças a aparelhos.

Armazenar

Mítico: cultura oral

Quando o homem surgiu em cena, digamos, para dar à História um ponto e uma data, na nascente do Nilo Azul há dois milhões de anos, quando ele começou a armazenar as informações adquiridas, ele tinha basicamente apenas dois métodos. Primeiro: o homem tem órgãos que lhe permitem transformar vibrações de ar em fonemas. Tem cordas vocais,

---

4 Massa ingrata.
5 Massa ignorante.

lábios, língua, dentes e as organizações nervosas correspondentes que os controlam para emitir sons que representam fenômenos, símbolos. Por exemplo, ele pode emitir um som que significa perigo. Isso lhe está prescrito geneticamente. Ele tem essa característica em comum com muitos outros vertebrados, particularmente com os chimpanzés em muitos detalhes. A capacidade de falar é hereditária, mas a forma como as ondas de ar são transformadas em fonemas é uma informação adquirida. Cada língua tem de ser sempre renovadamente adquirida. Não há uma língua natural. Goethe não tinha consciência de quão radical é sua famosa frase: "Aquilo que herdaste de seus pais, conquista-o para fazê-lo teu"[6]. [crítica da cultura I 1 a 05] Assim podem ser muito bem distinguidas a bestialidade e a civilização: uma ideologia é tanto mais bestial quanto mais ela inculcar informações herdadas, e tanto menos bestial quanto mais ela inculcar informações adquiridas. Para os seres humanos as informações adquiridas são desproporcionalmente mais importantes do que as herdadas.

A vantagem colossal do método de comunicação que produz fonemas e os dirige a um receptor é que ele tem uma forte infraestrutura genética. É verdade que nenhuma língua é natural, mas falar é *doing what comes naturally*. Uma

---

6   Frase dita por Fausto em *Fausto I*, de Johann Wolfgang von Goethe (1806).

desvantagem da chamada "cultura oral" é que durante a transmissão penetram ruídos, e, consequentemente, boa parte das informações já se perde na transmissão. A segunda desvantagem é que o armazenador é o sistema nervoso central do outro. É verdade que, como em qualquer comunicação, algo particular é tornado público. Toda comunicação é engajamento político *senso stricto*. Ela torna público algo privado. No entanto, essa informação publicada é armazenada em um espaço privado.

Mágico: cultura material
Suponhamos que depois que descemos das árvores não podemos mais nos alimentar de nozes, frutas silvestres e ovos, mas que, na savana, sejamos obrigados a comer vísceras de grandes herbívoros. Como não temos fogo, temos de abrir a barriga dos animais assim que eles morrem, enfiarmo-nos dentro dela e comer, ainda quentes, os rins, estômagos e corações. Mas não temos a capacidade de cortar barrigas. Nossas unhas na verdade não são cortantes, e nossa arcada dentária não é feita para dilacerar carne. Logo se começa a adquirir a informação: "Como faço para rasgar a carne?". Meu amigo Baudrillard diria: simulo o dente canino. Pego por exemplo uma pedra pontuda e a utilizo como faca. Essa faca é uma memória. Nessa pedra guardo a informação cortar ou abrir. Quem, depois de mim, pegar essa pedra na mão pode

acessar a informação a partir da pedra. A informação está publicada, intersubjetivada e, ao mesmo tempo, guardada na pedra. Esse gesto discursivo é estruturalmente comparável com a televisão, o rádio ou o jornal. A soma desses apoios de memória chama-se cultura material. Em comparação com a cultura oral, ela tem a vantagem de que as informações podem ser conservadas por um tempo extraordinariamente longo. A partir das cunhas vocês ainda podem acessar bem a informação após um milhão de anos.

Historiográfico: a cultura escrita
[crítica da cultura I 1b01] Foi possível combinar as vantagens da cultura oral e da material e minimizar as desvantagens de ambas, pois conseguiu-se visualizar fonemas. É possível fazer sinais graças aos quais se pode acessar os sons a partir do visual. Esses sinais chamam-se letras. E as letras podem ser grafadas de forma confortável, riscando--as em argila mole, daí a palavra *write*, riscar – embora não deixe de ser uma gravação –, daí a palavra *grafia*. Depois se pode endurecer a argila. Todas as vantagens das culturas oral e material podem ser passadas adiante graças à invenção do alfabeto. Com ele surge um novo apoio de memória – vamos denominá-lo *biblioteca*. A biblioteca é um lugar material e oral ao mesmo tempo. Surge uma cultura sintética que podemos chamar de literária ou historiográfica.

A biblioteca, pelo menos desde mil e quinhentos anos, é o apoio de memória *par excellence*.

O fenômeno da comunicação abriga uma dialética interna. Isso fica claro no caso da biblioteca. Originalmente, biblioteca significa um lugar para onde levo informação adquirida. Ali deposito informações adquiridas que, então, podem ser processadas. Pode haver bibliotecários. Então vêm as pessoas por vir, acessam as informações, levam-nas para casa, processam-nas e as devolvem à biblioteca. A biblioteca funciona como central da cultura, como central daquele empenho contra a morte do qual falamos. Mas logo a função da biblioteca se modifica. Em vez de servir como apoio da memória, ela se torna finalidade de vida. Dois exemplos:

Refletindo sobre a filosofia de Platão, as coisas funcionam, em poucas palavras, assim: somos seres caídos do céu. Na queda do céu para o mundo dos fenômenos atravessamos o rio do esquecimento, cujas ondas encobriram em nós todas as informações do céu, mas não as apagaram. *Léthe*, esquecer, significa cobrir. Nossa missão é nos lembrarmos das informações que vislumbramos no céu, no τόπος οὐρανός (*tópos ouranós*). Aprender nada mais é que redescobrir, chamar de volta o que foi esquecido. Pensem, a biblioteca não é mais o lugar para onde levo informações adquiridas, mas agora ela flutua sobre nós, no céu. Lá estão as informações eternas em ordem lógica, e a missão da vida é reencontrar o caminho para a biblioteca celeste.

A segunda inversão da função da biblioteca, ainda mais violenta, é a judaica. Segundo ela, sobre nós está a escritura e atrás da escritura está o totalmente diferente. A finalidade da escritura, da doutrina – a finalidade da Torá –, é que reconheçamos no outro o totalmente diferente, ou melhor, que vislumbremos a divindade no semblante do próximo. Dito ao contrário: não posso fazer imagens, porque há apenas uma imagem válida. Essa imagem é o semblante do próximo. Graças ao reconhecimento dessa imagem, obtenho uma centelha de conhecimento do totalmente diverso. Assim a biblioteca foi, tanto por parte dos gregos quanto dos judeus, reificada e santificada.

Se utilizo a comunicologia para a crítica da cultura, então me encontro, de início, na seguinte situação: originalmente, na chamada pré-história, há duas culturas que se desenvolvem paralelamente, que se inseminam reciprocamente, mas são estruturalmente separadas entre si, a saber: a oral – ou, como se diz com mais beleza, a mítica – e a material – ou, como também se diz, a mágica. Graças à invenção do alfabeto, as culturas oral e a material, magia e mito, são superadas, no sentido hegeliano da palavra. Ou seja: elas são colocadas em um nível superior e guardadas (*aufgehoben*). Surge, então, a cultura histórica, literária.

Estruturas de discurso
[crítica da cultura I 1b02] Para as estruturas de discurso, como para tudo o que digo, vale: definições são figuras auxiliares e devem ser apagadas. A realidade não pode ser enquadrada. Tudo se torna difuso, tudo encobre a si mesmo, por toda parte há *fuzzy sets*. Diálogo e discurso são conceitos abstratos. Na realidade, eles intervêm continuamente um no outro.

Círculo
O emissor senta-se no centro, está rodeado por receptores, e os receptores estão em condição de responder ao emissor, de forma que o discurso se reverte sempre em diálogo. Acho que essa é a forma original de discurso.

Pensem, talvez, em uma fogueira e no velho caçador cercado de jovens. Essa imagem mostra claramente por que falo, no caso da cultura oral, de uma cultura mítica. As informações que o emissor tem, ele obteve de transmissões anteriores ou daquilo que se chama vagamente de "experiência própria". Isso seria a forma fundamental de discurso pré-histórico e também pode ser encontrado, por exemplo, na mãe rodeada de filhos.

Anfiteatro
Este círculo é interrompido, dividido em um teatro. No anfiteatro senta o público, aquilo que os gregos chamaram de

παιδεία (*paideía*), frente à σκηνή (cena). À frente desta está outro semicírculo pequeno, o προσκήνιον (proscênio). Neste caso, o emissor não é mais um indivíduo, mas há o protagonista, o antagonista e deus. Consequentemente, o emissor é um tipo de diálogo que os gregos chamaram de ἀγωνία (*agonía*), uma luta. Heráclito, nesse sentido, afirma que o combate é o pai de todas as coisas. Πόλεμος (*pólemos*) não é realmente combate, mas uma confrontação bélica, polêmica. Essa forma de transmissão complexa vem da imagem daquela mesma fogueira, que agora se tornou pública. Segundo Platão, no velho caçador acontece um diálogo interior.

Não gostaria de separar claramente diálogo e discurso. O discurso que surge aqui do diálogo é absorvido no προσκήνιον, de duas formas. No προσκήνιον está o χώρος (*khóros*), por assim dizer, a contraparte do deus. O coro é a voz do povo, e lá está a voz de deus, *vox populi, vox dei*. Esse coro, dirigido por um líder, κορυφαῖος (corifeu), está dividido em duas partes, a ἀναστροφή (*anastrophé*) e a καταστροφή (*katastrophé*), que interpretam em contraposição a mensagem recebida. A partir dessa interpretação dupla, da anastrófica e da catastrófica, surge então a mensagem transmitida ao teatro. O coro tem menos responsabilidade do que o anfiteatro, pois a παιδεία está sentada em contemplação. Não responde. Ela é o público, também no sentido nietzschiano da palavra. É uma massa. Já é um "a gente" ("*man*"). Mas o diálogo acontece entre o deus e o coro, de forma que o protagonista e o antagonista oferecem, por assim dizer, a tensão.

Pirâmide
Na estrutura de pirâmide, o emissor torna-se um autor. O autor envia a mensagem aos relés, em ambas as direções. Os relés respondem. E quanto mais fundos estão os relés, tanto menos eles estão ligados ao autor. E finalmente a mensagem alcança o receptor. No exemplo da república romana, estudou-se essa estrutura detalhadamente. O autor é Rômulo, que fundou a cidade e o mundo, *urbs et orbis*. Ele envia sua mensagem aos relés, digamos, os *sacerdotes*. Esses relés [crítica da cultura I 1b04], esses mensageiros, esses *sacerdotes*, são, na verdade, construtores de pontes entre Rômulo e a república, por isso, *pontifices*. Esses *pontifices* estão ligados ao autor, tanto ao receber a mensagem, *religio*, quanto ao transmiti-la, *traditio*. Eis os aspectos religioso e tradicional da pirâmide. Há dois tipos de funções dos padres: a superior, a magistral, a do transmitir à massa; e a inferior, a ministerial, a de excluir ruídos, para manter a mensagem e a informação o mais claras possível. Os ministros são pessoas que cuidam para que a mensagem seja conduzida clara e nitidamente. Os magistrados são pessoas que cuidam para que ela se ramifique.

Vocês encontram esse tipo de discurso no exército, no aparelho administrativo e na universidade; é por isso que as universidades devem ser radicalmente modificadas. Não é impossível haver diálogos dentro da pirâmide. Dos relés, podem nascer diálogos. Mas a responsabilidade aqui está ligada tão somente à elite, e a massa que a recebe fica perplexa, não consegue responder.

Feixe

No feixe há uma emissora, por exemplo, a WDR[7]. Quem quer que se encontre no feixe e esteja recebendo não pode responder. A maioria das formas de discurso é sempre aberta para uma mudança súbita em um diálogo, não importa o teor do discurso – se uma caçada a cavalo ou matemática. Suponhamos uma estrutura familiar, uma estrutura circular. E suponhamos que você introduza um aparelho de televisão. No momento em que você insere um aparelho de televisão no ambiente familiar, você faz o anfiteatro se transformar em teatro. E de repente as pessoas não se olham mais "face a face", com a mãe ou a avó ou a ama de leite no meio, mas ficam todos voltados para a televisão, e a agonia acontece na televisão.

---

7 A *Westdeutscher Rundfunk* [Rádio da Alemanha Ocidental] é a emissora responsável pelo distrito cultural em que se localiza Bochum.

Minha análise deve conseguir dominar a alteração de clima por meio da mudança de estruturas de discurso. A responsabilidade que antes caracterizou o círculo tão intensamente será diluída no semicírculo de maneira extraordinária.

Pontos de vista
Fenomenológico

A fenomenologia me permite inúmeros pontos de vista. O que estou tentando aqui é deixar o fenômeno falar. Tento deixar a estrutura circular do diálogo falar por si, para só depois preenchê-la com coisas como a família ou a escola medieval, onde os alunos sentavam em círculo aos pés do professor. Para imaginarmos uma situação assim, pensemos em São Tomás e as pessoas em volta dele, na Sorbonne. Assim, esses esboços mortos ganham vida [crítica da cultura I 1b05].

E agora vamos nos voltar para uma situação atual. Vocês têm um grupo de pessoas que formam uma emissora. Elas recebem, processam e transmitem informações. A massa de pessoas espalhadas no espaço recebe essa informação. As informações reunidas não são suficientemente ricas para alimentar o fluxo contínuo do discurso. Então o discurso estabelece um *feedback* sobre si mesmo e fica sabendo, a partir dos receptores, como suas transmissões são recebidas. Para essa finalidade há dispositivos específicos: eleições políticas, por exemplo – que, aliás, dão a impressão de que representam liberdade de decisão. Na verdade, elas apenas oferecem critérios de *feedback* para emissores. Nas eleições políticas, os eleitores livram-se de sua responsabilidade em favor de seus representantes. Eles se eximem da responsabilidade. Sim, isso é o que significa eleger um deputado*. As decisões seguintes não são tomadas pelo deputado, mas em algum centro de emissão. Os dispositivos pelos quais a emissora se informa para transmitir a informação são ambivalentes. A emissora não só fica sabendo o que precisa saber a respeito do receptor, mas simultaneamente manipula o receptor para que este aceite as próximas transmissões.

Nunca se pode eliminar por completo o diálogo, nem mesmo em estruturas absolutamente totalitárias como as da televisão, mas pode-se manipular o diálogo de tal forma que ele se torna um instrumento do discurso. Tomemos a Guerra do Golfo. Vocês estão sentados em semicírculo, e a agonia é transmitida na televisão, mas é completamente opaca. Já não é mais um deus que ocupa a máquina, mas um programador. Querer descobrir o que realmente está acontecendo no Golfo é metafísica no pior sentido, no sentido kantiano. Ir até lá também seria inútil.

[crítica da cultura I 2a01] É uma grande ingenuidade acreditar que as grandes emissoras ainda servem a quaisquer

---

* Deputar = mandar, delegar, incumbir. (N. T.)

eminências pardas ou decisões humanas. Ou as decisões humanas já se evaporaram no horizonte, ou elas acontecem em função das emissoras. Dificilmente esse estado de coisas pode ser criticado com imperativos. Temos de nos acostumar a transcodificar imperativos em funções, ou, para dizer como Kant: a razão prática retorna à pura no momento em que ela se matematiza e automatiza. Isso é a morte da política no sentido tradicional do termo.

Informático
Quando penso *informaticamente* e quando equiparo o teor de informação de uma situação com o teor de improbabilidade, então as categorias de verdadeiro e falso não são mais aplicáveis. No caso da improbabilidade, tem-se diante de si algo como o teste de carbono. No carbono radioativo o átomo desintegra-se após um tempo determinado de desintegração, a meia vida radioativa. Quanto mais dispersas estiverem as partículas nesse átomo, quer dizer, quanto mais elas se comportarem de modo provável, tanto mais avançada é a entropia. O tempo torna-se uma medida do processo pelo qual algo se torna cada vez mais provável. Pode-se colocar isso em uma equação, a equação da entropia. Quando se vira o espelho tem-se a equação da informação. A imagem é a de uma dispersão. A dispersão é a entropia, e a concentração, neguentropia. Em outras palavras, a informação é o grau

da concentração em uma situação. A crítica da cultura, no sentido da informática, é um teste de carbono ao contrário. A informática é – ou quer ser – uma disciplina exata. Sua μάθησις (*máthesis*) é o cálculo de probabilidade. As situações são mais ou menos prováveis e tudo o que eu disser a respeito também é mais ou menos provável. Uma informação é tanto mais informativa e tanto mais interessante quanto mais improvável ela for. Isto é, a verdade não é absolutamente o objetivo, porque ela é absolutamente desinteressante, absolutamente desinformativa, o que Kant chamou de juízos analíticos *a priori*.

O valor da informação cresce junto de sua tendência a ser mais improvável: quanto mais fictícia, tanto mais informativa. Portanto, há uma diferença de grau entre ficção e conhecimento ou aquilo que antigamente, digamos assim, chamava-se de *realidade*. Consequentemente, a ciência é um tipo de ficção. E ficção transmite saber. A separação entre ciência e arte está sendo superada pela informática. Temos de nos despedir daquela separação ingênua entre verdadeiro e falso, como já disse Wittgenstein. A reprovação do fictício não pode ser sustentada por muito tempo. Observando mais exatamente, a função do discurso é a ficção, ou, como se diz hoje, realidades alternativas. A palavra *ficção* vem do latim *fingere*, assim como a palavra *figura*. Consequentemente, todos os meus esboços são ficções, porque são figuras.

Crítico-científico
[crítica da cultura I 2a02] Disseram-me que eu não estaria apresentando nada de novo. Que eu seria um reacionário. Que continuaria enredado na ciência da natureza. Mas isso não significa que estamos em uma crise? Os fundamentos da ciência moderna cambaleiam. Um desses fundamentos é o seguinte: parte-se do ponto de vista de que atrás dos fenômenos está oculta uma ordem, e que essa ordem, por razões que ainda não foram claramente estudadas, é matemática, uma *mathesis universalis*[8]; que eu, ao atravessar os fenômenos, consigo chegar até essas equações. As pessoas puderam acreditar nisso durante quatrocentos anos, o que soa, hoje – já que somos pós-modernos –, como uma história incrível. É uma ideia tão inverossímil quanto tudo aquilo que a Igreja conta.

Aos poucos chegamos à noção de que as leis da natureza são ficções. Os grandes cientistas sempre souberam isso. Galileu, por exemplo, sempre teve consciência disso. Tentarei, com ele, colocar a oposição verdadeiro/falso fora de combate.

Conforme a tradição, dizia-se que as pedras leves caem com maior dificuldade. Isso não era apenas teoricamente compreensível, mas também visível na prática, em qualquer

---

8   Matemática universal.

lugar. Porém, se isso era teoricamente compreensível, como é que a coisa funcionava? No centro, está a Terra. Sobre a Terra, na verdade, deveria haver água, sobre a água, ar, e sobre o ar, fogo. Mas sob a lua, portanto abaixo do fogo, a coisa é desagradável. Há injustiça. Algumas pedras estão no ar, mas então têm de cair, porque são pesadas. E na água há algum ar, mas ele tem de subir, porque é leve. Em resumo: está teoricamente bem fundamentado que o pesado cai, e o leve sobe. O lugar justo do pesado é embaixo, o lugar justo do leve é em cima, e assim pode ser observado em toda a parte: se a água está na terra, sobe como nascente, e se está no ar, cai como chuva.

Toda a sociedade humana está edificada sobre essa hipótese geocêntrica, a Igreja, o Estado, tudo. Então vem Galileu e diz: "Isso não me serve por razões estéticas. Não me agrada. Teria de ser mais simples. Não estou autorizado a fazer distinções entre o pesado e o leve. Como posso evitar isso?". O que fez Galileu? Ele apanha uma tábua. Nela, faz riscos em intervalos regulares. Em seguida, segura a tábua na diagonal e coloca sobre ela uma esfera de ferro grande e uma pequena. Se Aristóteles e a Igreja tiverem razão, então a esfera grande tem de rolar muito mais rápido do que a pequena, pois é mais pesada. Façamos o que Galileu teria denominado *esperimento mentale*, um experimento mental, introduzindo *fantasia essata* no jogo. Ambas as esferas rolam, e de fato a esfera grande rola mais rapidamente do que a pequena, mas não tão rapidamente quanto Aristóteles e a Igreja e a ordem eterna na verdade gostariam. Elas correm, mas tampouco cada uma mantém uma mesma velocidade. Como sou Galileu, e não um cretino qualquer, introduzo uma hipótese: a hipótese do atrito – quanto maior a esfera, tanto maior o atrito. É uma hipótese falsa, mas boa. Insisto nisso. A hipótese é falsa, mas também é uma ficção extraordinariamente boa. Com a ajuda do atrito ele teoriza a lei da queda livre. É uma ficção. Uma ficção que derruba a tradição milenar de Aristóteles. Eu diria que Galileu é genial. Ele diz: "*fictione mei*"[9]. E faz um diálogo artificial para ela.

Então vem Newton com sua frase: "*Hypotheses non fingo*"[10]. Ao contrário de Galileu, Newton acha que as pedras na verdade se movimentam com uma velocidade geométrica. "Isso não é ficção" – diz ele –, "pois posso constatar que está correto. Posso observar isso." Como bom físico, Newton não consegue compreender de que modo a gravidade poderia funcionar a distância e, por isso, ele introduz o éter. Apesar disso, ele diz que não constrói suas hipóteses. Hoje, temos a opinião contrária. Acreditamos que todas as hipóteses são ficções. Acreditamos que as pedras se movimentam segundo a aceleração geométrica, porque pensamos

---

9 "Minha criação."
10 "Não construo hipóteses."

aritmeticamente, e nosso pensamento aritmético exige esse movimento. Ou, como diz Wittgenstein, se pedras não caíssem segundo a lei da queda livre, elas não seriam pedras. Acreditamos que projetamos as leis da natureza atrás da natureza. Essas são nossas ficções.

Goethe dizia que o ser humano é bom ou pode ser bom. Desde Freud, somos da opinião contrária, e desde Auschwitz temos a prova disso. Aqui, aproveito o momento para uma piada: em um campo de concentração, um guarda da SS vai até um judeu e diz: "Eu tenho um olho autêntico e um postiço. Se você adivinhar qual deles é o postiço, então te poupo da sova, caso contrário, te mato de pancada". Ao que o judeu responde: "O olho direito é o postiço".

[crítica da cultura I 2a03] O homem da SS pergunta: "Como é que adivinhou?" O judeu diz: "Ele tem uma expressão mais humana." Somos mais da opinião de que, com a ética, não vamos muito adiante no conhecimento. A categoria estética é muito mais bela. Quanto "mais falso", tanto mais interessante, quanto mais fictício, tanto mais cativante. Não existe nada mais excitante, nenhum romance policial mais cativante do que a biologia molecular atual. Por que é tão excitante? Porque nenhuma palavra é verdadeira. Concordo com Nietzsche quando ele afirma que a arte é melhor do que a verdade.

Revoluções culturais
Da obra ao detrito

Tomemos uma cultura que desapareceu. Nossa cultura tem, no máximo, 4500 anos. Não sabemos praticamente nada sobre o que é anterior a 4500 anos. Não existe uma razão pela qual toda uma série de culturas não teria surgido, se desenvolvido e decaído. Para lhes dar um exemplo: cada uma das cavernas da Dordonha foi habitada durante dez mil anos, isto é, eram culturas duas ou três vezes mais antigas do que a nossa.

Imaginem agora que surge uma cultura, isto é, toda uma série de informações é armazenada oral e materialmente. Não temos ideia de como as pessoas falavam. A cultura material foi preservada até nós, portanto podemos tirar conclusões a respeito. Por exemplo, tentou-se produzir dentes postiços. Logo, lascaram-se pedras. Tomaram uma pedra na mão esquerda e outra na direita. Isso já é absolutamente misterioso. Talharam a pedra e fizeram progressos colossais. Já é hora de admitir minha tese: todas as revoluções são revoluções técnicas. Talhada, a pedra ficou cada vez melhor, mais elegante, mais bela. Mas, de repente, certo dia, veio alguém – algumas poucas pessoas ou milhares de pessoas – que disseram: não quero mais afiar minha pedra, quero as lascas. Essa é uma revolução inédita da cultura: o desprezo pela produção. A valorização do detrito. Esses pequenos, finos *chips*[11] que caíram como restos, sobras, são uma obra maravilhosa. No ápice dessa cultura, há cerca de vinte e cinco mil anos, o interesse mudou de uma forma que talvez nunca tenha acontecido em nossa cultura. Há um deslocamento do olhar, da obra para o detrito. Perdeu-se essa mentalidade colossal. Quando o paleolítico superior entrou em decadência e o mesolítico irrompeu, isto é, quando o misantropo começou a desbravar a floresta, sobreveio uma superficialidade geral que durou dois mil anos, uma imbecilização certamente comparável à nossa atual. Só que naquela época havia menos pessoas.

Tento penetrar nessa cultura e imaginar como era quando se fez a primeira alavanca ou quando se afiou a primeira flecha. Naquele tempo mítico, ao redor do fogo, aquilo era um congresso cheio de Einsteins e Edisons.

Após a revolução da comunicação: enfeixamento versus conectividade em rede
Estamos diante de uma virada que podemos captar melhor quando vemos imagens projetadas. Essa virada significa uma perda de fé na realidade e uma confiança limitada em alternativas. Dois prognósticos se abrem para nós. De um lado, uma conectividade dialógica graças a aparelhos – tudo graças

---

11 Termo em inglês: lascas, estilhaços.

a aparelhos. Não posso imaginar mais nada sem aparelhos; essa é a única possibilidade da conectividade em rede. De outro lado, um enfeixamento crescente. Tudo fala a favor da segunda alternativa. Somos parte de uma comunicação elitista. Ao nosso redor, as pessoas se interessam pelo [crítica da cultura I 2a05] jogo de futebol entre Marselha e Toulouse.

O enfeixamento de modo algum pressupõe apenas um emissor. Interessante é o painel de controle. Quando se pode distinguir nitidamente entre emissor e receptor, então se trata de uma sociedade enfeixada. Quando se pode dizer claramente: esta é a *Zweite Deutsche Fernsehen**, e este é o sindicalista em Düsseldorf que a assiste, então estou em um sistema totalitário. Quando existem dúvidas sobre quem é o emissor e quem é o receptor, quando talvez não tenha o menor sentido fazer essa distinção, então estou em um sistema conectado em rede.

Em algum lugar inacessível a vocês, as notícias, que chegam na forma de imagens, palavras e números, são codificadas em imagens. E essas imagens são irradiadas. Há máquinas para receber essas imagens. Há um movimento duplo. Em primeiro lugar, a imagem se movimenta dentro da moldura da tela, e, em segundo lugar, a imagem se movimenta como um todo e se divide e entra na moldura da tela.

---

* ZDF = *Zweites Deutsches Fernsehen*, emissora pública alemã de televisão. (N. T.)

É um movimento helicoidal extremamente complexo. Dessa forma complexa, dispendiosa e extraordinariamente inteligente de comunicação, que representa o resultado de séculos de inteligência, força inventiva e criatividade acumuladas, uma imagem como a televisiva – que é produto de uma criatividade de séculos – chega simultaneamente a toda parte do mundo, em tese. Em todo o mundo as pessoas estão sentadas, pasmando e recebendo a mesma mensagem. De certa forma, elas olham através da imagem, cegamente. Alguém em Düsseldorf, alguém em Ancara e alguém em Ulan Bator, todos olham através da imagem. Justamente porque elas se juntam no mesmo ponto, elas são cegas em relação uma à outra. Isso é que chamo de enfeixar: os olhares focalizam o emissor e ficam cegos para os outros. Então as pessoas conversam: "– Eu vi como o jogador fulano de tal 'fez a finta'. – Eu vi outra coisa". Essa é uma conversa entre cegos. E então as pessoas se encontram para tomar cerveja e conversam sobre as mesmas informações. Em consequência disso, há uma redundância total e o nível cai. O desdém pelo povo não poderia ser maior. As pessoas têm a impressão de que manipulam algo; na verdade, porém, só servem de *feedback* para a emissora do programa esportivo.

O Brasil vende "telenovelas", histórias de empregadas, para o mundo todo. A história é: *boy meets girl, boy loses girl, boy finds girl*. E então são feitas pesquisas sobre a história, por exemplo, quando alguém morre. Se o resultado for "não, ele não pode morrer", então ele ressurge dos mortos. Eis o ponto a que uma história ficou degradada. Ou então, em um nível um pouco mais alto: Saddam Hussein é deposto e novamente colocado no poder, até que o fim da história advém conforme a aquilo que se adapta ao programa. As perguntas: "A moça realmente pegou o rapaz em flagrante?" ou "Saddam Hussein realmente...?" são metafísicas no pior sentido da palavra. O que importa é a imagem.

Por um lado, fico otimista quando observo como rapazes e moças se comportam na frente dos monitores. [crítica da cultura I 2b01] Por outro lado, fico horrorizado quando vejo uma convicção autoconfiante fundada em informações completamente "cretinizadas", como descrevi. Por isso não posso fazer nenhum prognóstico. A técnica de pintura de um quadro não é a mesma com que uma imagem televisiva é feita e transmitida. As potencialidades da imagem da caverna são maiores na imagem técnica. Mas a técnica é neutra. Ela conduz igualmente ao mal e ao bem. Quer dizer, em uma imagem gerada numericamente, a qualidade estética pode ser levada a perfeições até agora impensáveis. Todavia, a imbecilização generalizada pode gerar baixos níveis impensáveis. A técnica é neutra, mas exacerbante.

2. De espaços e ordens

Sedentário (Sess-Haft)*
Comecei abordando a história da humanidade na estepe, na África Central e no Leste Africano, mas principalmente entre as geleiras dos Pirineus e dos Alpes, e em especial, no sul da França, na Dordonha, onde os rebanhos migravam no verão para o Norte e no inverno para o Sul, e onde homens e chacais espreitavam os grandes ruminantes nos diversos vales estreitos. Agora prossigo com minha argumentação ao longo do desenvolvimento da história humana, passando do Paleolítico ao Neolítico.

O cenário se transforma. Aproximamo-nos da atualidade. Ao contrário do que Nietzsche diz, cada dia fica mais quente. As árvores migram para as relvas. Os grandes

---
* Jogo de palavras. *Sesshaft* = sedentário; *Sess-Haft* = prisão domiciliar. (N. T.)

ruminantes se tornam raros, partem de volta para o Norte e desapareçem. Na floresta só existem pequenos ruminantes. A caça não é boa. A cultura decai. É o fim do paraíso, pois a caça na estepe era o paraíso: quantidades extraordinárias de carne disponível e pouquíssimos seres humanos, com uma divisão de trabalho definida quase exclusivamente pelo sexo – às mulheres cabia um papel de igual importância ao dos homens; onde existe uma cooperação estreita entre homem e cão. O paraíso e sua cultura altamente refinada [crítica da cultura I 2b03], observável, por exemplo, nas grutas de Lascaux ou Pechemerle.

Agora a vida está mais difícil, é preciso lutar. Para isso, é preciso abrir clareiras na floresta, a fogo, e plantar gramíneas ali. Não se pode mais deixar a pastagem aos animais, para depois comer os herbívoros. Face à catástrofe da floresta que se abateu sobre nós mesmos, vemo-nos forçados a comer a grama – por assim dizer, pizza. Isso é um bom sinal da decadência da cultura. Para se comer grama é preciso plantá-la e colhê-la. Entre o plantar e o colher decorre tempo, tempo de espera. Daí, hoje, o que vemos é que o melhor é esperar sentado. O tempo de espera exige um espaço de espera. Lembremos, por exemplo, de uma sala de espera de dentista. As pessoas que se tornaram sedentárias constroem casas. Parece simples, mas trata-se de algo inédito.

Uma casa compõe-se sabidamente de quatro paredes e um telhado. Do ponto de vista da comunicação, isso significa que as quatro paredes construídas têm a função de separar dentro e fora. Surge um espaço externo πόλις (*pólis*), república, e um espaço interno, ὀικία (*oikía*), *res privata*. Por ficarem sentados e esperarem pela colheita, as pessoas se tornam, por um lado, republicanos, e por outro, pessoas privadas, idiotas. Em grego, uma pessoa privada chama-se ἰδιώτης (*idiótes*). Uma coisa implica a outra. No que se refere ao telhado, a casa tem a função de proteger as pessoas de coisas que vêm de cima, como chuva e raios. É um meio de proteção. Mas logo se constata que a casa, como toda a mediação, tem uma dialética interna. Escondo-me na casa, e de repente a casa se torna uma prisão. Não me torno apenas sedentário, mas também prisioneiro, cumprindo a minha pena, sentado. O tempo de espera está agora assentado.

O que lhes conto começa há cerca de dez mil anos e termina mais ou menos agora. Parece que fomos condenados a dez mil anos de prisão domiciliar e agora estamos livres. É extremamente desagradável ficar em casa e esperar, então se fazem buracos. Cada vez que não se aguenta mais, que o barril está "cheio", *trop-plein*[1], fazem-se buracos na parede.

---

1 "cheio demais".

A porta é um buraco para escapar para fora de casa e conquistar o espaço público e o mundo. Logo que você faz isso, você se perde no mundo. Então você escapa de novo para casa para se reencontrar. Assim que você faz isso, você perde o mundo. Como se sabe, Hegel chama isso de consciência infeliz. Graças à porta, ganhamos a consciência infeliz, que, aliás, é a consciência *tout court*. A porta é o buraco para publicar o privado e politizar o público. A janela é um buraco para observar o público sem se molhar, sem engajamento, exclusivamente voltada à teoria. A casa tem um buraco-engajamento, a porta, e um buraco teórico, a janela. A dialética interna: você sai pela porta, mas o espaço público, a política, a polícia, pode entrar na casa. Você olha pela janela, mas os vizinhos também podem espionar lá dentro. Para que a polícia não entre você faz fechaduras. Você possui a chave para a fechadura. Você codifica o espaço íntimo (*Heim*), o segredo (*Geheimnis*), por meio de um código secreto (*Geheimcode*). Mas não existe nenhum código que não possa ser decifrado. Com o tempo a polícia sempre descobre. Mesmo se trocar sempre as fechaduras, você pode ter certeza de que a receita federal é igualmente rápida. Essa é a dialética da porta. Porém, com a porta, o processo da comunicação ganha uma nova face. Agora o homem que faz um discurso está ou dentro, ou fora de casa. Distinguem-se discursos privados e públicos.

A ordem da república

Para sermos historiograficamente corretos, foi comprovado que as primeiras repúblicas nasceram no curso superior do Eufrates e do Indo. Conheço Jericó, a mais antiga. É do nono ou décimo milênio aproximadamente, de uma época em que a maior parte da humanidade ainda era nômade.

Uma república parece o seguinte. Existem duas casas compridas. Entre elas há uma rua. [crítica da cultura I 2b04] Na verdade, a rua serve para a relação sexual. Cada casa tem um totem diferente, um tabu próprio. Só se pode casar com alguém do outro lado da rua, para evitar pureza de raça, ou seja, idiotia. As duas casas longas vão dar em uma praça redonda. Na praça redonda há um silo. Lá se estoca o cereal. A informação adquirida "grão" é levada ao silo. Ele é uma memória. Mais além do silo ergue-se uma colina de detritos. Como é antiga, é bastante alta. No Eufrates, ela se chama *tell* – vocês conhecem a palavra de Tell el Amarna, Tel Aviv etc. Lá em cima da colina está sentado um homem. Na antropologia, ele recebe o nome de *Big man*[2]. Como aquele homem está sentado sobre um monte de detritos, ele consegue ver mais longe. Olha rio acima, se desce mais ou menos água, pois as culturas de irrigação vivem do rio. Portanto,

---
2 Cf. textos do antropólogo Marshall Sahlins, p.ex.: *Poor Man, Rich Man, Big Man, Chief: Political Types in Melanesia and Polynesia* [Homem pobre, homem rico, grande homem, chefe: tipos políticos na Melanésia e Polinésia], in *Comparative Studies in Society and History 5*, 1963, p. 285-303.

ele olha para o futuro. Vê o que se aproxima. Esse homem é chamado, como vocês sabem, de profeta. Ele não só prevê o futuro, mas também pode fazer algo contra. Pode projetar canais. Para essa finalidade, ele pega um tijolo cru, mole, e nele desenha os canais previstos, projetos. Então as pessoas escavam os canais conforme as ordens do profeta. Para essa finalidade, porém, ele dispõe de um megafone. Da colina ele grita: "Escavem aqui e ali!" – essa é a primeira articulação da política. Há ordens, imperativos. O megafone que ele usa – como tudo que temos, vem de Roma – é muito bem elaborado. Chama-se *persona*, nisso se sugere: o homem que possui isso é uma pessoa. Em Roma surgem daí duas pessoas, a que ri e a que chora, a cômica e a trágica. O profeta grita suas ordens, ao que as pessoas correm pela rua até o rio e cavam os canais. É o começo da teoria e o começo da geometria. Isso produz colheitas cada vez melhores. Consequentemente o silo deve ser ampliado cada vez mais, e as pessoas começam a se multiplicar. A catástrofe que agora se abate sobre nós com a explosão demográfica começou naquela época.

A inflação vale para qualquer lugar. Quanto mais existir de uma coisa, menos valor ela tem. A desvalorização do ser humano começou naquela época. Para dizer isso comunicologicamente: quando você encontrava uma pessoa no Paleolítico, aquilo era um acontecimento colossal. Você via um outro, um semelhante, ou seja, um animal, que nem era tão grande, mas que andava sobre duas pernas, de forma que toda a vegetação apontava para ele. Você olhava aquele ser humano e aquele ser humano era um acontecimento. A partir de então, o ser humano foi ficando cada vez menos interessante. Hoje, quando você encontra seres humanos na rua, isso não quer dizer nada. É totalmente redundante. Não importa o que você queira dizer, o ser humano perdeu quase todo o seu valor informativo.

Eles têm uma *res privata*, uma *res publica* e uma colina, um τέμενος (*témenos*), ou seja, espaço privado, espaço público, espaço sagrado. O espaço sagrado serve ao governo. O espaço público serve à distribuição de informação – por exemplo, à distribuição de sementes. O espaço privado serve ao processamento das informações públicas. Quando você vai do espaço privado para o público, você o faz para expor as informações que elaborou. A república é uma exposição, uma *exhibition*[3], uma prostituição. Você expõe o que fez em casa e leva para casa, de volta, algo daquilo que foi exposto. Você sai de casa para tornar algo público e para, depois, privatizar o que é público. E tudo isso acontece sob a inspeção do espaço sagrado, pois o *Big man*, do qual falei e o qual chamei primeiramente de profeta e depois de teórico e geômetra,

---

3 Do inglês: exposição, mostra.

ele é promovido rapidamente a sacerdote e finalmente a rei e a deus. Tudo acontece face ao deus, e deus é aquele que dá sentido à comunicação.

Primeiro, discutiremos brevemente sobre esse deus e o excluiremos. Para começar, deus dá imperativos: não roubar! Os mandamentos tornam-se [crítica da cultura I 2b05], com o tempo, leis: se você roubar vai para a cadeia. As leis tornam-se, com o tempo, instruções: na Alemanha, dirige-se do lado direito do automóvel. As instruções tornam-se, com o tempo, instruções de uso: se você quiser uma sopa de galinha e macarrão, pegue uma lata de sopa de galinha e uma lata de sopa de macarrão: *mix it, stir it and serve it out*. As instruções de uso são abreviadas.

Podemos formular a hipótese: quando mais curtos os imperativos, tanto mais adiantada é a automação, tanto menos deus fala. Com a automação total, deus se cala. E, com tudo isso, o espaço sagrado está excluído.

Publicar I

Publico algo privado para trocá-lo por algo já exposto, que eu então privatizo novamente e reelaboro. Um exemplo: estou em casa e não tenho que me preocupar com a economia doméstica. Isso é feito por minha mulher, meus filhos e meus escravos. Sou um cidadão livre. Consequentemente, não tenho nada para fazer. Então tive um estalo:

vou fazer sapatos. Esse é um verdadeiro estalo (*Einfall*) – espero que percebam: cada palavra que digo tem uma isca e é uma armadilha. A reflexão sobre como esse estalo veio a mim é um fundamento básico da filosofia. Os antigos acreditavam que existiria no céu um sapato ideal, uma ideia de sapato, a "sapatidade". E eu me recordo, ἀλήθεια (*alétheia*) daquilo que vi antes do nascimento, daquela ἰδέα (*idéa*), μορφή (*morphé*) do sapato guardada (*aufgehoben*) na biblioteca celeste. Com a mão direita pego o sapato no céu e o trago para baixo. A forma se chama em grego μορφή, belo se chama μορφήεις (*morphéeis*). A forma e a beleza são denominadas com a mesma palavra. Em português ainda se diz "formoso". Uma bela ilha é Formosa. Então vejo a bela forma do sapato e a tomo com a mão direita. [crítica da cultura I 3a01]. Com a mão esquerda, pego algo sem forma, couro amorfo. Imprimo a forma de sapato no couro, eu informo o couro.

Estamos nos aproximando do conceito de *informação*. Com o couro e a ideia de sapato, fiz um sapato. A ideia de sapato e o couro foram sintetizados no sapato. O que aconteceu? Quando informei o couro com o sapato, transformei o couro, mas também deformei a ideia do sapato. A malícia da matéria desfigura a ideia. Consequentemente, não existe o sapato ideal. Podemos nos aproximar mais ou menos do ideal de sapato, mas nunca atingi-lo. De onde se infere que apenas o teórico pode julgar qual é o valor do sapato, pois apenas ele pode comparar o sapato com a ideia de sapato. Ela anda pelo espaço público, olha os sapatos expostos e diz qual é o valor deles. Essa é a economia autoritária, a ideia fundamental de todo o socialismo. Exponho o sapato, então vem, por exemplo, o bispo, lá de sua catedral, desce à praça matriz, observa os sapatos expostos e fixa o preço justo do sapato, *pretium iustum*, porque ele tem acesso à ideia de sapato – no caso do bispo, graças à revelação que só pode ser lida na Bíblia, segundo a teoria que pode ser lida em Aristóteles. O Renascimento é uma anulação da autoridade e a produção de um mercado livre dialógico, dirigido cibernéticamente, onde o valor se determina não pelo valor intrínseco, mas graças à oferta e à demanda.

O mercado livre é um circuito dialógico, muito mais refinado do que qualquer mercado regulado, que é um circuito discursivo. Isso é um lado da interpretação do trabalho, uma informação do amorfo. O outro lado é que eu, quando trabalho, traio a ideia. Se eu escolho a sabedoria, σοφία (*sophía*), então tenho de ser teórico. Se trabalho, então apenas chego a opiniões, δόγμα (*dógma*) Essa é a diferença entre o espaço sagrado e o público. No espaço sagrado, tenho a teoria, estou na escola e ganho sabedoria. No espaço público, trabalho, desfiguro as ideias e recebo opiniões políticas, as mais simples. É impossível que uma opinião política venha a ser correta, porque todas as ideias, quando são aplicadas, são desfiguradas.

Heidegger argumenta contra os filósofos gregos, porque diz que velaram o "ser" em algum lugar. Ele diz que a filosofia é um trabalho de detetive, ela tem de retrilhar (*nachgehen*) o caminho do criminoso, como um detetive, sim, por isso é que se diz "re-fletir" (*nach-denken*). Ela deve retrihar o caminho até o crime que aconteceu em algum lugar da Grécia, onde o ser está oculto. Heidegger chegou à origem do crime, a saber, quando se empregava "ser" como substantivo, como se ser tivesse uma substância. Quando li pela primeira vez que "ser" é um verbo, foi um grande choque para mim. Ser é um verbo. Não um substantivo. Quando os gregos disseram τὸ ὄν τὰ ὄντα (*tò òn tà ónta*), segundo Heidegger, ali aconteceu o crime. No caminho para este desvelamento do crime, ele chegou à conclusão de que as ideias são um importante véu do ser. Portanto, ele se opõe à análise platônica que apresento aqui.

Analisei o trabalho por dois lados, o platônico, do ponto de vista dos realistas, e do ponto de vista nominalista. Segundo Platão, a entrada na república é proibida a artistas e artesãos, porque eles desfiguram e traem ideias. Os reis da república devem ser as pessoas sobre a colina, os filósofos. Esse é, em resumo, o teor da "República", πολιτεία (*politeía*), de Platão.

Publicar II

Pode-se ver o gesto do trabalho de forma completamente diferente. Transporte-se para uma cidade medieval, de preferência no norte da Itália. No centro da cidade está a *Piazza del duomo*. De um lado está a catedral, à direita está a *raggione*, onde os cidadãos se encontram e discutem, e à esquerda, a *signoria*, isto é, o senhor mundano da cidade. No centro está entronado o bispo. Na *Piazza del duomo* desembocam ruas divididas em corporações, em sindicatos e em ramos de atividades: rua do alfaiate, rua do oleiro, rua das medidas etc. Todas desembocam na [crítica da cultura I 3a02] praça da catedral. Em volta, há um muro. Dentro moram os civilizados, os *civites*. Fora, moram os *pagani*. Todos os dias, excetos aos domingos, abrem-se os portões e os pagãos trazem os frutos de seu trabalho para a praça da catedral, ou seja: ovos, galinhas e cereais. Os cidadãos levam o produto de seu espaço privado, a arte, para a praça, ou seja: sapatos, têxteis e coisas do gênero. Então se abre o portão da catedral e o bispo caminha pela praça da catedral. Um tecelão expõe um tecido, e o bispo diz: isso vale um par de sapatos. Então ele pega o par de sapatos, couro informado, e o leva para casa. Ele usa os sapatos e a forma desaparece, lentamente. O sapato torna-se novamente couro, nunca completamente. Ele não parece mais pele de vaca, mas também não parece mais um sapato. É o momento em que é jogado fora, tardiamente, porque as pessoas não são ricas. Isso significa que o homem tem consciência do ciclo da cultura. De alguma forma, com efeito, ele se torna antiplatônico. Ele diz a si mesmo: por um lado, a cultura começa com o amorfo e com a ideia. Ela começa da natureza e do espírito, para falar de forma cristã. Então, através do espírito, comprimo para fora a natureza espiritual e a natureza até chegar ao homem. Então uso o sapato. Lentamente o espírito se evapora. Fica a natureza, mas ela não é mais importante. É lixo. Então jogo o sapato fora, com o tempo ele se decompõe e torna-se, digamos, húmus. Portanto, o homem já sabe, mesmo que ainda não expresse, essa teoria revolucionária do caráter cíclico da cultura: natureza, cultura, lixo. Natureza, cultura, lixo. Ele sabe o absurdo do empreendimento. Consequentemente não confia mais na autoridade. Com o bispo, as coisas não são lá muito honestas. Os "verdes" deveriam tomar bem nota disso. Talvez eles sejam mais reacionários do que era o bispo. Naturalmente, hoje o círculo se acumula e se estagna no lixo, enquanto na Idade Média isso acontecia na natureza. Agora existe a reciclagem. Pode-se girar o círculo de volta apenas até certo grau. Isso corresponde à definição de *kitsch*: fazer novas informações a partir das jogadas fora. A cultura de massa se alimenta dos detritos, e não apenas do detrito material. Pensemos na recepção da televisão.

Qual é a aparência de uma casa, do espaço privado do burguês? No andar inferior fica a oficina. Ali fica o mestre, que deu ao bispo de graça, *de gratia*, grátis, uma obra que, por isso, se tornou uma obra-prima, de mestre. É uma situação medieval: o mestre sentado em um banquinho. Digamos que ele seja um sapateiro. Está cercado de suas ferramentas. A relação entre o mestre e as ferramentas corresponde à de constante e variáveis. O mestre é a constante, as ferramentas são as variáveis. Quando uma ferramenta se quebra, ele pega outra. Existe um mercado de ferramentas. Não se pode encontrar mestres no espaço público. Assim, o mestre é insubstituível. Ele tem alguns artífices, *baccalaurei*, e alguns aprendizes. Ali se encontra a estrutura da universidade. No primeiro andar moram os mestres, a mestra e seus filhos. Ali também a mestra cozinha para todos. A cozinha é a base econômica da arte. No segundo andar, a parte dos anciãos, moram os pais do mestre, os *doctores*. Os velhos mestres não são platônicos. Não acreditam no bispo. Esses anciãos são os agentes da revolução renascentista. Eles dizem: Tudo acontece em círculo, também as ideias. Não tiro a ideia do céu, eu a vislumbro na oficina. Eu mesmo faço a ideia do sapato e tento passá-la para o couro. Então vejo como posso fazer melhor. Modelo a ideia do sapato. Uso-a como um modelo, e assim a ideia fica cada vez melhor. Faço sapatos cada vez melhores e aprendo cada vez mais a tirar disso novas ideias de sapatos. Aí o bispo não pode se intrometer. Só posso vislumbrar isso na prática. A teoria não é, como diz o bispo, o descobrir de uma verdade, seja pela Bíblia ou por Aristóteles. A teoria é uma consequência da prática.

A teoria não é trabalho também? A teoria, por um lado, contradiz a observação (primeiro preciso ver o que acontece quando aplico uma ideia) e, por outro, contradiz o experimento. Se já elaborei uma ideia, então a coloco em funcionamento. A teoria não é mais uma contemplação, mas uma "experimentação". Essa contradição dupla entre teoria e observação, de um lado, e teoria e experimento, de outro, é o fundamento da ciência moderna. A era moderna se chama "moderna" porque não tem mais ideias imutáveis, mas modelos modeláveis, modas. O trabalho passa a ter este aspecto: eu pego o couro [crítica da cultura I 3a03] e faço um modelo com a mão direita, um sapato virtual. O triunfo disso é a última Guerra do Golfo. Com a mão direita, faço no computador um sapato virtual, passo o sapato computadorizado para o couro potencial e vejo no que dá: um sapato mais ou menos concretizado. Imediatamente, transformo isso de novo em uma hipótese de trabalho. Dessa forma, descrevi a revolução do Renascimento, da qual surgiu a Revolução Industrial.

Se compararmos esses dois gestos de trabalho do ponto de vista comunicológico, podemos dizer que publicar, antes, significava sair do privado e ir para o público, submeter-se à crítica pública e tomar de volta o que vem do público para inseri-lo no privado. Essa é a típica descrição do engajamento político. Logo que chega a Revolução Industrial, publicar passa a significar propor modelos, que, então, devem ser aplicados no espaço privado. O espaço privado torna-se um laboratório. O templo desaparece do horizonte. A vida torna-se absurda, não é mais sagrada.

Publicar III

Após a sedentarização, após a introdução da república, a comunicação é um movimento pendular do privado para o público, para publicar; e do público para o privado, para privatizar. Vocês podem imaginar isso muito bem na forma de uma biblioteca. Ela é o modelo da república e do engajamento republicano. As objeções contra a política por parte dos realistas das ideias, a interpretação da política por parte de Hegel e Marx e talvez também Heidegger, sobretudo a ideia do engajamento de Sartre, tudo isso estava presente *sotto voce* em minhas explanações. A revolução da comunicação consiste no fato de que o fluxo de informações comuta. As informações não precisam mais ser buscadas no espaço público; todas as informações são entregues no espaço privado, seja por enfeixamento ou por conectividade em rede. Quando saio de casa (moro em uma cidadezinha chamada

Robion), não sei mais o que está acontecendo no mundo. Não recebo mais revistas em casa, não ouço mais rádio, não vejo mais televisão e não recebo mais a literatura necessária de todas as bibliotecas do mundo enviada à biblioteca de Avignon. Estou desconectado do fluxo de informação quando, por exemplo, dou conferências em terras germânicas, do outro lado do Limes.

Sair do espaço privado já não é ganho de informação, mas perda de informação. O engajamento político perdeu sua função comunicológica. Quando quero ser informado é melhor ficar em casa. Também quando quero publicar é melhor ficar em casa e mandar meus textos por fax ao meu editor e às diversas revistas. Então, logo recebo de volta os textos corrigidos. Meu empenho para publicar fica enfraquecido quando dou uma palestra aqui em Bochum em vez de escrever um fax em casa. Captem o impacto dessa revolução; a república não é só desnecessária, mas incômoda.

Além disso, tem o seguinte: não existe mais o espaço privado. Estava errado quando disse que fico em meu espaço privado. Minha casa não tem mais muros nem telhado. As paredes estão perfuradas por cabeamento visível e invisível, como um queijo suíço. O telhado está perfurado por antenas. O vento da revolução da comunicação passa zunindo pela minha casa. Mitterrand chega à minha cozinha sem ser convidado, um personagem aparentemente público se torna uma travessa de servir. Nem posso dizer se o Mitterrand que lá entra é presidente da França ou um ator que representa o presidente da França. De fato, Mitterrand pode ser facilmente representado por um ator. Ele carrega nos ombros o peso da responsabilidade, mas o carrega dignamente. Só com seu piscar de olhos já se pode perceber quão pesada é sua responsabilidade. Ele não é mais uma figura política, é uma máscara que quer conferir ao conceito "república francesa" ainda algum significado. Não ouso criticar como é com o Kohl de vocês.

Não existe mais espaço privado, no sentido estritamente hegeliano da palavra, como o lugar onde, ao me situar, perco o mundo. Mas também não existe mais a república, pois o espaço público está totalmente tomado por cabeamentos. Sempre que me engajo publicamente, tropeço em algum cabo. [crítica da cultura I 3a04] Fui convidado a ir a Praga na terça-feira. Nasci em Praga e desde 1939 não estive mais lá. Para mim será uma grande experiência, mas não verei Praga: no hotel me esperam a Academia de Ciências, a faculdade de comunicação e a rádio tcheco-eslovaca e a televisão tcheca e diversos jornais. Não existe mais Praga. Praga está cabeada, sendo que é uma cidade subdesenvolvida, que sofreu primeiro sob os alemães e depois sob os russos. Portanto, não existe mais república, nem mesmo o urbanismo imperial. Não existe mais espaço privado.

Nessa situação, o problema da comunicação se apresenta completamente diferente. Talvez tenhamos cumprido nosso tempo. Talvez não estejamos mais em casas, pois o lugar onde moramos não merece mais o nome casa. Talvez tenhamos nos tornado novamente nômades.

Espaço vital

Somos vermes, como os blastócitos. Somos tubos com uma ponta dianteira e uma traseira. A ponta dianteira chama-se goela, a traseira chama-se ânus. O mundo flui para dentro pela ponta dianteira e flui para fora pela ponta traseira. Por isso diferenciamos frente e trás. É bem verdade que isso ficou um pouco complexo com o tempo, por exemplo, sobre a goela surgiu uma goela superior, o gânglio, e dela surgiu nosso cérebro. Acima e abaixo do ânus surgiram diversas outras coisas, das quais brota a vida sexual.

A maioria de nós, vermes, é bilateralmente simétrica, mas não todos – as estrelas-do-mar têm uma simetria de cinco lados. Alguns moluscos, por exemplo os caramujos e outros *Gastropodae*, sacrificam a metade do corpo para poder rastejar para dentro de uma concha. Mas, em sua maioria, os vermes, especialmente os vertebrados, são mais ou menos simétricos bilateralmente, isto é, nós podemos distinguir entre direita e esquerda. No passado, assim vivemos a maior parte do tempo. Para frente, para trás, para a direita, para a esquerda. Assim rastejamos na lama de um mar pré-cambriano e cambriano. Desde então alguns de nós se soltaram do solo e começaram a voar, por exemplo, *Hymenoptera* e aves. Eles ganharam outras dimensões: à direita embaixo, à esquerda na frente etc. No caso deles, pode-se falar de uma espacialidade tridimensional. Outros ficaram eretos, mas ficaram presos ao chão, por exemplo, animais com pés e cabeça e seres humanos.

Agora estamos sobre dois pés. Isso significa que não vivemos mais na superfície. A geometria não é mais a ciência espacial adequada a nós. Mas ainda não chegamos muito alto. Digamos que isso é o espaço vital: alguns milhares de quilômetros no comprimento e na largura, mas no máximo cinco metros de altura e no máximo dez centímetros de profundidade; uma caixa comprida, mas estreita. Na verdade ainda não se pode falar de topologia. É uma geometria um tanto mais complexa. Nós somos tão "vermiformes" que desaparecemos já na segunda dimensão. Não temos propriamente a sensação da segunda potência, apenas da primeira. Não conseguimos nos representar um quilômetro cúbico.

Espaço cósmico

O espaço privado, o público e o sagrado na verdade são superfícies com um pouco mais de espessura. Mas existe um espaço que absolutamente não cabe na política, é o espaço cósmico. Temos a capacidade peculiar (que é literalmente própria do ser humano) de nos deslocar para outro lugar sem deixar o aqui e agora. Por exemplo, podemos imaginar que observamos a partir de uma galáxia. Assim chegamos a um tipo completamente diferente de espaço, que podemos formular apenas matematicamente. No momento em que colocamos isso em palavras dizemos um absurdo total, por exemplo, quando falamos de um espaço finito curvado na quarta dimensão, cujo diâmetro tem aproximadamente dezesseis bilhões de anos-luz, porque ele tem a idade de dezesseis bilhões de anos e porque nesse espaço o tempo é uma dimensão do espaço.

Posso colocar as equações com que aprendo o espaço em um *plotter*[4], e o *plotter* me fornece uma imagem, uma rede de arame. Quando vejo o espaço, posso dizer que o espaço seria um campo de possibilidades ampliado, no qual as possibilidades se concentram em alguns lugares e formam marcas. Por exemplo, o Sol é uma marca no campo gravitacional de alguma Via Láctea. A Terra é uma marca no campo gravitacional do Sol. Sou uma marca minúscula no campo gravitacional da Terra. Posso tornar isso visível, mas não posso vivenciar. Não é o mundo da vida (*Lebenswelt*). Apesar disso, não posso ignorar totalmente esse espaço cósmico. Sou forçado a entender

---

4 Do inglês, do verbo *to plot* = desenhar. Aqui, ferramenta para desenhar em computadores.

o espaço vital como um caso especial do caso geral do espaço cósmico, ou então não posso fazer ciência.

[crítica da cultura I 3a05] Também quanto a viajar de avião temos um novo conceito espacial. Não tem mais sentido dizer que Bochum está distante tantos e tantos quilômetros de Nova York. Deve-se dizer que está a mais ou menos mil dólares de distância. Essa medida em dólares como unidade é mais adequada, isto já é uma nova experiência espacial. Não combina com a política. Em um mundo em que ir para Nova York custa mil dólares, não faz o menor sentido eleger a câmara alemã de deputados.

Espaço virtual

Podemos nos deslocar não apenas para as galáxias, mas também para as partículas das quais é feito o mundo. No caso das partículas, devo dizer que me desloco para a partícula, se é que a partícula existe. Vou para um espaço bastante estranho, que se pode formular apenas matematicamente. Quando traduzo isso, saem monstrengos em alemão ou inglês. A língua fica completamente incompreensível. A língua é uma forma de comunicação no espaço vital, enquanto a matemática é uma forma de comunicação que vai além – isso como contribuição para a decadência do alfabeto. Quando me desloco para essa partícula, chego a histórias do tipo: uma partícula pode estar em dois lugares ao mesmo tempo, algo que se chama de salto "quântico" Se tentarmos representar isso, chegaremos aos tais monstrengos, como o da onda estacionária de probabilidade. Esse espaço deve ser levado a sério, ele é chamado de espaço virtual. Tenho de levá-lo a sério não devido a uma bobagem como Chernobyl – algo que a mídia exagera de forma colossal. Devo levá-lo a sério, sim, porque um antigo problema de conhecimento ganha com ele uma nova face.

Karl Pribram, um neurofisiologista da *Stanford University*, mostra o problema[5]. Como pode o cérebro, que está no mundo, conter o mundo? Que tipo de relação é essa na qual algo está em alguma coisa e contém essa coisa? Esse problema tem uma solução esquisita. No cérebro ocorrem os mesmos saltos virtuais que no cosmo. Tanto o cérebro quanto o mundo são um espaço virtual, que é computado, por um lado, como mundo interior do homem, e, por outro, como cosmo.

O que acabei de dizer é simples, mas difícil de dizer. Durante toda a minha vida combati a frase de Wittgenstein: "Sobre o que não se pode falar, sobre isso se deve calar"[6]. Estou convicto: muitas coisas sobre as quais não se pode

---

5 Cf., entre outros, Karl Pribram, *Languages of the Brain. Experimental Paradoxes and Principles in Neuropsychology* (1971).
6 "*Wovon man nicht sprechen kann, darüber muss man schweigen.*", Ludwig Wittgenstein, *Tractatus Logico-Philosophicus* (1918).
A frase de Wittgenstein está citada com mínima alteração. Em vez de "Do que (*Wovon*) não se pode falar...", Flusser diz "Sobre o que (*Worüber*) não se pode falar". (N. T.)

falar podem ser calculadas. Algumas coisas não podem ser calculadas, mas muitas outras podem. A dignidade humana não é, como diz Wittgenstein, lançar-se contra as grades da jaula da linguagem, mas escapar para a jaula maior e mais ampla dos números. Esse paradoxo explica como é que afinal posso saber de alguma coisa. Só posso saber de algo porque o saber acontece no espaço virtual.

Em resumo, existem dois espaços que não cabem mais na divisão de privado, público e sagrado: o espaço cósmico e o espaço virtual. [crítica da cultura I 3b01]. Confio na mesa, porque meu sistema nervoso central computou esse estímulo de forma tão extraordinária, que me força a percebê-la, e eu confio no sistema nervoso central, embora saiba que o sistema nervoso central é feito da mesma matéria que a mesa, ou, como diz Shakespeare: *"We are such stuff / As dream are made on..."*[7].

Tudo o que eu disse só é dizível desde que haja computadores. Não há nada de surpreendente em vermos o sistema nervoso central como um computador supereficiente. Isso é o contra-ataque normal dos instrumentos contra nós. Fazemos instrumentos para simular quaisquer aspectos de nossa existência, e então os instrumentos contra-atacam, e

---

7 Trecho de *A tempestade*, de Shakespeare (IV/1, 156-7), dito pelo feiticeiro Próspero, que continua da seguinte forma: "*... and our little life/Is rounded with a sleep*". (Na tradução alemã de Christoph Martin Wieland: "*Wir sind solcher Zeug, woraus Träume gemacht werden, und unser kleines Leben endet sich in einem Schlaf*". ["Somos feitos da matéria de que são feitos sonhos, e nossa pequena vida termina em sono."])

nós simulamos o instrumento e nos conhecemos melhor. Um exemplo muito bom é a invenção da alavanca. Sem dúvida a alavanca é uma simulação simples do braço, mais simples do que o braço em todos os sentidos, porém, em um único aspecto é mais eficiente: no levantar. Mas então ela contra--ataca e nós entendemos nossos braços como alavanca. Apenas depois da invenção da alavanca pode-se falar realmente de trabalho braçal. Assim também com o computador. O computador é justamente uma simulação caricata e idiota do sistema nervoso central, mas eu posso, graças a ele, ter um novo *insight* em meu sistema.

Mundos alternativos

No espaço virtual, não se pode mais falar em fora e dentro. Toda minha argumentação pretende fazer entender que a ideia de privado e público nesses espaços não tem mais sentido algum. No espaço vital faz sentido dizer dentro e fora, mas não mais neste espaço. Nossa forma de pensar política se esfacela nesse espaço, mas não podemos abrir mão dele. Agora vamos imaginar uma simulação em que fazemos hologramas da mesa. Não levarei em conta que o holograma, embora seja uma concentração de elementos, é novamente reconhecido pelo sistema nervoso central. Vou deixar de lado essa complicação, digamos, essa fita de Möbius, e dizer: se eu defino esse holograma tão bem como meu sistema nervoso define essa mesa, então não há razão técnica para dizer que essa mesa é o original, e o holograma, uma simulação, ou vice-versa. Isso é metafísica. Se eu definir o holograma melhor do que o sistema nervoso, então de repente essa mesa se torna uma simulação do holograma. Esse é meu argumento contra Baudrillard. Acabo de cortar uma fita de Möbius, pois percebo o holograma novamente com o sistema nervoso. Se eu o definir bem, primeiramente posso vivenciar o holograma como concreto usando certas luvas, e depois posso fazê-lo também sem luvas, posso sentir seu gosto e, por fim, posso sentar sobre ele. Esses são problemas técnicos. Mas enquanto eu holografar mesas, tudo ainda é bem incerto.

Esse mundo no qual estamos e que percebemos com nossos sentidos já nos causa repugnância. Pois é o mesmo mundo em que aconteceram coisas terríveis. A primeira metade de nosso século nos marcou, e hoje em dia aqui estamos, empenhados em produzir outros mundos, mundos alternativos, que não percebemos mais com os sentidos, mas que podem tornar-se perceptíveis, por exemplo, algoritmos que se movimentam entre as assim chamadas "dimensões" – aquilo que se denomina "algoritmos fractais", por exemplo, fitas de Möbius ou biótopos alternativos. A única biologia que subsiste repousa sobre uma ligação de carbono, oxigênio, hidrogênio e nitrogênio. Contudo, posso substituir sem problemas o carbono pelo enxofre.

Assim, posso computar um "biogene *zyphanogrades*". Tudo o que é gasoso com carbono torna-se líquido com enxofre, e tudo o que é líquido com carbono torna-se sólido com enxofre, de forma que o ritmo de vida desses seres vivos é desproporcionalmente mais lento do que o nosso. Posso efetivamente criar um mundo da vida (*Lebenswelt*) alternativo. Se eu o definir bem, então ele é tão concreto quanto o mundo percebido. O que digo é *fantasia essata*. Quero dizer, chegamos a um ponto em que começamos a reconhecer a função comunicológica do sistema nervoso. E casualmente temos máquinas que não apenas calculam, mas, surpreendentemente, também computam. Para ilustrar com uma frase de Omar Khayyám:

> *Ah, Love! Could thou and I with Fate conspire*
> *To grasp this sorry Scheme of Things entire,*
> *Would not we shatter it to bits – and then*
> *Re-mould it nearer to the heart's desire*[8]*!*

---

8   Omar Khayyám, *Rubáiyát* LXXIII, in *Rubáiyát of Omar Khayyám. Six Plays of Calderón*, traduzido por Edward Fitzgerald (Londres/Nova York: J.M. Dent/ E.P. Dutton, 1935), p. 21. (Essa tradução está na biblioteca de viagem de Flusser e encontra-se no Vilém Flusser Archiv na Universidade das Artes de Berlim). ["Ó, amor! Pudéramos tu e eu com o destino conspirar / para captar toda a mísera estrutura das coisas! / Não iríamos estraçalhá-la em pedacinhos – e então / remodelá-la mais afim ao desejo do coração?"]

Será que, por meio do cálculo, não iríamos fragmentar essas coisas, esse contexto miserável das coisas, reduzindo-o a bits, para depois então computá-lo alternativamente, mais afim ao desejo do coração? Traduzo Omar Khayyám um tanto livremente. Estamos à porta de um mundo em que consideramos o conceito "real" como um valor limítrofe de "provável". Começamos a ganhar uma experiência espacial e um conhecimento espacial [crítica da cultura I 3b02] graças aos quais, como ondas, as possibilidades crescem em direção à realidade sem nunca alcançá-la, e nós podemos intervir nessa questão.

Passos para a abstração

Desde que criamos apoios mnemônicos abriu-se um abismo entre nós e o mundo da vida. Quando conceituo uma pedra, arranco-a do contexto dos problemas que me tocam, e a pedra fica ali parada. Ela está distante. Abstraí da pedra a dimensão daquilo que me toca. Com isso, abstraí do mundo da vida um mundo objetivo e me tornei o sujeito desse mundo objetivo.

Agora começo a criticar o mundo objetivo e o mundo subjetivo, na esperança de que chegue assim a algo não criticável, com o qual eu, por fim, possa contar como elemento construtivo do mundo objetivo e do mundo subjetivo. Eis a esperança de que a *ratio* avance até algo que não seja mais divisível. Do lado do objeto, chama-se de átomo aquilo que, do lado do sujeito, é um indivíduo. *Individuum*, em latim, significa o mesmo que ἄτομος (átomos) em grego. Todo o ousado empreendimento da razão visa encontrar átomos do lado do objeto e indivíduos do lado do sujeito, e, então, formular o problema do ajuste do indivíduo ao átomo. A razão, porém, errou o alvo. Primeiro, provou-se que átomos são racionalizáveis para além disso e, depois, que indivíduos são racionalizáveis para além disso.

Chegou-se assim a uma sobreposição singular. Se eu continuar fragmentando átomos por meio do cálculo, finalmente chegarei a partículas, sendo que não faz mais sentido denominá-las objetivamente. Discutir se um *quark* é um objeto ou um símbolo do pensamento matemático é má metafísica. Eu fracionei o mundo objetivo de tal forma que o objeto, por assim dizer, escorreu pelos meus dedos. A observação desse não-mais-objeto pelo não-mais-sujeito coloca definitivamente em questão, além disso, a separação entre objeto e sujeito. Posso fragmentar através do cálculo aquilo que considero característico do indivíduo. Através do cálculo, posso fragmentar as percepções reduzindo-as a estímulos.

Liberdade calculável, criatividade intersubjetiva
Muito mais impressionante é poder fracionar a chamada liberdade. Posso orientar uma decisão conforme a estrutura da

chamada "árvore da decisão" (*Entscheidungsbaum*) e então afixar alternativas a cada ramificação. Pois decidir significa, com efeito, rejeitar todas as alternativas, exceto uma. Isso quer dizer que nunca posso saber se decidi certo, a não ser que tivesse experimentado todas as demais alternativas. Assim que me decidi, a alternativa mencionada ramifica-se novamente, de forma complexa, e eu tenho de amputar novamente todos os ramos, com a exceção de um deles. A chamada liberdade de decisão demonstra-se algo em nada semelhante à liberdade. O excitante é que, com isso, revela-se que decisões são mecanizáveis, isto é, indignas do ser humano. Quando programo uma árvore da decisão e a alimento com o maior número possível de alternativas, então o computador calcula rapidamente e se decide pelo melhor objetivo dentre aqueles de que foi alimentado.

Um exemplo disso são as máquinas de jogar xadrez: essas máquinas perfazem alguns movimentos possíveis, admito, não todos, pois não são deuses-máquinas. No entanto, elas decidem muito melhor que nós. As máquinas são autogeradoras; elas aprendem com seus erros. É uma questão de tempo para que apenas máquinas joguem xadrez. Um exemplo melhor: a Guerra do Golfo. Hussein não teve sucesso, mas tinha razão. Aquilo foi a mãe de todas as batalhas. O que aconteceu? Primeiro, diversos computadores foram alimentados com uma árvore de decisão.

Depois, forneceu-se uma série de alternativas. Essas alternativas foram alimentadas por certa quantidade de parâmetros. Em seguida, foram experimentados diferentes cenários de batalhas. Dessas batalhas virtuais, então, uma delas foi escolhida e executada.

Estou simplificando bastante, mas o crucial, aqui, foi o parâmetro psicológico. Calculou-se que, quando o bombardeio alcançasse determinada intensidade, o exército iraquiano se entregaria. Isso de fato funcionou. Quer dizer, o indivíduo desintegrou-se. Com efeito, é impossível dizer que esses computadores, montados em algum lugar do MIT, são indivíduos. Se virmos a liberdade de decisão como um critério de indivíduo, então é um critério caduco. Em uma situação como essa, a cápsula do eu explode como antes explodiu a cápsula do átomo. É uma explosão muito mais violenta do que a do lado objetivo. De repente fica claro o que, em verdade, sempre se pressentiu: Primeiro, identidade e diferença implicam-se mutuamente. "Eu" é uma palavra para aquilo que os outros chamam de "você". É somente para os outros que eu sou, assim como os outros para mim. O eu e o você são complementares entre si. Por outro lado, fica claro que o chamado "si mesmo" (*Selbst*) é um peso morto terrível, pois existir significa esquecer de si mesmo. Quando leio um livro interessante, esqueço de mim. Isso não pode ser chamado de *unio mystica*. Quando escrevo, não sou eu que escrevo;

esqueço de mim no texto. Não é mística quando ficamos absorvidos no tema [crítica da cultura I 3b03]. Ou então há um novo sentido para a mística. De repente, surge no lugar da separação entre objeto e sujeito o conceito da intersubjetividade. Encontramo-nos em uma revolução da comunicação, na qual o ser-um-para-o-outro intersubjetivo projeta pseudorrealidades alternativas.

A língua alemã se defende. Posso expressar bem essa ideia matematicamente, mas não em alemão. Como posso, por exemplo, falar alemão sem usar pronomes pessoais? Só o posso aos trancos e barrancos, evitando usá-los. As línguas indo-europeias conhecem, além disso, apenas voz ativa e voz passiva, mas eu preciso do aoristo. Preciso do hebraico *yesh*[9]. Em vez de dizer "Pastor apascenta ovelhas" ou "As ovelhas são apascentadas pelo pastor", talvez se pudesse dizer "Há um apascentar de pastores e ovelhas". Isso se aproxima mais da coisa. Assim funciona o aoristo, caso vocês saibam grego. "Eu tenho" em hebraico é *yesh li*, "para mim é". Isso é semelhante ao russo *min ya*. Mas aqui o "eu" ainda está dentro. Se vocês intersubjetivarem totalmente e "desativarem" e "despassivarem", talvez vocês possam colocar a língua nessa rede projetiva de intersubjetividades, ou, como

---

9 Transcrição de יש׳לי.

diria Heidegger, no *Mitsein* (ser-com). Talvez se possa dizer que a rede flutua no cuidado com o outro (*Fürsorge*) e projeta o cuidado previdente (*Vorsorge*).

Heidegger não é um bom filósofo, mas é um filósofo importante. É um fenomenólogo ruim. Eu preferiria sempre recorrer a Husserl. Eu acredito que Heidegger e Sartre também, mas não Merleau-Ponty (se ficarmos nesse contexto da fenomenologia), são distorções daquilo a que Husserl visava. Parece-me que Husserl constitui a ruptura na filosofia. Tudo o que lhes disse baseia-se naquilo que Husserl chamou primeiramente de "redução fenomenológica" e depois de redução eidética. A redução fenomenológica diz que o objeto nada mais é que uma extrapolação da minha intencionalidade, que o objeto, portanto, é uma abstração. E Husserl diz que o objeto nada mais é que o ponto de partida de uma intencionalidade, que, portanto, o sujeito é uma abstração. Que sujeito e objeto são abstrações ideológicas de intencionalidades concretas não abreviadas, cuja estrutura constitui o mundo em que vivemos. Isso me parece incomparavelmente mais rico do que Heidegger. Naturalmente posso me enganar. Devo dizer que cheguei a Husserl por meio de Heidegger. Heidegger é suculento e Husserl é tedioso. Chega-se, por meio do suculento Heidegger, ao mais correto Husserl.

Proxêmica

Como podemos distinguir entre: o que fizeram as bombas americanas, o que os curdos construíram, o que os persas construíram, e os xiitas etc.? Na Guerra do Golfo, absolutamente, não se recorreu à chamada realidade. Portanto, esses números com duzentos mil iraquianos ou cem mil bengaleses não são nada. Husserl diria: De volta à coisa ela mesma! (*Zurück zur Sache!*) A questão é o que está mais próximo de mim – proxêmica. Ele diria que, se meu cachorro manca, isso é mais interessante do que cem mil iraquianos. Ele diria que é uma questão da proxêmica e da competência. Talvez eu seja competente para fazer algo para meu cachorro, mas sou completamente incompetente no que se refere aos iraquianos. Então é uma completa irresponsabilidade quebrar a cabeça sobre o Iraque. Isso é uma decadência, Heidegger também diria isso. Ser-aí (*Dasein*) no projeto é assumir responsabilidades. Não sou responsável pelos iraquianos, mas sou responsável por um aspecto do conhecimento de vocês. Estou empenhado por vocês e, queiram ou não, vocês por mim. Isso contradiz a concepção do espaço onde fora e dentro estão separados, pois já é uma afirmação intersubjetiva. Encontramo-nos em um nível existencial e de pensamento, bem como no humor (*Stimmung*) para deixar a história para trás. Estamos em uma atmosfera pós-histórica. Quando escuto vocês e, por isso, reconheço-me em vocês, quando esse reconhecimento da objeção da parte de vocês leva ao conhecimento de mim em vocês, ou seja, portanto, quando a proximidade entra em jogo, a pergunta de vocês é completamente sem efeito. Isto é, como tudo mais, nada de novo. Acho que Jesus disse algo assim. E antes dele, Hillel. Talvez retornemos, após a época do obscurecimento moderno, a que chamam de Iluminismo, à sombria Idade Média. Talvez nos conheçamos novamente, talvez cheguemos à conclusão de que reconhecer é o contrário de conhecer.

Heidegger diria que toda definição é uma violação. Definir é um movimento do ódio. Quando eu defino vocês e me defino, então odeio vocês ou a mim mesmo. Buber diz: quando amo uma mulher, [crítica da cultura I 3b04] ela é idolatrada. O caminho pelo qual andou é ela. O lenço que ela perdeu e eu recolhi é ela. Ela é onipresente, ela é um aspecto de valor. Ela é uma hierofania. Mas, se defino uma mulher, ela pesa tantos e tantos quilos, e consiste de tanto hidrogênio e oxigênio, e chama-se assim e assado, então ela fica muito pequena, pois a odeio. A ciência talvez seja um movimento do ódio. É o que quero dizer quando afirmo que precisamos eliminar a diferença entre as ciências da natureza e as ciências da cultura, elevar a ciência natural do conhecimento até o reconhecimento e tornar exata a ciência da cultura. A proxêmica pode ser uma disciplina exata.

Responsabilidade

Do ponto de vista da comunicologia, a responsabilidade é simplesmente a capacidade de responder. Quando uma comunicação está estabelecida de forma que eu possa responder, então ela vibra na vibração da responsabilidade. Segundo a análise talmúdica, há três tipos de oração. Uma oração pede algo. O Talmude chama isso de oração pagã. Falo com deus e espero uma resposta de deus, sabendo que ela não pode vir. Faço de deus um ídolo. É uma oração irresponsável, pois há um chamado, mas não há resposta. A segunda forma de oração é aparentemente o oposto. A primeira forma diz: "O pão nosso de cada dia nos dai hoje!", e a segunda forma de oração diz: "Em tuas mãos coloco minha alma". Isso parece o oposto, mas, segundo o Talmude, também não é judaico, pois também representa um clamor aos céus. A oração judaica é resposta a um chamado, sem esperança de resposta. A oração judaica é: "Escuta, Israel!". Isso é o que significa responsabilidade. Responsabilidade significa ter escutado um chamado, ter recebido uma vocação e seguir essa vocação, sem um objetivo. Isso talvez seja a autonomia no sentido sartriano. Sartre diz que engajamento é sacrificar a autonomia. Sartre acredita que o homem livre é, digamos, o monge ou o membro de uma célula comunista, porque sacrificou sua disponibilidade em favor de um engajamento. Nisso ele é muito judeu. Eu diria que no judaísmo um chamado é percebido, presta-se contas a ele sem que se espere por uma resposta.

Evidentemente, um exemplo disso é o sacrifício de Isaque. A diferença entre o sacrifício de Isaque e o sacrifício de Ifigênia é extraordinariamente elucidativa. Ifigênia é sacrificada para acalmar o humor dos deuses e garantir o sucesso da campanha para Troia. É uma ação pragmática, racional. Não remeterei a análise do sacrifício de Isaque a Kierkegaard, que o faz de forma fabulosa – antes disso, colocarei vocês na perspectiva de Abraão e depois na de Isaque. Abraão tem a promessa divina de ter prole tão numerosa como a areia do mar. Ele se torna pai. Em idade avançada, Sara tem um filho, gerado por método semelhante a Jesus. Aparece um anjo, o mesmo, diga-se de passagem, a força masculina de Deus, Gabriel. A criança nasce. Sobre ela pesa toda a promessa divina. Então surge a voz e diz "Toma teu filho, o filho único que tu amas, leva-o para mim até o monte Moriá e o sacrifica". Isso é uma loucura. Deus volta atrás em sua promessa. Não se pode confiar em um deus como esse. Abraão sela a mula e diz: "Isaque, vem comigo, vamos à montanha, para um sacrifício". Isaque pergunta: "Onde está o animal para o sacrifício?". Os olhares de Abraão e Isaque se cruzam e Isaque entende tudo. Sara olha pela janela, vê aquilo e também entende tudo – três dementes. Provavelmente, qualquer tribunal normal condenaria aquele Abraão a pena perpétua por infanticídio. Abraão vai e conduz o filho até a montanha.

O resto, ou seja, o *happy end*, já não interessa mais. Isso é responsabilidade no sentido rabínico. Responsabilidade é reconhecimento mútuo. Identidade é, com efeito, reconhecer a diferença. Heidegger diz isso muito bem em seu ensaio sobre a identidade.

Infelizmente estamos filosofando em vez de fazermos comunicologia. O engajamento político está superado. O engajamento de que participamos agora é o engajamento intersubjetivo. Ele supera a política à medida que a suprime e conserva em si (*in sich aufhebt*), bem no sentido hegeliano. Esse clima, que se denomina (mal) [crítica da cultura I 3b04] pós-histórico, não é de esperança. É, antes, um clima da desilusão, no verdadeiro sentido da palavra, des-ilusão. Não nos deixamos mais iludir tão facilmente pelos nossos sentidos e pelo conhecimento. Sobretudo, estamos desiludidos não apenas com o ser humano, mas também com a transformação.

3. Abstrações e seus *feedbacks*

Do material para o histórico

Objetivar/submeter

[estruturas de comunicação I 1a02] No mundo da vida há três categorias: o comestível, o copulável e o perigoso. Imaginem uma teia de aranha. Temos ao nosso redor tramas de fios invisíveis. Se chega à teia algo comestível, uma mosca, por exemplo, a aranha correrá em sua direção e a devorará. Se chega à teia algo que é copulável, uma aranha do sexo oposto, por exemplo, ela correrá na sua direção e copulará. E, por fim, se chegar à teia algo [estruturas de comunicação I 1a03] perigoso, um pássaro, por exemplo, a aranha recolherá sua teia. De resto, a teia de aranha não percebe nada. O mundo consiste apenas nessas três categorias.

Imaginem o homem como um macaco deitado de costas. O macaco está deitado no chão e tateia ao seu redor. Encontra coisas que não são interessantes, com as quais não pode copular, comer e coisas que tampouco são perigosas, por exemplo, pedras. Aqui, Kant entra em jogo, quando diz: "É belo aquilo que agrada sem interesse". Portanto, eu sou aquele homem, apalpo pedras. Recebi uma informação. Recebi a forma *pedra* em minha mão: desinteressante, humana, uma informação pura, uma arte pura, *l'art pour l'art*. Apesar de minha situação bastante miserável – estou deitado de costas, sem nada para comer, beber ou copular –, isso deve ser tremendamente excitante. Captei uma pedra. Quando pensarem no fenômeno ser humano, pensem na mão, nessa aranha de cinco pernas, como aquela do filme *Um cão andaluz*[1] de Buñuel, que fica andando pelos arredores.

A cultura material significa aquilo que a mão preparou no mundo no decorrer de dois milhões de anos. Bem, eu apalpo a pedra, eu a capto e concebo (*er-greife und be-greife*). O conceito (*Begriff*) de pedra é mais ou menos esférico. Eu concebi a pedra como uma forma esférica. Com isso, eu a captei: *concipere*, de *capere*. Tenho um conceito (*Konzept*) de pedra. Isso é uma informação adquirida. Agora tomo a pedra. Tiro a pedra do mundo. Eu a subtraio. Eu a retiro de lá. Ela não faz mais parte do mundo da vida, pois eu a tenho em minhas mãos. O mundo da vida é algo que se dirige a mim (*mich angeht*). Consiste só de futuros. O mundo da vida consiste apenas em advir (*Ankommen*), apenas em dirigir-se

---

1 Luis Buñuel e Salvador Dalí, 1929.

(*Angehen*). Estou no meio, e de todos os lados o mundo se dirige a mim; de todos os lados vem o futuro (*Zu-kunft*), *ad-venire*. O mundo é uma *aventure*, uma *adventure*. Na palavra alemã "*Abenteuer*" (aventura) não se consegue mais sentir esse significado, pois "*Abenteuer*" não significa efetivamente "o que se dirige a mim", *ad venire, avenir*. "*Le monde m'advient*"[2]. Essa pedra não se dirige mais a mim, ela simplesmente está (*steht*) aí. Quando a captei, eu a entendi (*verstanden habe*). "*I under-stood it.*"

O que eu fiz tirando a pedra do mundo? Eu a extraí, retirei, produzi, de *pro-ducere*. Há outra palavra para "extrair", a saber, "ab-strair". Essa pedra é uma abstração. Não faz mais parte do mundo da vida. Essa pedra que aquele animal deitado certa vez captou é uma abstração. Eu extraí o ato de dirigir-se, retirei o futuro. Agora ela é tridimensional, não mais quadridimensional. É um volume, um corpo. Corpo significa cadáver.

Ela é algo que se chama de objeto. Objeto significa "algo que foi lançado contra mim", *ob-icere*, de *iacere*. Eu caí, a pedra foi jogada. Em grego se diz *ob-iectum*, πρόβλημα (*pró-blema*). A pedra é um problema. Isso pode ser traduzido para o alemão de duas formas. A pedra é entendida como um ob-jeto (*Gegen-stand*) ou como um obs-táculo (*Wider-stand*). [estruturas de comunicação I 1a04] Em resumo, retirei um objeto

---

2 "O mundo me acontece."

do mundo da vida. Agora estou rodeado de muitos objetos. Esse mundo objetivo me obstrui o caminho para o mundo da vida. Estou cercado por um mundo objetivo. Estou submetido a esse mundo objetivo, sou sub-misso a ele. Estou condicionado objetivamente pelo mundo objetivo. Só há coisas, esses objetos, só condições. Sou um submisso. Em latim, isso se chama *sub-ject*. Sou subjetivo aí, em um mundo objetivo, e estou alienado do mundo da vida. Isso não pode mais ser chamado de vida. É preciso chamar isso, por exemplo, de ser-aí (*Dasein*). Não sou mais, para dizer em grego, nem um ser bio-lógico, nem um ser zoo-lógico. Sou alguma outra coisa. Os gregos diziam: ἄνθρωπος μέτρον πάντον (ánthropos métron pánton), "o homem é a medida de todas as coisas". Mas não temos mais o otimismo dos gregos.

Suponhamos que nos sentemos e observemos a natureza, a *nature vivante*.³ Vemos uma corça, que anda pela floresta, quebrando ramos. O que vimos? Suponhamos que somos ecologistas: vimos um sistema complexo; nele observamos inter-relações reversíveis. É indiferente dizer: "A corça anda pela floresta" ou "A floresta anda como uma corça". Infelizmente, aqui a matemática é melhor do que a linguagem. É indiferente dizer: "A corça quebrou um ramo" ou "A floresta em forma de corça quebrou um ramo". É o andar da floresta e o quebrar-ramos da floresta. Falo do mundo da vida e o vejo

---

3 Natureza viva, em oposição à *nature morte*, natureza morta.

como um cientista ocidental do século XX. Naturalmente, outra pessoa vê isso de outra maneira. Morgenstern, por exemplo, vê assim: "As corcinhas oram para a noite, sete e meia! Oito e meia. Juntam os dedinhos para rezar, as corcinhas"[4].

Agora é um homem que anda pela floresta. Como observador não me chamo mais – isso é muito importante – cientista natural, mas etnólogo. Franz Boas ou Margaret Mead, por exemplo. Sou extraordinariamente nobre, pois trabalho em uma universidade americana, enquanto o homem que anda pela floresta, digamos, é um índio sumi (esses são os preferidos) ou um habitante das Ilhas Andamão ou das Ilhas Trobriand.

O que vejo? Um homem entra na floresta e quebra um ramo. Agora devo usar palavras bem diferentes das anteriores. O homem entra na floresta. Isso não é mais o "andar da floresta", mas o "entrar na floresta". O homem não faz parte da floresta. É o que se percebe. Percebe-se isso porque, quando ele quebra o ramo com a mão, ele gira o ramo. Ele não só o des-prega, ele também o em-prega. O ramo quebrado, que originalmente talvez tenha sido uma parte da floresta, torna-se uma contraparte da floresta. Ele agora é empregado contra a floresta. Ele próprio pode quebrar outros ramos. Ele se transformou em um bastão e foi empregado

---

4   Christian Morgenstern, *Das Gebet* [A oração]: "*Die Rehlein beten zur Nacht, halb acht! Halb neun. Sie falten die kleinen Zehlein, die Rehlein*".

como tal. O homem entendeu a informação, a forma que estava no ramo, compreendeu-a e agora sabe que se pode empregar o ramo em sua forma, naquela informação adquirida, como bastão. Agora aquele homem, o das Ilhas Trobriand, anda com o ramo pela floresta. Ele é um sujeito do objeto ramo e dominou o objeto. Solucionou o problema do ramo na forma de um bastão. Tecnicamente, passou a dominar um problema. A partir de sua subjetividade, ele se objetivou. [estruturas de comunicação I 1a05] Na medida em que ele deu certo emprego ao ramo, ele tornou a floresta humana, humanizou a floresta. Por outro lado, ele próprio se tornou natureza ao dar um emprego ao ramo. O espírito humano, segundo Hegel (e não Marx), está objetivado no emprego do ramo. O objeto ramo é um ato de comparação. Falo da *Fenomenologia do espírito*[5]. Agora posso levar o bastão para casa. Conquistei uma parte do mundo, armazenei no ramo a informação adquirida "bengala", levo-o para casa, para que meus filhos brinquem com ele, apreendam-no e compreendam-no diferentemente de mim, processem a informação e talvez, com o tempo, façam dele uma lança.

O dado mais importante desse primeiro passo na cultura material é que achei ou inventei o bastão. Ando e me apoio no bastão. Agora o bastão contra-ataca. Isso é chamado

---

5   Georg Wilhelm Friedrich Hegel, 1806/1807.

elegantemente de *feedback*, retroalimentação, e não de contra-ataque. Ando de outra forma. A perna é um simulacro do bastão, *pace* Baudrillard, uma perna idiota. Não tem joelho, nem articulação, não sente, não tem sangue. É um cretino, mas uma coisa ele pode, e melhor do que a perna: caminhar. É um instrumento do progresso. Não há nada mais próprio do progresso do que um bastão. É "cretino pra cacete" ("*Stockblöd*") e por isso faz progressos, justamente por isso. Se tivesse um joelho já não seria tão próprio do progresso. Lançando mão do bastão (*anhand*), expressão que deve ser entendida *ad literam*, aprendo agora como se anda da maneira como se anda. De repente movimento minhas pernas como se fossem bastões. Simulei minha perna no bastão e agora estimulo o bastão como modelo de minha perna. Essa é a mola propulsora da história humana. [estruturas de comunicação I 1a06] Os aparelhos contra-atacam. Os aparelhos são incomparavelmente mais burros do que os mais burros dos seres humanos, mas eles contra-atacam as pessoas e as transformam em funcionários.

Um exemplo dramático do contra-ataque da ferramenta contra o homem: vocês conhecem os locais chamados de danceterias, onde as ondas sonoras não são empregadas para chegar ao canal auditivo, mas diretamente a todo o sistema nervoso central. Ali, o corpo é levado a vibrações simpáticas ou antipáticas com o aparelho produtor de som. Vocês podem observar como as pessoas se comportam. À primeira vista parece quase humano, mas, se olharem mais atentamente, verão que são reflexos. Um gesto é humano, não um reflexo. Um reflexo é um movimento condicionado, um gesto é um movimento voluntário, intencional. Portanto, podem ver como uma ferramenta simples como um alto-falante contra-ataca, repercutindo no comportamento humano e fazendo do homem um cadáver. Um exemplo positivo para *feedback*: faço máquinas de cálculo rápido e constato que essas máquinas assumem algumas funções primitivas de meu sistema nervoso central. Por exemplo, elas não apenas calculam, mas também conseguem decidir. Com isso, fico em uma situação estranha. É como se uma parte de minhas funções tivesse saído da minha caixa craniana, do sujeito, e penetrado no mundo dos objetos. Eu me curvo à simulação do sujeito no objeto. Essa observação de fora me permite uma introspecção. Com isso compreendo melhor o que acontece em mim. Um dos aspectos importantes da atual mudança de paradigmas é que podemos nos virar do avesso como luvas e, em parte, observar nosso interior do lado de fora. Meu amigo Louis Bec cunhou a palavra *epítese*. O contra-ataque de que falo é o seguinte: a bengala e o computador são próteses, prolongamentos de mim. Por meio de seus contra-ataques, eles se tornam epíteses. Agora sou eu que simulo a bengala e o computador.

A história da cultura começa com o armazenamento de informações adquiridas em partes do mundo da vida que são transformadas em objetos para essa finalidade. Por meio do armazenamento de informações em objetos, os seres humanos tornam-se sujeitos de objetos. Até então eles insistiam no mundo da vida. Graças à abstração de objetos destinada a empregá-los como memórias, os homens não só ainda insistem – decerto não como se ainda fôssemos macacos –, mas também existem. Em nós há uma cisão. Somos dentro e fora. Os objetos que empregamos como apoios das memórias contra-atacam repercutindo em nós. Nós nos objetivamos. Isso leva a novas aquisições de informação. Cito Rilke, provavelmente de forma errada: "Estamos sempre em frente ao outro, e sempre estamos nos despedindo"[6]. A cultura

---

6 "*Sei allem Abschied voran, als wäre er hinter dir, wie der Winter, der eben geht*". "Esteja à frente de toda a despedida, como se ela estivesse atrás de você, como o inverno que há pouco se foi." Rainer Maria Rilke, *Sonnete an Orpheus* [*Os Sonetos a Orfeu*], segunda parte, XIII (Rio de Janeiro: Record, 2002).
A edição alemã falha na confecção desta nota. Na verdade, Flusser mistura versos da *Oitava elegia de Duíno*. A primeira parte da citação "Estamos sempre em frente a ..." remete aos versos 33-34 "*Dieses heisst Schicksal: gegenüber sein / und nichts als das und immer gegenüber*": "Isto se chama destino: ser defronte / e nada mais que isso, sempre defronte". Já a segunda parte da citação "... e sempre estamos nos despedindo" remete ao verso 75, o último da elegia "... *und nehmen immer Abschied*": "e estamos sempre nos despedindo". Note-se que essa elegia trata principalmente do homem como um ser cindido entre o "dentro" e o "fora", à diferença do animal, que permanece no seio da natureza e só tem a experiência do "dentro". Ainda que equivocada, a citação do soneto tem sua razão de ser, pois ele de fato guarda evidentes relações temáticas com a elegia. (N. T.)

material é o armazenamento de informações adquiridas em objetos. É um processo extraordinariamente questionável, porque pressupõe uma abstração do mundo em que se vive e, consequentemente, um estranhamento do ser humano para com o mundo da vida. É tão correto dizer que é humano armazenar informações em objetos como também é correto dizer que o fato de armazenar informações em objetos é que primeiro faz de nós seres humanos.

Imaginar/obstruir
Como sujeitos, estamos em meio a um mundo objetivo. Por toda parte ao nosso redor há problemas. Estamos condicionados de todos os lados e tentamos solucionar os problemas manipulando objetos. A técnica é o método para atingir a liberdade. Tudo mais que se diz sobre a liberdade é besteira.

Naturalmente a técnica é ambivalente e contra-ataca. No mundo da vida não há problemas. No mundo objetivo só há problemas. Por isso nos chamamos sujeitos – somos submissos. Com Schopenhauer e Nietzsche começa-se a perceber que o mundo objetivo é uma abstração e que o sujeito é uma consequência dessa abstração. Nietzsche escreve o seguinte poema sobre Schopenhauer: "O que ele disse, desvanece; o que ele foi, permanece. Olhem só isso: a ninguém ele foi submisso"*. Nós, ao contrário de Schopenhauer, somos todos submissos. Solucionamos continuamente problemas e por todos os lados deparamos com problemas, com árvores, por exemplo. Mas, com tantas árvores à frente, não conseguimos ver a floresta**. Rastejamo-nos de árvore em árvore e arrancamos delas um galho e mais outro, até que morremos, há cerca de trinta mil anos. Do *homo erectus robustus* surgiram outros homens, por exemplo, o *homo erectus gracilis*, ou o [estruturas de comunicação I 1b03] *homo faber*. Finalmente, há cerca de duzentos mil anos, surgiu um ser cujo aspecto era quase o nosso, o *homo sapiens*. Esse ser apareceu em variadas espécies, por exemplo, em um vale não muito distante de Bochum, como *homo sapiens neandertalensis*. Há cerca de sessenta mil anos, por fim, entramos em cena, *homo sapiens sapiens*.

Sabemos duplamente. Somos duplamente sábios. O que nos caracteriza e nos difere de todas as espécies humanas anteriores – o fato é que, infelizmente, só há uma espécie humana, senão talvez não houvesse racismo, mas "especismo" – é algo bem peculiar. Nós, *homines sapientes sapientes*, conseguimos sair rastejando do mundo objetivo. Isso soa incrível. Se não tivesse sido provado, não consideraríamos

---

* *"Was er sagte, ist vertan, was er war, das bleibt bestahn. Seht ihn nur an. Niemand war er Untertan"* (N. T.)

** Tradução literal de um provérbio alemão que significa "não perceber o óbvio". (N. T.)

possível. Deparo com os objetos e quero superá-los. O que hei de fazer? Subo uma montanha e posso olhar de cima. Uma descrição mais exata do que acontece seria: continuo me retraindo na subjetividade. Sou sujeito dos objetos. Como sujeito dos objetos, manipulo-os e armazeno informações dentro deles. Consigo continuar me retraindo na subjetividade e olhar para o mundo todo a partir dessa subjetividade ampliada, abstraída. De repente, vejo todo o mundo objetivo diante de mim. Ganhei algo que em alemão se chama *Weltanschauung* (cosmovisão).

Essa subjetividade não é um lugar, é um não-lugar. Não-lugar, em grego, é chamado de οὐτοπία (*utopía*). Retraí-me nesse lugar utópico. De repente, vejo tudo de outra maneira. Vejo todo o mundo, tenho uma visão geral dele. No mundo objetivo estava a um passo do mundo da vida. Agora estou a um passo do mundo objetivo. Desta distância, meus braços não são suficientemente longos para pegar os objetos. Desta nova distância, o mundo não é mais apreensível com as mãos, não é mais mani-festo. Eu o vejo apenas com os olhos. Ele é apenas aparente, fenomenal. Ele só aparece. Os objetos não são mais objetivos, mas fenomenais. Vejo fenômenos, aparecimentos. Avisto o mundo fenomenal, vamos chamá-lo de "mundo do sonho". E então ressoa aquela magnífica frase de Shakespeare: "*We are such stuff / As dreams are made on* [...]"⁷. Minha visão é fugaz. Mal fecho os olhos, ela já se foi. Ela depende de meu ponto de vista. Ela é subjetiva. Tenho uma cosmovisão subjetiva, fugaz. Mas então para que eu saí de lá? Para que eu possa me orientar no mundo e, possivelmente, também, os outros.

Tenho dois problemas: como fixo minha visão, e como a intersubjetivizo? A solução é tão inaudita e fantástica, que mal podemos acreditar. Eu a fixo tomando tintas feitas de terra e pintando-a na parede de uma caverna. Lascaux e Pechemerle comprovam isso. Eu simbolizo a ideia. A partir de minha abstração, dessa distância, decido formular minha visão de tal forma que ela signifique algo manifesto. Um fenômeno que significa outro, e assim foi combinado, chama-se símbolo. Simbolizo minha visão. Classifico esse símbolo, esse código: eu codifico minha cosmovisão. Um traço marrom significa o contorno de um cavalo. Outros conseguem decifrá-lo. Estou relatando como se faz imagens: rastejar para dentro de si mesmo, de lá olhar para fora, fixar o que foi avistado, usar uma parede de pedra como apoio da memória e, assim, fixar o avistado, para que outros possam decifrá-lo. Esse gesto extremamente complicado e misterioso, eu denomino com uma única palavra: imaginação.

---

7 *The Tempest* (cf. nota 7, à página 98).

[estruturas de comunicação I 1b04] Agora tenho imagens, re-presentações (*Vor-Stellungen*). Eu não só vejo essas imagens, mas todos os meus próximos podem ver. Encontramo-nos na caverna para contemplar as imagens, junto a uma fogueira tremulante, de tal forma que elas parecem se mover. Primeiramente, criei um mundo objetivo entre mim e o mundo da vida, manipulando a pedra. Agora criei entre o mundo objetivo e mim um mundo imaginário. Fiz o mundo objetivo para modificar o mundo da vida. Faço um biface para abrir a barriga de uma vaca. A finalidade do mundo objetivo é me ajudar a voltar ao mundo da vida. Mas o mundo objetivo tem uma dialética interna. Justamente porque ele está aí, ele me obstrui o caminho para o mundo da vida, que ele na verdade teria de abrir. Quanto mais objetos eu faço para dominar o mundo da vida, tanto mais me distancio da vida, aproximando-me da morte. Agora, vejam, fica ainda mais dramático: faço imagens para me orientar no mundo objetivo. São mapas. Faço a imagem de um cavalo para saber como matá-lo e como retalhá-lo. É um *Guia Michelin*. Faço a imagem de maneira que outros também possam utilizá-la, ou seja, para que também saibam: Ah, ali há mamutes, e dessa forma os abato. São instruções de uso. Têm a mesma dialética do mundo objetivo, só que ali ela é mais intensa. A língua alemã é fabulosa para expressar isso. As imagens representam (*vorstellen*) os objetos, e assim, elas se apresentam à frente (*stellen sich vor*) dos objetos.

Com isso, vamos tratar do contra-ataque das imagens. Uma imagem é uma superfície. Sobre essa superfície foi aplicada alguma coisa, uma informação. A imagem é um armazenador material de informações. A informação está armazenada de forma tão fabulosa que ainda é legível depois de trinta e cinco mil anos. A imagem é o final da intenção do pintor. O pintor se retirou do mundo. Observem-no em um ateliê, lá também a ontogênese repete a filogênese. O pintor está diante de uma tela vazia ou da tela do computador. Ele se retira, vê algo, vai até a tela, fixa o que avistou, de forma que outros possam decodificar. Ele tem imaginação. Nessa superfície da imagem, a informação é sincrônica. Está colocada diante de mim como se estivesse em um prato. Decodificando-a, transformo essa informação sincrônica em diacrônica. Divido a simultaneidade em uma sucessão. Movimento meus olhos sob a superfície da imagem, eu *scanne*[8] a superfície da imagem. Na verdade, eu deveria seguir a intenção do pintor. [estruturas de comunicação I 1b05] Deveria escanear como o pintor desenhou as linhas, as formas da informação. Estranhamente, tenho a capacidade de decodificar segundo minha própria intenção. Consigo fazer as

---

8   Do inglês *to scan*: escandir, esquadrinhar, perscrutar, correr os olhos por, escanear.

duas coisas: seguir a intenção do pintor e a minha. Chega-se a uma síntese das intenções, a uma interpretação. No decorrer dessa interpretação, meu olho vaga para lá e para cá sobre a superfície e produz ligações entre cada uma das partes da imagem, os pixels. Do pixel contido na imagem, meu olho faz um contexto relacional, um estado de coisas. Não vejo árvores, mas uma floresta. Uma árvore é uma coisa, uma floresta, um estado de coisas. Para mudar da linguagem de Wittgenstein para a de Heidegger: no estado de coisas, as coisas se relacionam entre si, elas se voltam uma para a outra. Existe uma conjuntura (*Bewandtnis*). Dependendo de como eu constituo os estados de coisas graças ao meu *scanning*, a conjuntura se modifica. Vejo uma cena, σκηνή, um cenário. Esse cenário, essa cena, esse estado de coisas foi feito para que depois eu me oriente nas coisas, manipule essas coisas e, finalmente, mude a vida. Faz-se o cenário de uma batalha, para que na batalha se lide com coisas como os iraquianos, para assim mudar a vida. Essa imagem, essa cena, esse estado de coisas são o termo de uma intenção de lidar com o mundo dos objetos. É a intenção, a visada (*Ab-Sicht*) da imagem. A imagem visa representar objetos – ou, para dizer mais elegantemente, o vetor de significado da imagem aponta para objetos. Estou diante de uma parede, mas essa parede indica cavalos. Observo a imagem, depois caço cavalos. Estou descrevendo a consulta originária de pixels.

[estruturas de comunicação I 2a01] A imagem deve servir como um *Guia Michelin*. Isso significa que devo primeiro observar a imagem, e em seguida ir até o cavalo e matá-lo, de bom grado, tal como mostra a imagem. Mas pode acontecer de eu ir até o cavalo e observar o cavalo, para entender o que está na imagem. De repente, posso reverter a situação, e o vetor de significado pode virar para o outro lado. Em vez de reconhecer o mundo na imagem, começo a reconhecer a imagem no mundo. Em vez de me orientar no mundo objetivo com ajuda da imagem, começo a me orientar na imagem com a ajuda do mundo objetivo. O mundo imagético, o mundo imaginário, torna-se possível, interessado, e o mundo objetivo, que originalmente significava o mundo imagético, torna-se uma imagem-teste.

Essa virada tem nome na história. No judaísmo chama-se adoração de imagens, paganismo. Isso explica a estranha frase: "Não deves fazer imagens". No mundo grego chama-se idolatria. É uma alienação tripla. Primeiro, estou alienado da vida por meio dos objetos, depois estou alienado dos objetos por meio das imagens e agora eu mesmo estou alienado das imagens. Oriento-me nas imagens por meio do mundo. Não pinto a chuva para ver como chove, mas eu observo a chuva, para fazer a chuva na imagem. Uma expressão da língua portuguesa no Brasil, que provém da magia africana, é *manda--chuva*. Eu mando na chuva ao pintá-la. Espeto uma agulha na imagem para matar uma pessoa. O que acontece na imagem é o que propriamente acontece. O mundo imaginário que agora me corteja torna-se uma alucinação. Naturalmente, pode-se dizer que toda a cultura é um tipo de loucura, mas aqui essa loucura torna-se, por assim dizer, palpável.

A cultura material e particularmente a cultura da imagem tornam-se cada vez mais mágicas. A vida é apenas um ritual da magia. Tudo se desenrola na imagem. As imagens dissimulam o mundo completamente. Só vejo imagens. O mundo oral se torna cada vez mais mítico. Então irrompe uma nova consciência, antimágica e antimítica. Isso vem a acontecer porque as culturas oral e material são sintetizadas na forma de cultura escrita histórica.

Contar/dilacerar
[estruturas de comunicação I 2a06] A consciência histórica é uma consequência da escrita, revela-se no escrever. O gesto de escrever a produz. Antes da invenção da escrita nada acontecia. Tudo apenas se passava. Para que algo possa acontecer, deve existir a escrita. Antes da invenção da escrita o mundo é um *happening*. Não existem processos. [estruturas de comunicação I 2b04] Usei a palavra "iconoclastia", destruição de imagens. Pegue um tijolo, em que, de um lado, há uma imagem de uma cena, e do outro lado, aparecem os mesmos sinais ordenados de outra forma. Esses sinais

foram arrancados da imagem, tirados do contexto, e novamente ajustados para dilacerar a imagem. Esse tijolo é uma prova de um gesto iconoclasta. "Rasgar", em inglês, é *to rip*. "Rasgar" e "riscar" têm relação entre si. Γράφειν (*gráphein*) pode ser traduzido como riscar, e não apenas como gravar. As pessoas rasgavam e riscavam. Elas riscavam a superfície das imagens e dilaceravam as imagens. O que elas dilaceravam representa as relações entre os elementos da imagem. Restaram pedacinhos desses elementos, fragmentos, pixels. A geração anterior à nossa os chamava de pictogramas. Quando você dilacera uma imagem para torná-la transparente de novo para o mundo dos objetos, então lhe resta um monte de pictogramas.

Em uma escavação perto de Ur, na Caldeia, foram achados alguns vasos. Nesses vasos havia várias pedrinhas, cubos, cones, piramidezinhas e similares. Na superfície do jarro estavam desenhadas as mesmas figuras, na mesma quantidade que no interior do jarro. A explicação que nos dão é bem simples. Eram pastores que transportavam rebanhos e os rebanhos tinham tantas ovelhas e tantas cabras, dentre eles, tantos eram bodes e outros tantos carneiros, tantos cordeiros e tantos cabritos. Então, digamos, uma bolinha era uma ovelha e um cubinho era uma cabra. Para que o homem soubesse quanto ele tinha, jogava-os no jarro. Quando uma ovelha dava cria, ele acrescentava uma bolinha, e quando uma morria, ele tirava uma bolinha. Para ver o que tinha dentro do jarro, ele escrevia do lado de fora do mesmo. Por que, eu me pergunto, as pessoas contavam duas vezes? Pois elas deviam saber que bastava olhar do lado externo do recipiente. As pessoas não sabiam o que era escrever. Primeiramente, elas colocaram no jarro aqueles pixels arrancados do contexto – aquelas figurinhas são, com efeito, puros pictogramas tridimensionais – e os inseriram na superfície do jarro, porque pensaram: eu não preciso de três dimensões, basta a segunda. Não preciso contar como se fosse um colar de pérolas; basta que eu faça uma imagem do colar de pérolas. Suponho que se trata de uma confusão entre cultura material e imaginária; que as pessoas não haviam se acostumado ainda a distinguir claramente entre objetos e imagens, entre estátuas e imagens, por exemplo. As pessoas que fazem estátuas ainda hoje são chamadas de escultores (*Bildhauer*)*. Suponho que aqueles pastores semitas orientais eram mais inteligentes do que nossos atuais críticos da cultura. Apesar disso, diria que a confusão entre tridimensional e bidimensional está na raiz do problema.

Não muito tempo depois, encontramos tijolos de argila. [estruturas de comunicação I 2b05] Nessa argila são gravadas imagens com uma pequena cunha, *stylus*. São imagens de

---

* *Bildhauer*: *Bild* = imagem + *hauen* = bater, talhar, esculpir. (N. T.)

uma casa, por exemplo. Não era uma tentativa de reproduzir uma casa. Não foi feito a partir da imaginação, mas observou a imagem de uma casa. Então se arrancou a imagem de uma casa de sua superfície imagética, e rapidamente (cursivamente, como se diria hoje) a imagem foi copiada na argila, que então endureceu. Possuía-se um objeto em cuja superfície uma informação adquirida havia sido armazenada, uma imagem que não mostra mais o contexto. "Casa", em língua semita, é *bet*. As casas na região oriental do Mediterrâneo não tinham, antigamente, telhado – lá chove pouco –, mas cúpulas redondas. Aquelas cúpulas eram sempre duplas; sob uma delas dormia-se, e sob a outra era guardado o cereal. O pictograma de uma casa tinha um aspecto correspondente. Quem via aquele signo sabia: casa. Podemos chamar isso de pictografia. Logo foram inventados no Egito vários sinais adicionais para isolar a imagem. Então a escrita pictográfica começou a se ramificar. Tudo acontece naquele canto do Mediterrâneo entre as costas turca, sírio-israelita e egípcia. Essa é a origem de nossa cultura histórica. Na parte sul, no Egito, logo se passou a ler os nomes das coisas em vez das coisas em si. Para decifrar hieróglifos, contudo, é necessário saber a língua copta. Assim a linguagem penetra na imagem. Mas no caso das línguas semíticas ocidentais, como ugarítico e aramaico etc., acresce-se algo totalmente novo. Tenho um sinal para dizer "casa" e leio *bet*. *Bet* é casa em ugarítico e aramaico. Então as pessoas começam a ler apenas o primeiro som da palavra *bet*, ou seja, "b". Isso é uma boa ideia do que é a generalização da escrita. Agora posso usar o mesmo sinal para diversas línguas.

Tenho diante de mim imagens que obstruem o meu caminho, então as dilacero. Eu recolho o que sobrou [estruturas de comunicação I 2b06] e disponho em linhas. Por que faço isso? Para enumerar o conteúdo da imagem, para *contar* (*er-zählen*). Uma palavra antiga inglesa para contar (*zählen*) é *tell*. Um bancário que faz um pagamento é um *teller*. *To tell the image surface, to transform the image into a tale*[9]. Das imagens surgem contos (*Er-zählungen*), signos enumerados. Aquele que faz imagens transforma-se de imaginativo em contador. Ele tenta contar as histórias de forma cada vez melhor. Primeiro, ele simplesmente as enumera, como naqueles jarros. Não são narrativas muito belas: quinze cordeiros, treze cabras etc. Então ele acrescenta: cordeiros grandes, cordeiros negros, cordeiros que pulam e cordeiros que não pulam. As histórias ficam cada vez mais divertidas. Na medida em que formulo a história em palavras, posso contá-la não apenas imageticamente, mas também, digamos, em hadaico e em copta. Como disso eu fiz letras, posso con-

---

9 "Contar como é a superfície de uma imagem, transformar a imagem em um conto."

tar a história como bem quiser – em ugarítico, aramaico, hitita, mitânico e cretense. Estamos presenciando o nascimento da História. [estruturas de comunicação I 2b07] Línguas, como diz Umberto Eco, são obras abertas, *opere aperte*.

Contra-Picto-Grafia: escrita é História
O avanço das letras
[estruturas de comunicação II 1b01] A literatura tem por meta eliminar magia e mitos, imagens e falatório. Com ela começa a história, e ela começa com a invenção da escrita linear. Sua intenção é criar uma consciência livre de todos os mitos e toda a magia, que pensa e age, que age historicamente – a consciência histórica, política. Poder-se-ia crer que isso é muito simples. As letras formam linhas, as linhas formam textos, e esses textos avançam contra as imagens. Há algo de militar na literatura. Ela marcha em direção a um ponto final e, para além do ponto final, em direção ao leitor. Um exército inteiro de letras avança. Uma imagem após outra, um mito após outro, uma magia após outra são eliminados. No fim, está o pensamento discursivo histórico puro, ou, se quiserem, a sociedade comunista. A ideia da história da salvação, da redenção, do aperfeiçoamento contínuo está ancorada na invenção da escrita. O progresso acredita superar a morte.
O contra-ataque das imagens

Surpreendentemente, as imagens se defendem. As imagens não se deixam eliminar tão facilmente. As imagens são traiçoeiras. Na medida em que as imagens são contadas pelos textos, elas se infiltram nos textos. Começam a ilustrar textos. Essa dialética texto-imagem é muito difícil de entender. Um exemplo da Idade Média: coloquem-se no lugar de um monge, um homem da escrita, um erudito da escrita. Ele passa o tempo escrevendo textos sagrados, tratados teológicos, com cópias de filósofos gregos, sobretudo de Aristóteles. O monge fica lá, escrevendo. Com sua pena de ganso, toma da tinta e, com ela, pinta nos pergaminhos. Essa é uma atividade de altíssimo custo. A tinta e o pergaminho são caros. Consequentemente, o pergaminho precisa ser usado algumas vezes. Quando se termina um texto, escrevem-se novas linhas nas entrelinhas para, então, escrever um novo texto, um palimpsesto. Cada livro tem um valor enorme. Pela posse de livros era possível fazer a guerra. O monge escreve uma letra inicial, um A, digamos. Nesse A ele pinta flores e macacos e pássaros e Adão e Eva. Surge todo um mundo imagético. Como foi possível que aquele monge recaísse no mundo imagético?

Ou tomemos uma igreja românica: uma construção sóbria, simples e discreta, uma nave na qual nós devemos ascender desse vale de lágrimas para o mundo melhor, uma construção tipicamente literária, histórica, causal, dramática. Repentinamente, descobre-se que nos capitéis há imagens. Quando se anda pelo claustro e se vê um capitel após outro, tem-se uma sequência, como um filme, ou melhor, como em quadrinhos. Como é possível que aqueles arquitetos piedosos, que de fato eram monges, tenham introduzido imagens ali? Há evidentemente algo na imaginação que penetra o pensamento conceitual. Aparentemente o homem é incapaz de pensar histórica e politicamente sem pensar também de forma imaginativa, pré-histórica, pré-historiográfica, apolítica. Os textos se carregam cada vez mais de imagens, o pensamento histórico torna-se cada vez mais imaginativo. Porém, acontece também o contrário, de modo que as imagens se carregam também com história quando entram nos textos. As imagens tornam-se cada vez mais históricas e surge uma história das imagens. A dialética texto-imagem é um pensamento imaginativo progressivo na história e um pensamento conceitual progressivo na imagem. A história da Idade Média e principalmente [estruturas de comunicação II 1b02] da Igreja parece ilustrar que, ao longo da história, os pensamentos historiográfico e imaginativo se contradizem e, com isso, reforçam um ao outro dialeticamente. Contudo, há uma objeção, um paralelo com nossa época atual. A camada dominante, a elite, é alfabetizada. Os monges, os doutores da Igreja – todos eles escrevem. A grande massa, os cidadãos das cidades, os camponeses no campo e os germânicos nos burgos são analfabetos. São informados pelos monges e doutores da Igreja, mas não conseguem decifrar as informações. Têm de aceitar da camada dominante, sem críticas, seus modelos de conhecimento, como por exemplo: "O mundo foi criado em seis dias". Além de seus modelos de comportamento, como "Não matarás", e os modelos de vivência, como: "Deus viu que era belo"[10]. Eles não têm consciência de que o verdadeiro detentor de poder é a Igreja. Eles acham que os germânicos decidiriam qualquer coisa a partir da espada. Os cidadãos, em suas cidades, acham que regem o mundo economicamente. Mas é evidente que todos têm de se ater aos textos do bispo, já que eles mesmos não conseguem ler.

Hoje, estamos exatamente na mesma situação. Somos comandados por uma elite que emite em códigos numéricos e outros códigos de computador nossos modelos de conhecimento, vivência e comportamento. Nós nos atemos a eles sem conseguir decifrá-los. Achamos que pessoas com espada na mão ou com poder econômico – gente como o presidente Bush ou Gorbatchev, ou, ainda, os grandes trustes americanos – decidem alguma coisa. Mas as decisões reais são tomadas por analistas de sistema, especialistas em informática, cientistas, técnicos e os chamados "artistas da informática".

---

10 No livro de Moisés (*Gênesis*), Capítulo I, vv. 1-25, lê-se repetidas vezes: "E Deus viu que isso era bom".

Ovídio previu isso em seu tempo, quando descreveu a era de ouro, anterior à invenção da escrita: *"Nec verba minantia fixo aere legebantur nec supplex turba timebat iudicis ora sui, sed erant sine vindice tuti"*[11]. Ele diz que, antigamente, ainda não havia a exigência de ler palavras ameaçadoras fixadas em bronze, e a massa trêmula, de joelhos, ainda não temia o juiz, quer dizer, o escriba. Ao contrário, ela era segura de si sem tribunal. Já em Ovídio, ele mesmo um escritor, era possível perceber esse horror pelo domínio do alfabeto.

Tipografia I: escrever significa tipografar
Chegou-se a uma invenção extraordinária. É chamada normalmente – de forma "inofensiva" – de impressão de livro, ou tipografia. Do que se trata? Tinha-se a impressão de que letras seriam signos de sons específicos, de fonemas. Que seriam, portanto, caracteres. Acreditava-se que havia algo de característico nas letras. Como cada língua tem seus fonemas, cada língua tem de ter um alfabeto específico. Com Gutenberg chega-se ao seguinte: letras não são caracteres, de modo algum. São tipos. De fato, com a mesma letra, podem-se designar diferentes fonemas. A letra "a", com efeito, pode significar tanto o som que pronuncio quando digo, em ale-

---

11 De Ovídio, *Metamorfoses*: A criação (a era de ouro). "Nem eram lidas palavras ameaçadoras fixadas em bronze, nem a massa de suplicantes temia a face do juiz, mas estava em segurança sem protetor."

mão, *Tag*, quanto o som que pronuncio quando digo, em inglês, *day*. De repente, o alfabeto – principalmente o latino – se tornou um código que alcança todas as línguas. A invenção de Gutenberg não consiste na possibilidade de fundir as letras em metal, colocá-las em uma prensa e então reproduzir textos por meio dela. A descoberta revolucionária de Gutenberg é que as letras são tipos e que escrever significa tipografar.

Tipografia II: do objeto à informação

Até então os livros eram valiosos como objetos, encadernados em couro, com páginas, contendo uma mensagem, uma informação escrita à custa de muito trabalho. Todos esses elementos – o couro, o pergaminho, o desenho das letras e a informação – constituem, juntos, o valor do livro. No século XIII, uma vulgata tinha mais ou menos o valor que hoje atribuímos a um prédio de cinco andares em uma cidade grande. Um convento que tivesse uma biblioteca com dez livros era um convento rico. Graças a Gutenberg, os livros perderam seu valor, não só porque havia muitos deles, mas porque se descobriu algo inaudito: que o valor do livro não está no material, não está no objeto, mas na informação que ele contém. Nesse ponto, na verdade, a consciência histórica deve ter cessado. [estruturas de comunicação II 1b03] Se compreendermos isso, deixamos para trás a sociedade industrial, todas as ideologias históricas, todas as convicções políticas. Penetramos na sociedade informática. A impressão do livro antecipa a Revolução Industrial e a pós-industrial. Isso rompeu a hegemonia dos monges, e a partir de então todos os cidadãos podem aprender a ler e escrever e, assim podem produzir seus próprios modelos de conhecimento, comportamento e vivência. A revolução do Renascimento, a revolução dos cidadãos do norte da Itália e dos flamengos contra os bispos deve ser atribuída, no fundo, ao fato de que os cidadãos aprenderam a ler e a escrever, além de que, doravante, podiam comprar livros; de que em qualquer marcenaria ou sapataria decentes havia livros, e já seria possível fazer livros contando muito mais do que a glória divina – era possível fazer livros que ensinam a fazer sapatos. A teoria da cidadania tornou-se acessível, e as pessoas já não precisavam ir aos mosteiros para aprender algo, mas podiam fundar suas próprias escolas; e que, para tornar-se doutor não se precisa primeiro ser monge. Tudo isso deve ser atribuído a Gutenberg.

Tipografia III: da fé ao experimento/do mestre ao funcionário
O Renascimento é, ao que parece, a revolução dos cidadãos contra os bispos para introduzir um mercado livre. Mas atrás disso esconde-se muito mais. Os cidadãos dizem: Agora disponho de letras e posso fazer minha própria teoria. Agora

posso fundar uma ciência não *ad maiorem Dei gloriam*[12], mas para fazer sapatos melhores. Aqui devo primeiro refletir: como se faz um sapato? O que é a natureza através da qual produzo esse sapato? Faço, portanto, ciência natural. Não posso me contentar com a espera pela iluminação divina ou pela autoridade de Aristóteles, mas vou experimentar. Coloco a teoria em oposição à observação e ao experimento. Resumindo, Gutenberg possibilitou a ciência moderna. O Renascimento é o nascimento da ciência moderna graças à invenção da impressão.

A consequência da ciência foi que os cidadãos começaram a aplicar seu conhecimento. Não trabalhavam mais empiricamente e começaram a construir máquinas. Com as máquinas, transforma-se a relação entre homem e ferramenta. Antigamente, o cidadão ficava em sua oficina cercado de ferramentas. Ele era a constante, a ferramenta, a variável. Quando um martelo se quebrava, ele pegava um novo, mas ele mesmo permanecia sentado em sua cadeira. Após o surgimento da ciência e da técnica, isso se inverteu. Construíram-se casas e colocaram-se máquinas dentro delas que tinham de trabalhar por décadas. As pessoas necessárias para o trabalho foram recrutadas no campo. Agora elas trabalhavam em função da máquina. Agora a máquina era

---

12 "Para maior glória de Deus", lema dos jesuítas.

a constante, o operário, a variável. Surgiu um mercado de trabalho. Quando um operário ficava doente ou morria, era substituído por outro operário, como anteriormente acontecia com o martelo.

Essa situação terrível é o nascimento do marxismo, que na verdade já fora superado pela impressão de livros. Surgiu a pergunta: "Afinal, quem possui a máquina, e quem deve possuí-la?". Quem a possui é evidentemente o antigo cidadão, que economizou com privação própria ou da mais-valia de seus ajudantes. Considerando mais de perto, porém, ele não a possui, mas trabalha [estruturas de comunicação II 1b04] ele mesmo em função da máquina. Todo o seu interesse se volta à máquina. No centro está a máquina, que produz e produz e produz. Ao redor estão as pessoas, que trabalham em função da máquina. Isso se chama de sociedade industrial, e é uma das situações mais insanas na história da humanidade. Não basta que as pessoas exerçam funções, com efeito, elas também têm de consumir aquilo que sai das máquinas, senão a máquina para. De dia alimentam a máquina e à noite têm de engolir o que sai da máquina.

O fim da cultura da escrita

Na Revolução Industrial, não se mostra apenas a loucura da consciência histórico-política. Na verdade, já deveria ter ficado claro naquela época, no século XVIII, que o progresso é loucura. Na medida em que se buscou gente do campo para a máquina, para a cidade industrial, revelou-se que as pessoas tinham de aprender a ler e escrever para poder manejar as máquinas, para poder lidar com as instruções de uso. Introduziram-se escolas, no interesse das máquinas. Naturalmente, isso é discutido na política até o enfado. Não se fala que a obrigatoriedade universal da frequência escolar é de interesse das máquinas; fala-se, sim, da elevação do nível de educação da população universalmente democratizada. Foi necessário instituir três níveis escolares: as escolas primárias existem para ensinar as pessoas a manejar máquinas. As escolas secundárias eram escolas onde se ensinava à elite burguesa como fazer a manutenção das máquinas, como consertá-las da melhor forma. As chamadas escolas superiores atendem à finalidade de garantir a invenção de máquinas cada vez melhores. Com isso, o alfabeto se tornou um bem universal, pelo menos nos chamados países desenvolvidos. Todos sabiam ler e escrever, todos tinham coisas impressas à sua disposição. Como o método de Gutenberg foi aperfeiçoado, o mundo ficou repleto de coisas impressas. Atualmente são escritos cerca de dois milhões de títulos por ano, e, portanto, há cerca de quatro bilhões de novos livros anualmente, inúmeros bilhões de revistas, jornais e similares. Um rio ininterrupto de letras impressas flui das florestas para as cidades. As florestas desfolham-se e as folhas voam por toda a parte e nos ameaçam. E, todavia, já estamos prestes a superar o papel. Já começamos a emergir dessa loucura histórica e a produzir os chamados textos imateriais. Mas essa enchente desenfreada continua. Os textos não se tornaram apenas sem valor: tornaram-se incapazes de ter qualquer valor. Os textos não só não têm mais valor, eles são lixo.

A consciência histórica que surge do ler e escrever, que tem a intenção de resistir à magia e ao mito eliminando-os por meio de explicações, e que originalmente (quando o alfabeto era um código secreto) pertencia a uma minúscula camada dominante de filósofos e sacerdotes, agora se transformou em bem universal. Todas as pessoas entendem o que os textos dizem. Todos estão informados sobre tudo. Todos podem formar a própria opinião. Todos sabem de tudo, ao contrário dos verdadeiros eruditos da escrita, que duvidam de tudo, que não estão seguros do que fazem e sequer sabem por onde começar. Agora todos podem ler preto no branco e, por conseguinte, saber exatamente o que deveria ser feito na Mongólia Exterior. Isso é a historicidade transformada em *kitsch*, decadente, essa consciência histórica vulgarizada, ordinária, na qual boiamos, mas que nós mesmos também temos. Isso é o fim da cultura da escrita, o ocaso desse desenvolvimento gigantesco que começou com a invenção do alfabeto.

[estruturas de comunicação II 1b05] Enterrei o alfabeto. Despedi-me do alfabeto e, com isso, despedi-me de mim mesmo, pois fiz preceder o mote de um de meus livros: "*Scribere necesse est, vivere non est*"[13]. "Escrever é preciso, viver não é preciso." Do que me despedi? O alfabeto é um código que torna línguas visíveis. As línguas são os produtos mais grandiosos do espírito humano. Cada língua é o produto de inúmeras gerações que transmitiram esse tesouro contrariando o segundo princípio da termodinâmica e contrariando a Lei de Mendel, que diz que informações adquiridas não podem ser transmitidas. Cada língua é, assim, um tesouro que cada geração continua a burilar, de forma que se torna cada vez mais fina e elegante. Cada língua é magnífica, como estrutura, como ritmo, como melodia, como infinidade de conotações. Quando leio e escrevo, sou responsável por esse tesouro. Cada vez que me sento à máquina de escrever tenho essa língua colossal diante de mim e em mim, e sou convidado a trabalhar nela, a torná-la visível, mas submetendo-a à minha própria intenção. Nesse sentido, esse envolvimento com a língua e, portanto, com a

---

13 Uma variante de "*Navigare necesse est, vivere non est*", frase atribuída a Henrique, o Navegador. Essa epígrafe está no livro *Die Schrift. Hat Schreiben Zukunft?* (1987). [A frase citada foi formulada pela primeira vez em grego, por Plutarco, que a atribui a Pompeu, o Jovem. Tornou-se um mote da navegação e, por isso, foi utilizada pelo Infante Dom Henrique. (N. T.)]

história e, portanto, com o espírito, perecerá tão logo eliminemos a porcaria dos impressos.

Do código numérico
[estruturas de comunicação II 2a04] O código numérico é o código mais sofisticado, fino e desenvolvido. Vocês logo terão a impressão de que o contar é algo acima de tempo e espaço quando eu entoar uma canção de louvor à aritmética e à geometria.

Do catar ao contar
A canção de louvor ao ato de catar pulgas não tem tanta importância . Esse é um gesto extremamente prático. Livra-nos dos parasitas, estabelece uma ordem social e é saboroso. [estruturas de comunicação II 2a05] Catar pulgas é o gesto do contar. As pulgas são pinçadas uma após a outra.

Façamos um salto dos macacos para a Mesopotâmia. Encontramo-nos na época por volta de 4.000 a.C. Lá há jarros, urnas com pedrinhas, *calculi,* em diversas formas, cubos e esferas e cones. Aquelas pedrinhas significam quantidades de algo. Uma esfera significa cinco ovelhas, um cone, sete cabras. O pastor carrega consigo a urna para saber quantos animais há em seu rebanho, quantos se perdem e quantos nascem. Ele carrega o balancete em sua urna. Além disso, as mesmas pedrinhas estão pintadas na superfície da urna.

Quebrei a cabeça para explicar por que o homem precisa do conteúdo da urna e não se contenta simplesmente com os números na superfície da urna. A explicação talvez seja que o contar nada tem a ver com olhos, mas com dedos. Talvez se conte com dedos, ou até com a ponta dos dedos. Se for assim, isso seria de extrema importância para o presente e futuro, pois nossa cultura está se tornando uma cultura de pontas dos dedos. O instrumento mais importante em nossa cultura são as teclas, começando por aquelas da câmera fotográfica e da máquina de escrever até as teclas de todos os aparelhos automáticos. Talvez reencontremos o gesto do contar. Talvez compreendamos por que o pastor sumério não se contentou com sinais visuais e precisou dos táteis, hápticos.

Contar é antiquíssimo. Nas línguas orientais, por exemplo, ainda se usa uma palavra para contar seis pessoas e outra palavra para contar seis casas. A abstração de ver no número o nome de uma quantidade é uma conquista da chamada cultura ocidental. É naturalmente o pré-requisito para o verdadeiro pensamento matemático. Enquanto o número não é separado das coisas contadas, o pensamento aritmético não é possível.

Aritmética
Falo dos números chamados naturais, ou seja, na verdade, dos números reais. Para mim, é difícil usar "real". Natural-

mente, ambos estão errados. A série 1, 2, 3 ... enuncia que há uma linha e que cada número tem um sucessor. Não existe o último número. Existe sempre + 1. Ainda não existe o zero. Se eu defino o sinal 0 para uma quantidade vazia, então, dei um passo enorme para a abstração. Vocês já devem ter percebido que não uso as palavras "cifra" e "algarismo". É uma astúcia minha. Contento-me com a palavra "número".

A série infinita dos chamados números naturais tem muitos buracos. Entre 1 e 2 há um buraco que não pode ser preenchido. Quando uso fracionários e escrevo 1 após a vírgula, abre-se o buraco entre 1 e 1,1. Vírgulas infinitas também não resolvem o problema. O buraco não pode ser fechado. Portanto, no tocante aos números, não se pode falar em uma série; muito antes, é preciso falar de um colar de pérolas. Essas pérolas não têm, porém, nenhuma dimensão. O número é um ponto; é adimensional. Os números são claros e evidentes, *clara et distincta perceptio*[14]. São claros, porque cada número tem um único significado. No caso dos números, não é possível demorar-se em uma interpretação. Eles não podem ser interpretados. Não é verdade o que Gertrud Stein diz: "*A rose is a rose is a rose*"[15] ou o que os americanos dizem: "*A dollar is a dollar*". Mas é verdade: *One is*

---

14 "Perceptíveis clara e evidentemente", cf. René Descartes, *Meditationes de prima philosophia* (1641).
15 Gertrud Stein, *Sacred Emily* (1913), em *Geography and Plays* (1922).

one is one. Números são evidentes, porque cada número está separado de seu predecessor ou sucessor por um intervalo.

Ser claro e evidente é o imenso poder dos números, mas também sua desvantagem colossal.

Geometria

A palavra "geometria" significa "medição da Terra" e tem origem grega. Mas a coisa é mais antiga. Por que medimos a Terra? Somos, de fato, [estruturas de comunicação II 2a06] seres superiores. Caminhamos sob duas pernas. Alcançamos o terceiro espaço. Não deveríamos pensar geométrica, mas topologicamente. Não rastejamos no chão como vermes. Os vermes são geômetras. Na verdade, somos topólogos. Erro! Somos vermes. Ficamos eretos apenas muito provisoriamente. Nosso mundo da vida tem milhares de quilômetros de comprimento, milhares de quilômetros de largura, ou até dezenas de milhares, mas no máximo cinquenta metros de altura, nos arranha-céus mais altos, e dez metros de profundidade, nas minas mais profundas.

Na verdade, é uma caixa comprida e larga, mas extremamente fina. Não precisamos ter muita imaginação para entender que somos vermes, geômetras. Fazem-se guerras por causa de fronteiras, ou seja, de linhas que separam superfícies. Apesar da aviação, nunca ouvi que tenha havido uma guerra por causa de metros cúbicos.

A geometria é a nossa forma de nos orientar no espaço. Os antigos gregos imaginaram que a geometria surgiu dos números. Vamos imaginar um ponto. Ele não tem dimensão. É um nada. Se fizermos um segundo ponto através do primeiro, surge uma linha. Da dimensão zero surgiu a primeira dimensão. É uma *creatio ex nihilo*[16]. Se movimentarmos essas linhas, obteremos uma superfície, uma segunda dimensão. Se movimentarmos a superfície, obteremos um corpo, a terceira dimensão. Se movimentarmos o corpo, teremos o mundo. O mundo surgiu de pontos. O que descrevi aqui é um mito ocidental, diferente do mito dos maias. Dá a impressão de que há algo de não mítico nesse mito, embora nenhuma palavra seja verdade. O mundo surgiu, então, quando pontos se tornaram linhas, as linhas se tornaram superfícies, as superfícies se tornaram corpos e os corpos se tornaram corpos em movimento. Esse mito funciona graças a um terceiro olho, um olho pineal. Esse olho pineal chama-se θεωρία (*theoría*). É um mito tipicamente teórico. Tentarei torná-lo visível, transferi-lo do olho teórico para o sensorial.

É claro que posso trabalhar teoricamente com essas figuras teóricas. A palavra "figura" é um substantivo derivado do verbo *fingere*, iludir. A palavra "ficção" vem daí. É

---

16 Criação do nada.

importante ter em mente que figuras são ficções, mentiras. Tomemos o teorema de Pitágoras. Sabemos desse teorema desde que nascemos. Contudo, ele é questionável [estruturas de comunicação II 3a01], pois diz, entre outras coisas, que a soma dos ângulos do triângulo é cento e oitenta graus. Sabemos disso graças a esse olho pineal teórico. É uma parte do mito. Não existem triângulos ideais no mundo. Todos os triângulos são imprecisos quando são concretizados. Tudo o que fazemos distorce ideias. Não existe nenhum triângulo ideal, nenhum sapato ideal, nenhuma sociedade ideal. Não existe nenhum Estado ideal. Em resumo, estamos entregues à cilada da matéria. A palavra alemã *Stoff* (matéria, substância, material) é o substantivo do verbo *stopfen* (encher, socar, tapar). *Stoff* é aquilo com que preenchemos uma forma. *Materie* é uma tentativa de traduzir a palavra *Hülle* (capa, envoltório) para o latim. *Hülle* tem a ver com *Holz* (madeira) e não transmite a mesma ideia de preencher a forma. O ato de preencher é o motivo pelo qual Platão abomina artistas. Eles preenchem o seu triângulo e com isso distorcem a ideia, o ideal.

A geometria diz que o mundo todo é uma forma geométrica. Os gregos disseram isso muito antes dos cubistas, e melhor. Como velho reacionário, posso afirmar que Pitágoras é melhor do que Picasso. Se o mundo consiste só de pontos, a geometria, na verdade, surgiu da aritmética. Em outras palavras, o mundo surgiu do contar. Consequentemente, os números são a harmonia do mundo. O que descubro atrás do mundo são números. Imaginem-se na Metaponto de Pitágoras. Pitágoras sabia que havia uma dificuldade com a harmonia das esferas. Se eu inicio alguém no mistério do mundo dos números, será diferente do que se um professor de matemática o fizer. Vou descrever dois mitos gregos. Um deles trata do deus Pã. O deus Pã é um bode. Em latim, chama-se simplesmente fauno, *faunus*, mas Pã também significa "tudo". O bode é tudo. Ele é tão repugnante, antipático, anti-harmônico que o mundo todo foge dele, em pânico. Certo dia ele vê uma ninfa, Siringe. Como qualquer bode, naturalmente ele vai atrás das ninfas, e foi também de Siringe. Com medo, ela se transformou em um junco. Furioso, Pã arranca o junco e nele faz sete orifícios, para possuí-lo eroticamente, sexualmente: uma flauta de Pã. Quando ele sopra no junco, todos fogem. É algo antipático. É algo contrário ao coração; é uma dissonância.

No outro mito uma águia voa pelos ares. Segura uma tartaruga nas garras e a deixa cair. A tartaruga cai de costas. O deus Orfeu passa por ali. É um deus extremamente simpático. Está em harmonia com tudo. Quando canta, tudo vai ao seu encontro. Isso é a atração órfica, o charme órfico. Orfeu pega a tartaruga, arranca de forma nada elegante suas entranhas e estica sete tripas sobre o casco da tartaruga: a lira. Quando ele toca as sete cordas, sai dali algo que tem a ver com as musas: μουσικὴ τέχνη (*mousikè tekhnê*) – a arte das musas. Por volta do século VI a.C. surge Pitágoras. Ele se admira com a harmonia na flauta e a mesma harmonia na lira. [estruturas de comunicação II 3 a 02] Assim, Pitágoras chega à conclusão de que a μουσικὴ τέχνη (*mousikè tekhnê*) é o mesmo que μαθηματικὴ τέχνη (*mathematikè tekhnê*). Isso explica também a inscrição no portal da academia platônica: A entrada é proibida para aqueles que não conhecem μουσικὴ καὶ μαθηματικὴ τέχνη (*mousikè kaì mathematikè tekhnê*), que não sabem nem música, nem matemática.

Não quero ocultar de vocês que a harmonia não dá certo. A forma perfeita é o círculo. É difícil dizer por que ele é perfeito. Talvez porque a distância de todos os pontos da circunferência até o centro é igual. Mas as pessoas diriam: o círculo irradia. É a beleza, μορφή (*morphé*), a beleza-forma que irradia do círculo, a beleza perfeita. [estruturas de comunicação II 3a03] Κύκλος (*kýklos*). Pensem como os gregos míticos. Soa diferente dos astecas míticos. Então, se o círculo é tão perfeito e se o quadrado é tão enormemente importante para compreender a harmonia, dever-se-ia poder transformar o círculo em quadrado e o quadrado em círculo. Revela-se que isso é possível. Mas a proporção com que enquadro o círculo não é um número natural, mas 3,14159 etc.: π (pi). Isso não é harmônico, segundo Pitágoras. Isso não pode ser tocado na flauta nem na lira. O π não é um tom da oitava. Por isso, pronunciar a palavra π em Metaponto era proibido, sob pena de morte.

Do pensamento que conta e da transcendência
Vamos dar um grande passo. O alfabeto já foi inventado há muito tempo, e os sinais do alfabeto significam, por um lado, sons de línguas faladas e, por outro lado, números. Portanto, B significa B e 2 ao mesmo tempo. Então chegam os árabes e trazem os números hindus, que são chamados de algarismos arábicos. *Chiffre* é a palavra para nada, zero. Em alemão, é estranho porque *null* vem de *nullum*. Em todas as outras línguas se diz *zero*, e *zero* significa *sifr*.

Com isso, o ato de contar sofre uma mudança. Os números não são apenas adicionados. As ovelhas não só nascem: elas também morrem ou são roubadas. Para isso há operadores: - (menos), = (igual) etc. Com os árabes, vem o zero e vocês agora têm a possibilidade de dizer: 0 é um número. Se ele é um número tem um sucessor e um predecessor, como qualquer número. De repente o menos não é um operador, mas parte de um número. Existe algo que se chama -1 (menos um). -4 é um número diferente de +4. Se - x - = +, menos vezes menos dá mais, como é que -4 pode ter raiz? Para extrair a raiz de números negativos tenho de inventar novos números. Números imaginários, I. Isso continua, e a coisa fica cada vez mais complexa. Cada um desses passos no cálculo foi um passo colossal da faculdade da imaginação e da criatividade humanas. O inventor dos números imaginários, quem quer que tenha sido, é, pelo menos, um gênio tão criativo quanto Bach ou Dante.

Vamos para o século XV. Nicolau de Cusa era um contemporâneo de Gutenberg. [estruturas de comunicação II 3a04] Ele, e não alguém como Gutenberg, é o primeiro homem moderno. Seu livro *De docta ignorantia*[17] contém a seguinte frase: "Deus é onisciente e eu não. Mas Deus não pode saber melhor do que eu que um mais um são dois". Com essa frase, a nova era foi anunciada. O homem começa a se colocar no lugar de Deus. Quando contamos, não estamos mais no mundo. A conta 1 + 1 = 2 não é espacial nem temporal. Ou como diz Wittgenstein: "Não tem sentido dizer 1 + 1 = 2 às quatro horas da tarde em Semipalatinsk". Quando pensamos em contas, estamos na transcendência. Estamos no reino das formas eternas, imutáveis. Quando dizemos 1 + 1 = 2, temos de deixar todo o pensamento histórico. Não existe mais nenhuma história, não há mais nenhum motivo, não há mais nenhuma política. Se alguém me diz: 1 + 1 = 2, não tem sentido perguntar: "Por que ele diz isso? Será que ele quer me matar? Será que ele quer

---

17 *Sobre a douta ignorância*, 1440.

dormir com a própria mãe? O que é que ele quer? Que motivo político, que motivo histórico ele tem?". Essas não são boas perguntas. Deve-se dizer: "Ele diz 1 + 1 = 2; então vamos refazer a conta para ver se é verdade. A prova é simples: 2 − 1 − 1 = 0". E isso é divino. 1 + 1 = 2 foi reduzido a nada, ao nirvana, a zero. O código numérico é incomparavelmente mais adequado do que o código de letras para reconhecer o mundo. O mundo é indescritível, mas é perfeitamente contável. Enquanto as pessoas descreveram o mundo como os gregos e os filósofos medievais, enquanto acreditaram que a Natureza é um livro, *natura libellum*, ou, como dizem os árabes, *maktub*[18], que o mundo está escrito, elas não chegaram a lugar nenhum. Suponhamos que o mundo seja um livro, mas escrito em algarismos. Talvez a Natureza se comporte segundo regras matemáticas. Pitágoras já supôs isso. Talvez uma harmonia se oculte atrás dos fenômenos. Portanto, paremos de escrever e comecemos a calcular!

Nesse momento, os números (*zahlen*) migram do código alfanumérico e se transformam em numerais (*Nummer*). Pensem, o alfabeto foi democratizado graças a Gutenberg. Todos puderam, com o tempo, escrever e ler, o segredo havia desaparecido e a elite estava conquistada. A burguesia, e mais tarde o glorioso proletariado, sabidamente a vanguarda da

---

18 "Está escrito."

humanidade, tomaram o poder, principalmente na União Soviética. Erro! No mesmo momento em que se começou a democratizar o alfabeto, surgiu um novo código secreto: o código secreto dos números. O alfabeto mal tinha começado a se espalhar como uma peste sobre a sociedade, e a aritmética e a geometria emigraram e formaram uma nova elite.

Se eu paro de escrever e começo a calcular, a estrutura de meu pensamento torna-se aritmética. Penso de modo claro e distinto. Desprezo todas as outras formas de pensar. O pensamento real, digno do ser humano, é *clara et distincta perceptio*. A coisa pensante é aritmética, *res cogitans*. O mundo consiste de pontos. Porém, esses pontos não são claros e distintos, mas cresceram um junto do outro. As linhas surgem à medida que os pontos migram. *Congresse* significa "crescer junto". O mundo é concreto. É possível chamá-lo de coisa estendida, *res extensa*. Para calcular esse mundo deve-se aplicar a coisa aritmética à coisa geométrica, à coisa estendida. Se der certo, chama-se isso de *adaequatio intellectus ad rem*[19] – a adequação do pensamento à coisa. Então se sabe tudo; consequentemente, pode-se tudo e se é deus. A questão da adequação da aritmética à geometria é a questão do homem tornar-se deus. Mas não existe método [estruturas de comunicação II 3a05] para adequar a arit-

---

19 Concordância do intelecto com o ente.

mética à geometria. Como a aritmética está cheia de buracos, todos os pontos passam pelos buracos quando aplico a aritmética na geometria. Não posso ter esperança de pescar o mundo com uma rede tão esburacada. Com efeito, não somos deuses. Mas Descartes é quase deus. Ele chega à seguinte ideia: faço uma cruz para localizar os pontos, não importa onde. Onde eu quiser, pois afinal, sou deus. Onde eu quiser é o centro do mundo, ponto nulo, *zero,* origem, *origo.* Com o sistema de coordenadas posso informar as coordenadas dos pontos esvoaçantes. Posso etiquetar todos os pontos do mundo. Assim, graças à aritmética, capturei a geometria. Isso se chama geometria analítica. Esse é o método para fazer dos homens deuses. Como Descartes acredita que existam infinitos pontos, teria demorado infinitamente para etiquetar todos eles. Ele disse: "Posso saber tudo graças à geometria analítica e graças ao *concursus Die*"[20], isto é, com a ajuda de Deus. As pessoas realmente crentes não devem ficar entusiasmadas quando se faz, a partir de deus, uma hipótese da geometria analítica. Mas Descartes era um homem honesto. Ele sabia que esse seu método não funciona lá muito bem e que ainda vai demorar um tempo até que nos tornemos deuses.

---

20 Cooperação divina.

Fechar buracos: Newton e Leibniz

Viajemos agora do começo do século XVII para o final deste século. Permanecemos no mundo dos números, com Sir Isaac Newton e Leibniz. No tempo de Newton, havia duas mecânicas, a terrena e a celeste. Na mecânica celeste, as coisas não iam mais tão bem desde a época de Kepler. As coisas não giravam mais em círculos, mas em elipses. Pelo menos isso. Na mecânica terrena, as coisas não funcionavam mais segundo Aristóteles, de modo que os corpos pesados deveriam cair, e os leves, subir. Em vez disso, todos os corpos, pesados ou leves, caem igualmente. Era claro: uma pedra cai, uma pena voa. A areia cairá, a fumaça subirá. Mas Galileu pensou poder mostrar, contra Aristóteles, que tudo cai segundo a mesma equação. Isso era extraordinariamente insólito. Agora o Sol estava no centro, e a Terra girava ao redor do Sol, exatamente como a Lua ao redor das estrelas. A Terra era um corpo celeste. Após Galileu não se podia mais dizer: "Seja feita tua vontade assim na Terra como no céu", pois a Terra já estava no céu. Todos os esforços para estabelecer o reino celestial na Terra tornaram-se inúteis desde Galileu. Por que se deveria, então, ter uma mecânica terrena e uma celeste, se a Terra de fato já estava no céu?

Assim se explica também a famosa história da maçã que caiu na cabeça de Newton e dizem ter fundamentado a mecânica de Newton. Com esse mito tipicamente ocidental, pretende-se dizer que a coisa funciona com a maçã, enquanto está pendurada na árvore, de modo não muito diferente do que com a Lua. Mas, logo que a maçã cai, ela se movimenta segundo a lei de Galileu. Por isso, Newton conseguiu associar a mecânica terrena e a celeste. Segundo a imagem newtoniana de mundo, as leis da astronomia e as leis da mecânica remontam às mesmas equações. Newton era, assim como Descartes e ao contrário da maioria dos físicos atuais, um homem decente. Então ele se perguntou: "Como pode a Terra atrair a maçã e a Lua?". Não existe um elástico entre elas. Pessoas indecentes nunca fariam uma pergunta dessas. Newton supôs que há fios invisíveis e denominou-os éter. Ele, então, é que teria de frear as estrelas. Mas, como as estrelas não ficam paradas, [estruturas de comunicação II 3a06] essa suposição é abandonada. Entre Terra e Lua há um buraco através do qual elas se atraem, comparável à aritmética. Como preencher esses buracos? Então Newton refletiu como poderia inventar uma matemática superior, o que significa números com a finalidade de preencher os buracos entre os outros números. Dizendo de forma mais elegante: para integrar as diferenciais, um cálculo diferencial.

Na mesma época, Leibniz tinha um problema semelhante: se o mundo se compõe só de pontos – ele os chama de mônadas – e esses pontos estão coordenados entre si em harmonias preestabilizadas, deveria ser possível preencher as mônadas umas com as outras. Sempre se afirma que Leibniz e Newton teriam inventado a integral independentemente um do outro. Mas os motivos eram completamente diferentes, embora os dois mantivessem correspondência. Como se sabe, eles se hostilizaram muitíssimo. O motivo de Leibniz era aritmético, e não geométrico. Lembremo-nos da história da corrida entre Aquiles e a tartaruga. Aquiles consegue correr dez metros por minuto, e a tartaruga, um metro por minuto. Aquiles dá à tartaruga dez metros de vantagem. Como se sabe, Aquiles nunca consegue alcançar a tartaruga, pois depois de um minuto Aquiles está onde a tartaruga estava, mas a tartaruga já está um metro à frente. E depois de um décimo de minuto Aquiles está onde a tartaruga estava, mas a tartaruga já está dez centímetros à frente. E após um centésimo de minuto Aquiles está onde a tartaruga estava, mas a tartaruga já está um centímetro à frente. E assim por diante. Leibniz parte desse famoso paradoxo e pergunta: "Onde está o erro? Eu sei que Aquiles ultrapassa a tartaruga após 1,111 minutos". Como ele faz isso?

Atribuiremos um número à coisa, por exemplo, Σ, *sigma*, isto é, soma. Digamos que esse número tende a 1,2. Mas essa soma nunca é atingida. [estruturas de comunicação

II 3b01] Com isso, temos uma matemática superior, números superiores. Os números preenchem os buracos entre os números reais, naturais. Agora tudo pode ser formulado em números, e ninguém precisa esperar que Deus o ajude. Começando pela queda das pedras e pela orbitação dos planetas e indo até a prospecção da idade das pessoas, os cálculos do seguro e os problemas conjugais, tudo isso pode ser calculado. Não existe mais nenhuma diferença entre natureza e cultura.

Tudo pode ser expresso em equações diferenciais. Somos deus. Somos oniscientes. Isso explica por que meus avós e os bisavós de vocês, no final do século XIX, puderam ser ateus e fabulosos otimistas com uma consciência tão tranquila: podia-se saber tudo, e todo saber podia ser aplicado através da técnica. O paraíso estava à porta. Para aplicar equações diferenciais, precisa-se voltar aos números naturais. Naturalmente, isso é sempre possível, pois os novos números da matemática superior são abstrações dos velhos números da matemática inferior. Mas leva tempo. Ainda me lembro do tempo da minha juventude em Praga, como centenas de pessoas ficavam calculando nos escritórios de engenharia. Portanto, não leva necessariamente ao poder. A *ratio*, a capacidade de calcular, em geral é completamente impotente.

Antirracionalismo: intuição e nazismo

No começo do século XX, a elite calculadora percebe o horror, o maior que o homem pode ter: calcular é algo sem sentido. Não leva a nada e é um assunto elitista. Os cientistas e técnicos sabem disso. Os políticos e outros não têm noção de nada. Atrás da porta dos matemáticos e físicos estão, porém, os chamados filósofos, escutando.

A filosofia já se degradou no século XX para uma crítica da ciência. Newton ainda denominava sua física *philosophia naturae*[21]. Hoje não há mais outra possibilidade de filosofar senão criticar a ciência. Outrora os filósofos ouviam como os cientistas se desesperavam e discutiam a respeito. Chegou-se a essa filosofia desesperada, antirracional, principalmente na Alemanha. Os filósofos anglo-saxões foram, nesse aspecto, um pouco mais civilizados. Mas os filósofos alemães, e na sequência os franceses, desistiram da esperança na razão. Em vez disso, tiveram intuição e inspiração. Começaram a desprezar a razão. Isso, por sua vez, explica o nazismo. Quem não compreende o problema da equação diferencial não pode entender o que aconteceu na primeira metade do século XX. Aconteceu com os filósofos continentais aquilo que o diabo em *Fausto* anunciou ao estudante. O diabo os apanhou incondicionalmente:

---

21 "Filosofia natural", cf. Isaac Newton, *Philosophia Naturalis Principia Mathematica* (1686).

*Despreza simplesmente razão e ciência,
A suprema força do ser humano.
Deixa que só em obras de ilusão e magia
Te fortaleça o espírito da mentira,
Pois assim já te tenho incondicionalmente*[22].

Mas os cientistas e matemáticos não se entregaram. Eles pensaram: "Se o problema dos séculos XVIII e XIX era preencher os buracos, nosso problema no século XX é calcular rapidamente". A esperança de, com isso, resolver todos os problemas, ou seja, de tornar-se Deus, foi abandonada. Inventaram-se calculadoras rápidas, uma após a outra. Basta-lhes fazer a adição com dois dedos: um mais um mais um. É assim que elas calculam. Isso se chama digitalizar.

Programar

[estruturas de comunicação II 3b02] Tentei lhes explicar que triunfo humano é fazer matemática superior. Tentei lhes mostrar que, de Pitágoras a Leibniz, um homem que começa a pensar matematicamente se eleva para fora do mundo, se

---

22 Fala de Mefistófeles em *Fausto I*, de J. W. Goethe (vv. 1851-8155):
"*Verachte nur die Vernunft und Wissenschaft,
Des Menschen allerhöchste Kraft,
Lass nur in Blend- und Zauberwerken
Dich von dem Lügengeist bestärken,
So hab ich dich schon unbedingt.*"

alça para a dimensão "zero" da atemporalidade e não espacialidade eternas, e que ele chega àquela região magnífica que é chamada, com alguma poesia, de palácio de cristal feito de algoritmos e teoremas, o qual é a ciência ocidental. Quando calcula, o homem está nesse palácio de cristal feito de teorias que se apoiam mutuamente, urdido por algoritmos. Agora ele prefere fazer máquinas que não precisam mais disso. Elas calculam "um mais um, mais um, mais um"; na verdade, elas calculam "um mais um, mais um, mais zero, mais um, mais um". Com esses cálculos idiotas, elas fazem melhor do que os homens. Calcular é mecanizável. Dever-se-ia saber disso desde sempre. Pois catar pulgas, isso, com efeito, as máquinas podem fazer. É horrível! Na maior habilidade humana, as máquinas se saem melhor do que os homens. Não tem o menor sentido querer competir com elas. Se as máquinas podem fazer alguma coisa, é preferível que deixemos nossas mãos longe disso e, em contrapartida, tentemos fazer alguma coisa diferente.

Abriu-se uma nova esfera: alimentar as máquinas de calcular. A questão agora é: o que inserir nas máquinas de calcular? As soluções, essas as máquinas cospem sozinhas. A alimentação de máquinas chama-se análise de sistema, síntese de sistema, programação, informática, como queiram. Então a elite dos números, aquela que antes já dominara o mundo, não perdeu sua posição devido à mecanização do contar. Pelo contrário, ela deu um passo para trás do cálculo e passou para a esfera abstrata daquilo que hoje se chama *software*. Essas pessoas são nossos verdadeiros soberanos, os maquinadores ocultos atrás de tudo. Elas não têm nenhum motivo. Fazem isso porque é um belo jogo. São jogadores, *homines ludentes*.

4. De ciências e artes, da política e da técnica

Ciência: aplicação e autoridade
[crítica da cultura II 1a01] É extremamente difícil imaginar, filosoficamente, como se coloca teoria em prática, pois a razão teórica tem outras categorias que não a prática, como diz Kant. A razão teórica consiste em proposições e enunciados; a razão prática, em imperativos, ordens. Aplicar teorias significa traduzir enunciados em imperativos. Agora temos métodos para desenvolver isso. Sabemos que imperativos são enunciados deficientes. Isso é, de fato, a morte da política, formalmente falando. Sabemos que "Você não deve matar!" é um enunciado deficiente, pois não se diz o que pode acontecer caso você mate. Na verdade, seria preciso dizer "Se você matar...". Todos os imperativos são, na verdade, erros de pensamento, erros gramaticais. Falando mais tecnicamente, todos os imperativos são implicações defeituosas. Russell disse certa vez: "Estabelecer proposições éticas como

'Este homem é bom' tem o mesmo valor de pensamento que dizer 'Londres fica no Norte'". Falta algo.

Conhecimentos científicos podem ser aplicados. Quando são aplicados, chamam-se técnica. Desde a introdução da ciência moderna, nossa vida está cada vez mais marcada pela técnica. Vivemos em função da técnica. Vivemos em função de conhecimento puro aplicado. A ciência se torna uma autoridade, contrariando aquilo que ela realmente pretendia. A Igreja já pressentiu no século XV, e mesmo já no XIV, que esse tipo de discurso, dividido assim em diálogos, há de destruir todas as autoridades e, consequentemente, todos os autores. O conceito de autor desaparece, ou seja, o conceito de indivíduo desaparece, e também o de Deus. Na ciência não há autores. Por exemplo, é comum dizermos "a Lei de Galileu", mas essa expressão serve apenas para abreviar. A lei não tem autor. Na verdade, a ciência é antiautoritária. Em outras palavras: a ciência é a dúvida disciplinada. Não reconhece nada como indubitável. Pode-se afirmar que também a fé sem dúvidas não seria possível. Uma fé inconteste não é fé. Porém, a dúvida da ciência é diferente da dúvida religiosa. A dúvida científica não questiona a fé; ela se coloca no lugar da fé. Pessoas modernas – se é que elas ainda existem – são pessoas que, em vez de crer, duvidam. Nós, ao contrário, estamos em estado de desespero, e isso não é a mesma coisa. A ciência é, estruturalmente, antiautoritária, mas, por meio da técnica, ela se torna a – única – autoridade. A autoridade não precisa de poder executivo. Onde quer que se encontre um poder executivo, pode-se constatar uma autoridade deficiente. Se o Estado precisa de polícia, é porque o Estado não tem autoridade. Ninguém acredita no Estado, senão ele não precisaria ter uma polícia. Se na fábrica existem fiscais que verificam se as pessoas trabalham corretamente, é porque a fábrica não tem autoridade. A ciência é uma autoridade. Não há polícia que nos obrigue a acreditar em todos os enunciados científicos. Apesar disso, acreditamos totalmente neles, sem qualquer intenção da ciência. A ciência é a única autoridade que restou, contra sua vontade.

Não sabemos do que a ciência fala e tentamos conceber suas equações em letras. Traduzimos o discurso científico em um literário. Disso decorrem falsificações, pois as equações que são formuladas na ciência são equações justamente porque não podem ser expressas em palavras. Se eu traduzo e falo, na mecânica quântica, de ondas estacionárias de probabilidade ou de saltos "quânticos", ou se eu digo que, segundo Einstein, o espaço-tempo é uma curvatura tridimensional na quarta dimensão – bem, seja lá qual for a bobagem que disser, ela não corresponde às equações. Um exemplo importante da mutilação do pensamento matemático pelo pensamento literário é a disputa em torno da estrutura de partícula e de onda. Na óptica, defendeu-se por muito tempo a ideia de que o fenômeno óptico é um fenômeno de onda e que Goethe tinha tomado um caminho totalmente errado quando falou em partículas de luz. Desde que sabemos dos fótons, acreditamos que o fenômeno luminoso tem, ao mesmo tempo, forma de onda e característica de partícula. Inventaram palavras como *wavicle*, uma partícula – *particle* – que tem uma onda, *wave*. Tudo isso é uma mutilação das equações e conduz a uma nova crença na autoridade, o cientificismo. O cientificismo acredita em uma ciência ultrapassada. [crítica da cultura II 1a02] Esta é a nossa autoridade: uma ciência ultrapassada. Eis uma descrição bastante dramática da imbecilização das massas.

Da arte: Ars como τέχνη (*tékhne*)
Arte é técnica é política
[crítica da cultura II 1a04] Os antigos não distinguiam entre arte e política. A cena artística compõe-se fundamentalmente da seguinte estrutura: algo é produzido no âmbito privado, exposto em público, de lá é retirado e levado de volta ao âmbito privado para servir de base para uma futura elaboração. No fundo, a arte é dialógica.

O sapato que produzo, eu o faço conforme um modelo que tirei de um sapato que comprei no mercado. Na verdade, não há um discurso da arte. Consequentemente, na verdade não há uma história da arte, pelo menos não na mesma proporção em que há uma história da ciência. Isso é o que Kant pensou quando disse: "Não posso transferir a razão pura para a prática e para a faculdade de julgar, pois apenas a razão pura tem história. Apenas ela acumula".

Chamo de ciência aquilo que Kant chama de razão pura, e de arte aquilo que ele chama de razão prática. Em outras palavras: como ciência, entendo a elaboração de modelos, e como arte, a aplicação de modelos. Todas as categorias que sugiro a vocês são hipotéticas. Na realidade, essas separações não são executáveis. A realidade não pode ser organizada em gavetas. A separação entre ciência, arte e política é arbitrária. Por razões pedagógicas, tento encontrar a distinção impossível entre ciência e arte. Eu não faria distinção entre arte e técnica. Essa distinção perdurou desde o Renascimento; e agora ela não existe mais. Antigamente, *ars* era simplesmente uma tradução de τέχνη (*tékhne*). É um dado passageiro o fato de nós agora usarmos a palavra latina para arte e a grega para técnica. Farei um esforço para mostrar que entre arte e técnica não há diferença fundamental. Se vocês quiserem estabelecê-la, eu diria que aquilo que chamamos de arte é uma técnica sem teoria. No entanto, como nada mais é sem teoria, nesse sentido não existe mais arte. Essa polêmica estúpida em torno da classificação de filme ou fotografia como arte por serem técnicos já era.

ΑΙΣΘΗΣΙΣ *(Aísthesis)*

Acostumamo-nos a dizer que a arte é a busca pelo belo. Mas o que significa *belo*? Essa resposta está relacionada à vivência. Existe uma palavra grega para o *vivenciável*, αἴσθησις *(aísthesis)*. O conceito de *aísthesis* está dentro da palavra *estética*. Portanto, pode-se dizer que o valor de uma obra de arte é tanto maior quanto mais intensa for a vivência que podemos ter ao apreciá-la. Entre pessoas cultas, diz-se que obras de arte seriam modelos de vivência. Assim como a ciência fornece modelos de conhecimento, e a política, modelos de comportamento, a arte fornece modelos de vivência. Como já dissemos, isso não pode ser sustentado, mas ajuda a conduzir nosso raciocínio.

Então, a arte oferece modelos de vivência. Se for assim, podemos, por exemplo, vivenciar o amarelo apenas graças a Van Gogh, e apenas graças a Mozart vivenciamos a apogiatura musical; somente com os trovadores pudemos vivenciar a rima. Mas quais foram os maiores modelos de vivência em nossa vida? Indubitavelmente, a bomba atômica, uma nave espacial ou um computador: estas são as grandes obras de arte de nosso tempo. É ridículo querer afirmar que o computador oferece um modelo de vivência menor ou nulo em comparação com o "Grande Vidro", de Duchamp[1]. De outro ponto de vista, no mínimo o mesmo dom inventivo estético está contido no ônibus espacial, no *shuttle*. A separação entre técnica e arte já caducou há muito tempo.

Será que alguém que escreve poemas usando o Word não é artista, enquanto outro que escreve à mão em casa é? Durante muito tempo, lecionei em escolas de arte. Estou cheio dessa discussão. É completamente imbecil. Eu diria simplesmente que algo é visto como arte quando é transmitido pelas mídias da arte. [crítica da cultura II 1a05] Tomemos uma fotografia da chegada do homem à Lua. É uma fotografia feita automaticamente. Nenhum fotógrafo estava lá. Nós nos lembramos de duas pegadas na areia na Lua. Afirmo que essa fotografia é pura arte quando é exposta em uma galeria de arte. Essa fotografia é pura ciência quando é examinada em um laboratório astronômico. Essa fotografia é pura política quando está pendurada em um consulado americano. A classificação em ciência, arte e política não é feita pelos produtores, mas pelas mídias.

---

1   Marcel Duchamp (1915-1923).

Essa separação a que estamos acostumados desde os antigos gregos só é mantida pelas mídias. Para o produtor, ela não tem o menor sentido. Essa classificação é secundária, a criatividade é primordial. A criatividade está pouco ligando se é dividida em ciência, arte, técnica ou política. Um bom fotógrafo se interessa pela coisa. Ele se enfia dentro da câmera e diz: "Vou aprontar uma maldade para a câmera. Vou ver o que posso fazer com a câmera, o que as pessoas que inventaram a câmera não queriam. Eu jogo contra os inventores da câmera". Esse fotógrafo esquece a publicação.

Da criatividade do publicar
A criatividade é um diálogo. Com uma câmera, estabeleço um diálogo. A câmera é o discurso de um grupo qualquer de pessoas. Transformo esse discurso em diálogo. Forneço as informações que estão armazenadas em mim e vejo o que sai processado dali. No fim, sai uma imagem. Então reflito sobre onde publicar essa imagem.

[crítica da cultura II 1b01] Existe um ciclo estético. Começa com "feio". Tudo que é recém-criado é feio, detestável, pois quebra todas as convenções. Não se está acostumado com isso. Lentamente, graças à aquisição de um hábito, do feio surge o belo. Então, graças a mais polimentos, do belo surge o bonito. O bonito quase já não tem mais informação. Finalmente, do bonito surge o descartável. E do descartável surge novamente o feio. Você fez uma foto feia, pois você lutou contra a câmera. O resultado foi algo impossível de ser reconhecido como belo. Agora arrume um jeito de colocar a foto na revista *Stern*, porque você pensa: "Talvez as pessoas nem notem isso. Talvez passe batido". Assim, você aumenta a informação dessa edição da *Stern*. Com a polêmica que você provocou, você quer quebrar um pouco a redundância da *Stern*. Mas suponhamos que o pessoal da *Stern* seja tão esperto quanto você e diga: "Ah, vamos ficar com esta. Esse cara traz uma polêmica que me permite continuar vendo as mulheres peladas". Na minha opinião, a cena artística tem o tom desse diálogo.

Da perda da aura e da morte do autor
O desaparecimento do autor e da autoridade, o desaparecimento daquilo que Walter Benjamin chamou de aura é o que temem as pessoas que querem ser autores, as pessoas que querem fazer valer seu "eu", sua individualidade, dizendo: "Vejam este quadro, fui eu que fiz". Quando vejo um quadro sintético, gerado numericamente, não há um autor ali. Existe, sim, um especialista em computação, um homem de *software*, um artista plástico, um técnico de computação, mas nenhum autor. Isso significa a destruição da cápsula do eu. Talvez Benjamin tenha dito isso melhor do que eu.

Quando cai a aura da obra de arte, no momento da reprodutibilidade técnica, caem o autor e a autoridade. No lugar do autor surge a criatividade gerada por competências cruzadas entre homens e inteligências artificiais. No lugar da autoridade entram as mídias. Essa talvez seja a essência da revolução da comunicação. É uma crítica cultural importante, graças à comunicologia.

Autoridade romana e eclesiástica
No fundo, somos gregos e judeus, mas, vistos superficialmente, somos romanos. Ainda estamos todos no império, e todos os caminhos levam a Roma. Roma tem um fundador, Rômulo. Fundar, em latim, é *augere*[2]. Em alemão, existe a palavra *inaugurieren* (inaugurar). Roma é uma comunidade camponesa. Há um riozinho, o Tibre, que passa por um vale cercado de sete colinas. Nas colinas moram camponeses, *gentes*. No centro há um pântano, o *forum*. Entre as colinas e o fórum moram os imigrantes, as *plebs*. [crítica da cultura II 1b02] Como surgiu isso?

Há um primeiro camponês, que se chama Rômulo. Ele joga sementes na terra, em fileiras, pois é um homem, *vir*. Tem força, *vis*. Essa força é na verdade um sêmen. Ele tem

---
2 *Augere* significa, literalmente, "multiplicar" e não é usado mais no sentido de "fundar". "Inaugurar" é usado no sentido de "iniciar".

um pênis, *ara*³, que coloca na terra, *ager*. Nessa terra, ele coloca a semente, *semen* – ele fecunda a *ager*. A força masculina, *vis*, com a qual esse homem, *vir*, o faz, se chama *virtus*, a virtude. Ele tem a virtude masculina de fecundar a terra com a semente. (Ainda dizemos isso na língua latina, pelo menos em inglês, *in virtue of*, em francês *en virtu de*⁴.) Então ele senta e espera. É preciso ter paciência. Ele espera a semente brotar e a colhe, *collere*. Tudo isso se chama *agricultura*, ele é um *agricola*. Ele semeia em fileiras perfeitas e colhe as sementes como uma escrita, isto é, *legere*. Consequentemente, a distribuição das sementes na terra é uma distribuição no pasto, *legis latura*. Para colher as sementes, ele utiliza escravos, *legiones*. Cada um deles é um *legionarius*. Assim o campo fica cada vez maior e finalmente domina o mundo todo. Da *urbs* surge o *orbis cenar*. Por isso o papa ainda diz hoje: *Urbi et orbi*. Esse homem masculino, com o membro masculino, augurou uma semente. Ele é um *auctor*. Roma e o mundo descendem dessa *auguration*, desse *auctus*, dessa qualidade autoral. Roma e o mundo estão ancorados nesse autor, Rômulo.

Mas Roma está sempre correndo o risco de perder a ligação com o autor. Então coloca-se o autor sobre uma das colinas – sobre o Capitólio. Lá fica Rômulo. Constrói-se

---
3   *Ara* significa literalmente "altar" ou "elevação".
4   Ambos devem ser traduzidos como "em virtude de", "graças a".

uma ponte entre o *capitolium* e o *forum*, para que o autor continue a vigiar Roma. Os construtores de ponte se chamam *pontifices*, e o mais importante deles, *pontifex maximus*. Esse é até hoje o título do papa. Digo isso propositalmente de forma romano-cristã para lhes mostrar o quanto ainda somos romanos. Sobre aquela ponte entre o Capitólio e o fórum existem a rigor dois tipos de gente. Um nos liga reiteradamente ao autor e são chamados de autoridades magistradas, os *magistri*. Eles nos ligam ao autor, nos conduzem sempre ao autor. A religação ao autor se chama *religio*. Os *magistri* nos religam ao autor: são as autoridades magistradas religiosas. Existem também aqueles que descem das colinas para mostrar como se põe o autor em ação. São as autoridades menores, os *ministri* – as autoridades ministeriais. Trazer de volta da montanha para baixo se chama *traditio*. As autoridades religiosas são as grandes, as tradicionais, as pequenas. Nós esquecemos que um professor, um *magister* (mestre), é mais do que um simples ministro.

Essa é a estrutura do autor e da autoridade, na forma como Roma e a Igreja a preservaram. É a base da estrutura eclesiástica. Nela se vê por que a ciência é antiautoritária. A ciência não tem autor. Para a Igreja, naturalmente, o autor não é mais Rômulo, mas Cristo. Todavia, a forma permanece a mesma. O conteúdo muda. O que me interessa é a forma.

A ciência é antiautoritária porque nela não se consegue mais distinguir religião e tradição, e não há mais autores. Mas os cientificistas fazem da ciência um autor e declaram-se a autoridade. Na arte não existe autoridade. É um erro acreditar que existe um autor na arte.

Concluirei com uma observação banal. Em algum lugar, Mallarmé diz que um poema de amor não teria nada a ver com um autor. Ele também não tem nada a ver com uma experiência amorosa. É uma construção de palavras e uma resposta ao poema de amor que a pessoa leu anteriormente. Não é compreensível sem o poema anterior. Ou seja: Mallarmé, que diz isso com razão, já vê na poesia, por exemplo, um diálogo, não um discurso. Em um diálogo não há autor. Se nos libertarmos do autor, então teremos dado um passo importante para nos libertar do eu e do *self*.

Análise do trabalho
Trabalho I: A fonte de todos os valores
[crítica da cultura II 1b03] Suponhamos que a arte seja aquela atividade graças à qual as informações adquiridas são armazenadas. Outra palavra para arte é *trabalho*. Trabalho é aquele gesto graças ao qual informações são gravadas em objetos. Vocês logo protestarão e dirão: "Um operário não é um artista". Ou, no mínimo: "Nem todo operário é um

artista". Faço referência à análise de Marx em que ele fala sobre o trabalho alienado. Quando, a serviço de alguém, o operário imprime uma informação que foi elaborada por outros em um material, ele de fato não é um artista. Mas ele também não é um ser humano. Ele é uma ferramenta, e é contra isso que está dirigido todo o movimento socialista. O socialismo é uma tentativa de recuperar a dignidade humana do trabalhador. Então, em tese, todo trabalhador é um artista. Naturalmente, estou aludindo à famosa frase de Beuys. Hoje estamos em condição de analisar o processo de trabalho de modo diferente daquele característico do século XIX. No século XIX, tinha-se a seguinte imagem, mais ou menos clássica: por um lado, há a natureza, por outro, o homem, que a nega (a natureza como tese, o homem como antítese). O homem intervém na natureza e a reelabora; com isso, ele humaniza a natureza e naturaliza a si mesmo. O termo final do trabalho seria então uma natureza completamente humanizada e um homem completamente naturalizado. Uma vez que essa análise socialista é uma inversão da dialética hegeliana, tal como desenvolvida por Hegel na *Fenomenologia do espírito*, e uma vez que, para o materialismo dialético, de fato, o trabalho desempenha aquele papel que o conhecimento desempenhava no idealismo dialético, então é preciso dizer que segundo o materialismo dialético o trabalho leva ao conhecimento: só conheço aquilo que eu mesmo fiz. Quando eu tiver reelaborado o mundo todo, então terei me tornado onisciente e onipotente.

A sociedade comunista é uma situação em que todos os homens sabem e podem tudo. Eis o que geralmente se esquece: a sociedade comunista é uma extrapolação que nunca será alcançada. Bons marxistas, como Gramsci, por exemplo, desenvolvem isso muito bem. Segundo a análise do século XIX, para usar agora palavras que correspondem mais ao século XX, o homem informa a natureza até que a natureza esteja completa e detalhadamente formulada, e o homem esteja completamente realizado na natureza. Isso explica por que, segundo essa análise, todos os valores provêm do trabalho. A natureza é livre de valor (*wertfrei*), e o homem lhe confere valor (*verwertet*)* através do trabalho. O trabalho é a única fonte de valores. Hoje, temos a possibilidade de organizar melhor o processo de trabalho. No processo de trabalho, distinguimos duas fases: a fase de elaboração da informação e a fase da gravação da informação no material, a fase *soft* e a fase *hard*. Agora sabemos que a fase da gravação da informação no material é mecanizável, portanto, não humana. Tem-se a impressão de que, se o trabalho for um esforço físico, ou seja, a gravação da informação no material,

---
* Jogo de palavras. Mais precisamente *verwerten* = utilizar, reutilizar. (N. T.)

então o trabalho não é humano. O corpo humano como instrumento do trabalho não é verdadeiramente humano, porque é mecânico. E o que é mecanizável deve ser mecanizado por razões que eu talvez discuta posteriormente. O que é mecanizável é, em tese, automatizável e deve ser automatizado.

Trabalho II: soft e hard

Em seu livro *Tools**, *Ferramentas*, George Warton sugeriu uma análise do trabalho com base em um ferramenteiro. A ideia – extremamente americana – é: um homem faz um *blueprint*, uma cianotipia, de uma chave. Então pega uma máquina que transfere esse desenho para uma ferramenta de aço. Outra máquina empurra a ferramenta de aço na terceira máquina. Então vem uma máquina e empurra a placa de aço para dentro, faz-se um tac-tac-tac e, do outro lado, caem as chaves. O homem que desenhou isso já não está mais presente. Eis o fim do marxismo. O homem não é mais participante. Ele projetou a coisa formalmente em algum lugar. Nem o material nem o trabalho valem coisa alguma, apenas o projeto. Por isso insisti tanto tempo no platonismo. Isso é de fato uma ideia extremamente platônica. Esse *designer* é, na verdade, aquele filósofo que observa a forma, a "chavidade", o

---

* Não foram encontradas informações sobre este autor e livro. Trata-se provavelmente de George Wharton James. (N. T.)

caráter de chave da chave. De sua visão teórica, surgem automaticamente a ferramenta de aço e a indústria do aço e a sociedade industrial. Nossos preconceitos, no que diz respeito ao trabalho humano, se espatifam sob essa análise.

O valor está na informação. O importante no conceito de informação é que ela não é nada material. A informação é transferível de matéria para matéria. Como todas as formas, ela é eterna, atemporal e não espacial. Se quisermos entender a sociedade informatizada, é preciso interiorizar isso perfeitamente. É preciso ter em nossas entranhas a diferença entre *soft* e *hard*. O valor do bolo está na receita.

De um lado, está o faminto, de outro, o inventor da receita. Entre eles estão as máquinas que mexem a farinha da receita. O senhor *software*, o rei, faz a receita de *croissant*. Os autômatos imprimem a receita sobre as claras de ovos. E o consumidor come o que sai daí. Acima disso tudo, paira a receita. O valor está na receita.

Estamos falando de uma sociedade completamente automatizada, utópica, assim como falávamos antes do socialismo utópico. Mostrei como a utopia foi invertida. No século XIX, o trabalho era a fonte dos valores. [crítica da cultura II 1b05] Lá está o operário, a vanguarda da humanidade. Com o suor de seu rosto, ele transforma natureza em cultura: "... se teu forte braço quiser, todas as engrenagens pararão"*. E: "Povos, ouvi os sinais!"⁵. Agora, nesse mesmo tipo de utopia, acontece algo bem diferente: um *white shirt* bem elegante desenha a receita de um *canard orange*. Então vem uma máquina e depena o *canard*. Ela o abre, limpa, cozinha e, automaticamente, acrescenta a laranja – sei lá onde. Então você come o *canard orange* em um restaurante. Quem fez isso foi o homem do *software*, que calculou o *canard orange*. Os pombos assados não voam direto para sua boca, por assim dizer, mas passam primeiro pela prancheta de algum engenheiro.

Passemos a uma situação um pouco menos utópica. O que quis mostrar é que agora dividimos o processo de trabalho em duas fases distintas: a fase da elaboração da informação, que denominei de ciência; e a fase da gravação da informação. As informações são elaboradas no discurso científico e então passadas para a técnica, para a arte. Aqui não faz sentido distinguir técnica e arte. A arte, então, imprime essas formas no material de maneira ainda não completamente automática. Às vezes, o técnico ou o artista ainda tem de se esforçar. Ainda há, até mesmo, operários. Mas a maioria das

---

* Trecho do hino da Associação Geral dos Trabalhadores Alemães (*Allgemeiner Deutscher Arbeiterverien*). (N. T.)
5 Trecho de *A Internacional*, texto alemão de Emil Luckhardt (1910).

pessoas já é gente do *software*, gente que planeja programas de turismo e organiza festas esportivas e bobagens similares. Portanto, pode-se dizer: comemos quase exclusivamente *software*. Mas ainda com um pouco de farinha.

[crítica da cultura II 2a01-a] Para conduzir mais uma vez a análise ao seu extremo, posso dizer que sou um elo intermediário entre o cientista puro e o robô. Em uma mão recebo a forma, as equações que me levam a dar forma às chaves, e na outra mão tenho o aço no qual as máquinas devem imprimir a forma de chave. Meu interesse está dividido. Vou referir a conhecida frase de Angelus Silesius a artistas, a técnicos: "Dois olhos têm a alma, um olha para o tempo, o outro, para a eternidade"[6]. Com esse segundo olho, observo as formas. Com o primeiro olho, observo a substância. Agora, com a ajuda de máquinas cada vez mais sofisticadas, tento reunir os dois olhos, conferindo realidade a um valor e valor a uma realidade. Ainda soa marxista, mas um tanto diferente, porque agora a máquina, o autômato, está instalada no meio, entre a realidade e o valor. Quanto mais tempo eu tento, tanto mais me fascina o objeto (*Gegestand*), o *objectum* (*Objekt*).

---

6   Angelus Silesius (na verdade Johannes Scheffler), *Cherubinischer Wandersmann* [O peregrino querubínico] (1675), livro 2, 228.

Agora tenho a forma e, de algum modo, tenho de adaptar a forma ao objeto. [crítica da cultura II 2a01-b] Agora tento fazer uma chave que ao mesmo tempo feche bem e tenha um bom aspecto, que seja fácil de utilizar e elaborada conforme as regras da ciência. Por outro lado, tenho o aço – que se defende. A matéria é traiçoeira. Não posso me ocupar apenas com a forma, tenho de me ocupar também com o objeto. Penetro no objeto. Quanto mais profundamente eu penetro, mais interessante ele fica. Por conta desse interesse, levo o objeto novamente à ciência. Com efeito, quero saber, por exemplo, como se comportam as moléculas do aço entre si. A arte é uma fonte do conhecimento. À medida que examino o aço para saber como gravar nele a forma de chave, estou estudando o aço. A arte se mostra como o lado experimental da ciência.

A prática do escrever

Não faço escultura, nem filmes, nem vídeos, não componho música, mas escrevo. Escrevo alfabeticamente. Tento em meus textos transferir informações para um livro. Não uso Word ou computadores, porque sou uma pessoa antiquada. Atrás de mim tenho as ideias que me foram fornecidas pela ciência e nas quais também trabalho, como *designer* de ideias. Por outro lado, tenho o papel vazio. Sobre ele quero gravar as informações. Mas o alfabeto é feito de tal forma de tenho de passar por uma língua (*Sprache*) quando quero gravar uma informação no papel. A língua está no meu caminho. Entre mim e meu texto estão algumas línguas. A tradução é um aspecto muitíssimo importante do *software*. Vou ao texto passando pela língua. Por que faço isso? Escutei o chamado da língua. Perco o rumo da minha vida se não lidar com a língua, e sei disso. Pode-se considerar uma língua, em si, todas as línguas, como a maior das obras de arte, que gerações burilaram e poliram, tornando-a em muitos níveis – começando pela semântica e passando pelo ritmo, a melodia e sintaxe – um dos instrumentos mais requintados que se pode imaginar. Posso racionalizar minha fascinação pela língua, mas com isso não acerto o alvo. A língua fala a mim, ela me chama, ela soa em mim. Ela ecoa em mim. Pelo menos quatro línguas o fazem. Elas me exortam a intervir nelas e a transformá-las.

Pois bem, tenho uma informação, a ciência a elaborou para mim. Conheço as equações da informática, conheço uma grande quantidade de outras coisas. Para escrever isso, é preciso passar por uma língua. Agora, de repente, a língua começa a me interessar. Quase esqueço que queria escrever sobre informática. Agora quero forçar a língua alemã a fazer o que espero dela, mas ela se defende. Começa uma luta entre mim e a língua alemã, na qual a obrigo a fazer algo que ela na verdade não quer. Eu reifico a língua, porque a domino. Só posso fazê-lo, porque a conheço muito bem. Quando escrevo em alemão, escrevo tudo em iambos – espero que meus leitores nunca percebam. O iambo é um ritmo que contradiz a língua alemã. A língua alemã é mais adequada ao troqueu. Forço a língua alemã a "iambizar". Como o iambo não é redundante para a língua alemã, aquilo que digo já se torna informativo só por ser iâmbico. É certo que contraria o espírito da língua, mas posso fazer isso, porque domino o alemão. Para livrar de novo o que digo do iambo, traduzi tudo em inglês. Em inglês, seria uma maluquice escrever em iambos, então tento [crítica da cultura II 2a02] colocar em prática a ideia absolutamente absurda de escrever em inglês em hexâmetros, sendo que ninguém deve perceber isso. Estou contando a vocês sobre meu ofício, para que saibam do que se trata quando falo de arte. Traduzo do alemão para o inglês, dos iambos para os hexâmetros, para que a informação que quero elaborar ganhe uma nova faceta. Caso eu queira publicar o texto na Alemanha, terei de traduzir de volta para o alemão. Caso queira publicá-lo nos Estados Unidos, deixarei em inglês, mas provavelmente introduzirei francês e português, para que o inglês fique bem enriquecido. Hoje, a língua em que escrevo melhor é o português, infelizmente.

Agora, *soft* e *hard* estão separados, e eu posso empurrar tudo o que é *hard* para as máquinas burras que outro artista me disponibilizou. Por que não devo chamar o inventor do Word de artista? Com efeito, mais uma vez ele teve de se haver com seu material. Estou entre a ideia e a coisa *hard*, e faço o *software*, o texto. Só o texto dá sentido, significado e valor ao livro e ao leitor do livro.

Por que a língua me fascina, o som fascina um outro, a luz fascina um terceiro, a cor fascina um quarto? Não sei. Chegamos aqui ao limite do dizível. Certamente é possível explicar como surgiram minha profissão e minha vocação. A sociedade ocidental tem uma série de papéis a distribuir, de máscaras penduradas por aí. Uma das máscaras é a de compositor, outra é de padeiro. É claro que não inventei a profissão de escritor ou de padeiro, apenas escolhi. Além disso, sempre surgem novas máscaras. A máscara artista de *software* não está há muito tempo à disposição. Talvez haja diversos níveis de criatividade. Talvez, ser escritor venha a ser diferente de ser especialista de *software*, e então talvez se invente o escritor. Nesse aspecto, temos preconceitos com os quais seria bom romper.

Uma possível objeção consistiria em dizer que ali existe uma vontade de poder (*Machtwillen*), de querer tornar-me senhor da língua; portanto, de tornar-me senhor daqueles que me leem e, portanto, de tomar algum poder político. Pela minha própria vivência, a fascinação pela coisa é pura. Não quero nada. Quero viver. Isso eu só posso quando escrevo. Provavelmente é assim para qualquer pessoa que faz algo. Provavelmente, viver não teria sentido algum para Shakespeare se ele não tivesse feito teatro. Passa pela minha mente que, no futuro, todo o trabalho será feito assim, em um tipo de delírio criativo. Este é um aspecto de minha utopia.

Do *homo universale* para o trabalho em grupo

Atualmente é impossível trabalhar sozinho. Talvez nunca o tenha sido, mas atualmente é impossível. Antes do Renascimento, havia ideias eternas. Não se podia mudar as ideias em nada. Podia-se apenas ordená-las segundo regras lógicas. Quem tentasse inserir a ideia no fenômeno era um traidor, um velhaco. Porém, após o Renascimento, quando se conjecturou que as ideias são manipuláveis, que se pode modelá-las, o artista tomou a palavra. A ideia naquela época era a ideia do *homo universale*. Leonardo imaginava que era possível ir para a teoria, desenvolver formas na teoria e então gravar as formas em um material qualquer, de modo que a coisa funcionasse. "Isso", pensava Leonardo, "é arte." Quando o rei francês o convidou a ir à França, ele lhe escreveu o que sabia fazer. Escreveu: "Sei construir canhões, navios e fortificações. E fazer aviões. E até submarinos. E pintar". Para Leonardo não havia qualquer diferença entre projetar aviões e projetar pinturas. O que lhe interessava era projetar. Ele podia tudo. Era um *homo universale*.

Isso era possível porque, na época, havia relativamente poucas informações à disposição. Eram abrangíveis por um cérebro humano. Desde então as informações se multiplicaram como coelhos. A quantidade das informações disponíveis duplica a cada seis semanas. Não sei como medem isso. Só sei que as quantidades de informação são tão colossais que mesmo supermemórias de supercomputadores [crítica da cultura II 2a03] podem armazenar apenas uma fração das informações disponíveis, embora seja preciso pouquíssimo espaço para armazenar as informações. Pelo que sei, basta um centímetro cúbico nos chips mais modernos para armazenar as informações contidas na *Encyclopaedia Britannica*. Em uma situação dessas, é até mesmo imbecil querer ser autor, ou seja, combinar em seu próprio interior as informações armazenadas, para, a partir delas, fazer novas informações.

Os resultados relativamente ruins da arte tradicional, comparados aos resultados da técnica, podem ser remetidos ao fato de que a arte tradicional acontece empiricamente e, consequentemente, processa informações em memórias humanas. Se você comparar a história, digamos, das artes plásticas do século XX com a história da técnica biomolecular; ou da física nuclear, ou seja lá do que for, você reconhecerá, provavelmente sem nenhuma surpresa, que os grandes feitos criativos acontecem no campo da técnica, e não mais no campo da arte não técnica. De fato, graças à informática, temos agora instrumentos que nos ajudam a calcular e explorar a possibilidade de criação. Pode-se contar com uma verdadeira explosão de criatividade. De modo algum podemos imaginar a quantidade de novas criações que fluirão sobre nós, vindas de nossos aparelhos graças aos artistas.

Enquanto um gênio como Zaratustra foi criativo na solidão dos picos montanhosos de gelo e neve, as massas caíam aos seus pés. Mas, quando congressos, *teams* e *workshops* e cada indivíduo fazem algo dez vezes melhor do que Zaratustra, aquela veneração naturalmente fica um pouco menor. A criatividade humana se desvaloriza quando está desnudada da aura da genialidade. Isso não tira nada do delírio criativo. Só que, do ponto de vista do consumidor, a coisa se torna insípida. Fica superalimentada. Do ponto de vista do produtor, surge um autoesquecimento criativo. Na realidade, as pessoas querem ser reconhecidas, sob quaisquer condições. Mas o anonimato já é mais um valor do que um desvalor. Afinal, todos nós somos famosos na memória da receita federal. Antigamente se dizia: "Quem não quer ser famoso é um patife. Quem não quer ter *fama* é infame". Isso não pode mais ser assim. O anonimato tem suas atrações. É comparável à imortalidade: a partir do momento em que ela penetra no âmbito do realizável, começa-se a desejar ser imortal. E a aproximação técnica da imortalidade ainda mal começou. Só o pensamento de que isso seria possível já nos enche de horror. Mas o anonimato, na verdade, não é nada além de não querer tornar-se imortal. Isso não tira nada do delírio, pois a criatividade real e efetiva se mostra como autoesquecimento, como esquecimento de si entre os outros e junto à coisa.

Quando observo a organização de *workshops* atualmente – o que me acontece raramente, porque estou velho –, como eles funcionam, como se reúnem as diversas competências, como quatro ou cinco pessoas se sentam a uma mesa redonda e trabalham em um projeto, e com meticulosidade e entusiasmo, ao mesmo tempo, elas colocam sua competência à disposição do grupo, vejo a revolução da criatividade que estamos vivenciando.

O ciclo da estética

[crítica da cultura II 2a04] Seja lá o que for uma nova criação, ela é feia, horrível. A palavra *ent-setzlich* (horrível)* é adequada, pois, sempre que se faz algo novo, esse algo não tem lugar. Quando recebo algo, tento acomodar o recebido em minha memória. Tento dar a ele o lugar que merece em minha memória. O novo é um ruído. Ele me perturba, é repugnante. Odeio-o. A criatividade começa com o feio (*hässlich*)**. Quando Beethoven tocava suas sonatas, as pessoas saíam correndo. Aos poucos os elementos perturbadores são integrados. Eles criam espaço para si na memória e começam a irradiar de modo peculiar. O novo se torna informativo. Ele dá um sentido à memória em sua totalidade. Essa é uma definição de belo.

Suponhamos que vocês vejam pessoas que comam mãos de macaco. Terrível! Mãos de macaco parecem mãos de criança.

---

* Jogo de palavras. O verbo *entsetzen* e o adjetivo *entsetzlich* significam respectivamente "causar horror, pavor, medo" e "ser horrível, pavoroso, medonho". Por derivação, também podem significar "causar horror, pavor, medo *por ser muito feio*" e "ser horrível, pavoroso, medonho, *no sentido de ser muito feio*". Decompondo as palavras alemãs e lendo-as literalmente, *ent-setzen* significa "des-locar", e *ent-setzlich* significa "aquilo que desloca, que tira do lugar". A ideia por trás da composição das palavras é a de algo que desperta tanto medo a ponto de fazer alguém ficar fora de si (*außer sich sein*), de "tirar alguém de si"(*außer Fassung bringen*). (N. T.)

** Jogo de palavras. Em alemão, *hässlich* tem o sentido usual de "feio", mas significa literalmente "odioso". (N. T.)

Comê-las é atroz. Então vocês as encontram em um restaurante três estrelas, lindamente preparadas e com molho tártaro. Em resumo, muito apetitoso. Tornam-se belas. Daí uma firma alemã começa a fazer conservas de mãos de macaco. A princípio, vocês podem comprá-las por dez marcos e, depois, por dez centavos. Comer mãos de macaco torna-se bonito. Então fica redundante: todos comem mãos de macaco. Quando alguém não come mãos de macaco, é porque não sabe o que é bom. Aos poucos, comer mãos de macaco se torna *kitsch*. Não tem mais nenhuma informação; ficou completamente desgastado. Ninguém se interessa mais por aquilo, a não ser que caia no nível mais baixo – conhecido como o nível das massas. Então come-se mãos de macaco porque toda gente come mãos de macaco. Não importa mais como, come-se mãos de macaco como hoje se comem hambúrgueres. Em algum momento chega alguém e transforma aquilo em uma informação nova. É o ciclo da estética. Fui eu que inventei este modelo, mais ou menos. [crítica da cultura II 2b01a] É uma lei fundamental da teoria da comunicação. A comunicação e a informação são inversamente proporcionais. Quando mais eu comunico, menos informo. Quanto mais eu informo, menos comunico. A dificuldade no nosso caso é que quero informar ao máximo, sem interromper a comunicação. A vantagem de um demagogo é que ele comunica fabulosamente, porque ele praticamente não informa. A informação total é incomunicável; é isso que eu chamei de feiura. A comunicação total é não informativa; é isso que eu chamei de *kitsch*.

O dialogar na rua é uma redundância total. As pessoas [crítica da cultura II 2b01b] comem o mesmo patê de fígado. Dormem em camas iguais. Quando se encontram, do que falam? Aparentemente é um encontro público. Do ponto de vista da informação, nada acontece. As pessoas tomam seu copo de cerveja e vão embora exatamente como chegaram. A quantldade de informação não aumentou, pelo contrário, diminuiu, porque teve efeito o segundo princípio da termodinâmica. A maior parte da energia da cerveja se transformou em calor.

Neste ciclo, retomei naturalmente a ideologia dos verdes* e espero tê-la levado para um beco sem saída. O que dizem os ecologistas políticos? Temos uma natureza limitada. Da natureza, criamos cultura. A cultura decai em detritos. E nós nos sufocamos nos detritos, porque detritos não se tornam natureza novamente com a rapidez suficiente. A imagem dos ecologistas é meu círculo: natureza, cultura, detrito. O ruim é que fazemos cultura demais. Deveríamos fazer um

---
* Alusão aos membros dos Partidos Verdes europeus. (N. E.)

pouco menos de cultura, então teremos menos detrito. Retornamos à natureza. É a traição do espírito que está oculta no pensamento ecológico. No instante em que eu reciclo o *kitsch* – *kitsch* é detrito, detrito estético –, ele se torna novamente cultura. Isso gera coisas como o nazismo. O nazismo foi *kitsch* reciclado. Entre outras coisas.

O desempregado como vanguarda

[crítica da cultura II 2b03] Em nossa tradição o trabalho é uma praga. O objetivo da vida é não trabalhar. O desemprego (*Arbeitslosigkeit*)* é o objetivo de vida. Fomos expulsos do paraíso com a maldição: "Haverás de ganhar o pão com o suor de teu rosto!". E: "Haverás de parir com dores!". Ficamos livres de ambas as coisas. Passamos uma rasteira nos anjos do paraíso. Não temos mais de ganhar o pão com o suor de nossos rostos, há pão demais. Além disso, ele praticamente se faz por si só. Por toda a parte surgem montanhas de pão, de queijo e de manteiga. Não se sabe o que fazer com elas, embora apenas 4% das pessoas façam pão. Também não temos mais de parir com dores, pois, em primeiro lugar, sabemos separar sexo e reprodução, e, em segundo lugar, quando queremos filhos, sabemos resolver isso de forma

---

* Jogo de palavras. Literalmente, *arbeitslos* e *Arbeitslosigkeit* não significam "desempregado" e "desemprego", mas "sem trabalho" e "falta de trabalho". (N. T.)

bastante indolor. O desemprego é possível novamente. Sim, nós ficamos novamente desempregados. Provavelmente trabalhamos só a partir dos vinte anos e só até os sessenta. Nesse período, que dura apenas meia vida, trabalhamos apenas trinta e cinco horas semanais e apenas dez meses por ano. Será cada vez menos. No fundo, já somos todos desempregados. No fundo, somos pagos pelas máquinas. Na realidade, são elas que pagam os impostos, porque são elas que fazem o trabalho duro. Mas existe gente que não tem absolutamente nenhum trabalho e é totalmente paga pelas máquinas. Devido a uma moral estranha – eu diria protestante –, trabalhar é bom, e a ociosidade é o começo de todos os vícios. Devido a esses modelos ultrapassados, em vez de enxergar no desempregado uma vanguarda, acreditamos, e os próprios desempregados acreditam, que eles são de certo modo desclassificados e, por conseguinte, não sabem o que fazer com o seu ócio. Isso é uma questão passageira. Tão logo o desemprego não implique miséria, e ele praticamente não implica mais, tão logo um desempregado possa viver, o desemprego se tornará um valor positivo.

Do fim da política I

[crítica da cultura II 2b05] Defini política como o método graças ao qual as informações são transmitidas, em princípio de geração para geração. É responsabilidade da política incorporar a nova geração à atividade cultural. Na verdade, deveria haver apenas um único ministério, o Ministério da Escola ou da Educação. Mas a escola tem agora o trivial significado de "ensinar algo às crianças": *"Reading, wRiting, aRithmetics"*. Como isso funciona? Existe um espaço público e espaços privados. Quando me engajo politicamente, quando sou um βίος πολιτικός (*bíos politikós*), elaboro informações e as exponho no espaço político. Assim a informação está disponível para outros. Pode-se acessá-la. A política existe para que aquilo que é elaborado no espaço privado esteja disponível no público, para ser então levado de volta para casa. Na verdade, isso é uma escola. Vou ao espaço público para aprender algo. Essa ideia fundamental da política é tão antiga quanto a ideia do sedentarismo. Antes, durante a maior parte do tempo desde que existimos sobre a Terra, não havia espaço público. Não se pode chamar uma estepe de espaço aberto, público. As tendas que as pessoas montavam não eram espaços privados. No espaço dos nômades, o espírito sopra onde quiser. Os homens e o espírito sopram conjuntamente. Os nômades são homens apolíticos, porque não têm espaço público. Só atrapalham a política com isso. Mas nós, que somos sedentários, nós temos espaço privado e espaço público. [crítica da cultura II 3a01] A questão fundamental da política é: quem regula o trânsito? Alguém tem de ficar lá e controlar, um policial.

Policial é um sinônimo de político, como a palavra já diz. Isso é diferente em Platão. Para Platão, o político é algo subserviente, e o filósofo, é o rei.

Gostaria de explicar a origem da política de mais uma forma. Ao lado do espaço público há sempre, como dito, um monte de lixo. A altura do monte de detritos mede a história. Ele é a memória da aldeia. Se eu escarafunchar esse monte de detritos – o que fazem os arqueólogos –, posso reconstruir a história da aldeia. Encontro as diversas camadas do monte. Esses montes se chamam *tell* no Oriente Médio. Sobre eles se joga o cereal, para protegê-lo de inundações. Coloca-se um vigilante diante desse silo. Na etnologia, ele se chama *big man*. É o primeiro político. Ele recolhe o cereal, calcula os grãos e os reparte entre os moradores da aldeia. Primeiro ele soma, depois, divide. Ele fica em cima. Ele vê longe e os outros o escutam de longe. Ele inventa a geometria ao prever se a água vem ou não. Então sugere que se cavem canais que distribuam bem a água. Pega um cano e grita: "Eu vos ordeno que construam canais!". Essa é uma manifestação política. A política se manifesta imperativamente.

Há nove ou dez mil anos (a política tem essa idade, não é mais velha que isso), o *big man* está lá sobre o monte dando ordens. É bem kantiano. A razão prática é imperativa. A história da política pode ser vista como uma história dos imperativos. A história do Ocidente resumida: primeiramente, os imperativos são mandamentos. São ordens que não se pode decifrar, porque não se sabe ler e escrever. São seguidas por medo, sem questionamento. Acredita-se nelas – com razão, pois, se não forem seguidas, vem a água e inunda tudo; ou então não se constroem os canais e se morre de fome. Os canais são uma prova de que o poder estava nas mãos certas. Primeiramente, há esses mandamentos, como os dez mandamentos nas duas tábuas, ou como os mandamentos na tábua de Tell el-Armana. Aos poucos, os mandamentos tornam-se leis.

A diferença entre mandamento e lei é que falta lógica aos mandamentos. Leis são mandamentos codificados. É errado dizer que os dez mandamentos eram leis. Apenas na Torá encontram-se leis. As leis são mandamentos ordenados e já permitem uma crítica lógica. Consequentemente, há os legisladores. Não necessariamente os legisladores são deuses. Nos mandamentos, o político era o porta-voz de deus e ele mesmo se tornava um deus. Nas leis é o autor que as questiona: "Quem faz as leis? Quem é o legislador?". Evidentemente, o melhor legislador é Deus, sem dúvida. Consequentemente, o legislador tem autoridade divina. A história da política girou por muito tempo ao redor da questão "Quem faz as leis?", até que se chega à terrível solução: todos elegem deputados com a finalidade de legislar. Empurram a responsabilidade para pessoas sobre as quais não sabem quase nada e lavam as mãos. Então se presume que as leis sejam feitas por essas pessoas, que recebem a responsabilidade sem tê-la merecido, pois a recebem não por terem provado sua competência, mas por demagogia e outros truques de comunicação. Um mandamento diz: "Não cometerás adultério!". A lei preenche a função que falta, dizendo que, se você cometer adultério, você será apedrejado. [crítica da cultura II 3a02] Isso já é menos definitivo, ético, pois posso escolher. Se eu quiser cometer adultério incondicionalmente, então tenho de levar em conta que serei apedrejado. Se eu não quiser ser apedrejado sob nenhuma circunstância, não cometerei adultério.

O próximo passo na história da política é a prescrição: no caso de você cometer adultério, então, por favor, faça isso e aquilo, senão será apedrejado. Ela é seguida pela instrução de uso: caso queira uma sopa de galinha e macarrão, pegue uma sopa de galinha em lata, uma sopa de macarrão em lata, misture-as, leve-as ao fogo e sirva-as aquecidas. Isso absolutamente não se parece mais com um imperativo. Faça assim, senão ou não fica gostoso, ou você se queima. Isso está implícito. As instruções de uso ficam cada vez mais curtas à medida que as máquinas ficam mais amigáveis para o usuário. Quando algo se torna automático, as instruções desaparecem completamente. A história da política acaba.

Do fim da política II

Essa é a história da política sob um ponto de vista. Pode-se interpretar assim: no começo da política há um homem; todo o resto são máquinas. Essas máquinas são programadas. Por fim, só há máquinas programadas. Todos os homens estão fora dos mandamentos. A política acaba. Não há valores políticos, não existe mais ética. Esse desaparecimento da ética também pode ser formalizado de outra maneira. As sentenças de tribunais são substituídas por sentenças lógicas. Quando alguém mata outro, elas diriam: "Há um mandamento: Não matarás! Fora daqui". Então fizeram uma lei: "Se você matar alguém porque você tinha fome, sua pena será de dez anos de prisão. Se você matar alguém porque ele dormiu com a sua mulher, você provavelmente será absolvido". Qualifica-se. O último passo é: "Afinal por que você matou?". Porque o vento, *Fön,* soprou, porque seu fígado não funcionou direito, e porque ontem você comeu espaguete *con vongole.* Motivos e mais motivos. Como é que se pode ainda condenar o sujeito? No máximo, pode-se pronunciar uma sentença. Pode-se dizer: "Esse homem está em tal situação que é melhor eliminá-lo". Mas isso não é mais uma pena de morte, é uma técnica social. Não é mais política.

Isso é o que diz Hannah Arendt em seu livro, *The Banality of Evil*[7] *[A banalidade do mal]*, que recomendo muito. Ela analisa o processo Eichmann, um homem extraordinariamente decente. Foi um bom pai, um bom esposo. Cumpriu perfeitamente com suas obrigações como oficial da SS. Reclamou dos nazistas porque, embora tenha planejado a morte de seis milhões de judeus, não chegou nem à alta patente de *Obergruppenführer*. Tão injusta era a estrutura da SS. Como se pode julgar um homem desses? Como se pode aplicar nele uma escala ética? De fato, isso não é um ser político, mas uma máquina sob a forma humana. O melhor que se pode fazer é desligá-lo, para que não funcione mais.

O livro provocou um furor colossal. Provocou a cólera principalmente de Martin Buber. A discussão sobre Eichmann é um sintoma do fim da política. A política morreu em Auschwitz. Em uma carta de uma firma alemã a Göring está escrito: "Recebemos a reclamação de que as instalações de gás que, segundo nossos cálculos, liquidam cem pacientes de uma vez, na verdade, liquidam apenas setenta. Investigamos o assunto e constatamos que realmente houve erros em nossos cálculos. E pedimos que nos desculpem. Nós corrigiremos o erro. Saudações alemãs!". – Uma coisa dessas não pode ser

---

[7] *Eichmann in Jerusalém: A Report on the Banality of Evil* [*Eichmann em Jerusalém. Um relato sobre a banalidade do mal*] (1963). São Paulo: Companhia das Letras, 1999. (N. E.)

avaliada eticamente. De fato, não é um fenômeno político, nem um imperativo. É uma instrução de uso. Como transformo pessoas em cinza o mais rápido possível? Como aproveito a gordura restante para fazer sabão?

Do fim da política III
A política repousa no fato de que se expõe no espaço público algo que vem do espaço privado, que se busca o que foi exposto e o privatiza novamente. Isso não funciona mais. Não existe mais espaço público nem espaço privado. A revolução da comunicação consiste basicamente de ela ter construído canais que ligam espaços privados entre si através do espaço público. Quando vocês estão em casa ouvindo rádio, vocês ouvem, como ouvintes privados, uma emissora de rádio privada e não têm um espaço político. Naturalmente, as pessoas da emissora podem se comportar como se estivessem em um espaço público. Isso é apenas uma farsa. Na realidade, trata-se de emissoras privadas. Se seu presidente ou vice-presidente aparece na televisão da cozinha da casa de vocês, ele não é uma personalidade pública. É um ator em um espaço privado que se comporta como pessoa pública. Os canais, visíveis ou invisíveis, deslocam o espaço público, de forma que o espaço público desaparece atrás dos canais. Eles transformam o espaço privado em um queijo suíço, perfurando-o, de forma que o vento da comunicação sopra

como um furacão pelos espaços privados. Em uma situação como essa não se pode falar de política. Então o que significa, aqui, "publicado"? É verdade que ainda escrevo livros que são publicados. Também é verdade que dou conferências, que faço da sala de aula um espaço político. Mas isso só ocorre porque somos idiotas antiquados. Na realidade, eu deveria dar a palestra falando para uma maquininha. Vocês não precisam mais sair de casa, só precisam acessar a palestra em seu *minitel* digitando o número "Ruhr 27", e então, de alguma maneira a fita é enviada para sua casa. A política ainda não desapareceu, mas se tornou completamente supérflua.

[crítica da cultura II 3a05] Meu conceito de política significa "público". Quero dizer, quando faço amizade com alguém, isso não é um fenômeno político, mas intersubjetivo. Não é nem privado, nem público. Faço uma distinção exata entre intersubjetivo e político. A política pressupõe o público, πόλις (*pólis*). A política é algo desexistencializante. A amizade nada tem a ver com política. O amor nada tem a ver com a política. [crítica da cultura II 3b02] A política é a arte de governar a aldeia. Πόλις significa aldeia (*Dorf*), portanto, tem a ver com a praça da aldeia. Ou seja, a política nada tem a ver com o que acontece em casa. Isso escapa à política, isso é assunto privado – a república não se intromete.

No instante em que a oposição entre república e assunto privado desaparece, as palavras "política" e "privado" perdem seu significado. Estamos nesse ponto graças à revolução da comunicação. Ainda existe aquele "Um fantasma ronda..."[8]. E isso se chama política. Mas, na realidade, estamos conectados às mídias e não politicamente. Quando queremos ter uma imagem do mundo, não vamos para o espaço político, vemos televisão. No século XIX, a política desempenhou um papel extraordinariamente importante, pois ali se decidia o que eu sei – o que eu sei do mundo, isso acontece no espaço público. Não é mais verdade que, quando estou no espaço privado, estou excluído de todo o conhecimento.

No momento em que afirmo que a política é um programa para uma mídia, estou na mesma posição em que Platão está quando diz: "Vou contar um mito". É um teatro. Para mim, também é difícil compreender isso. Na minha juventude, naturalmente tive um forte engajamento político, como todos; ou melhor: minha juventude – foi antes de Auschwitz.

---

8   Cf. *O Manifesto do Partido Comunista*, 1847, redigido por Karl Marx e Friedrich Engels. No original, lê-se "o fantasma do comunismo".

5. Da morte das imagens e do fim da História

Imagem fotográfica e História
[comunicação humana II 1a04] A História continua fluindo. Ela flui cada vez mais rapidamente; dividindo-se cada vez mais; acontecendo cada vez mais. A consciência histórica é como um coelho. Produz cada vez mais, e mais e mais acontecimentos*. Os acontecimentos precipitam. É assim que vemos a coisa hoje, após cento e cinquenta anos. Mas outrora alguns grandes homens, como Baudelaire, já a tinham visto assim, quando lhes mostraram a primeira câmera fotográfica. Há gente que tem uma visão tremendamente clara.

---

* Jogo de palavras. O substantivo *Geschichte* (História) provém do verbo *geschehen* (acontecer). Portanto, o termo alemão para "História" significa literalmente "acontecimento", em um sentido geral, e não episódico. A metáfora do coelho torna-se assim mais clara: tal como o coelho se reproduz em muitos coelhinhos, a consciência histórica (isto é, da História, do "acontecimento" em sentido geral) se reproduz em muitos acontecimentos (em sentido específico). (N. T.)

Quando descrevo isso, não é nenhum feito. Estou chegando depois do acontecido. Mas quando alguém vê isso no decorrer da coisa, é genialidade.

A câmera fotográfica é uma ferramenta que me permite registrar algo a partir da corrente da História, fazer um registro. A palavra alemã para isso – *aufnehmen* – é excelente. O inglês *to snap* também não é ruim; *to shoot* não é tão bom. Eu registro algo e o retiro dali. Agora ele se mantém assim. Invento uma máquina, pode-se dizer, um deus, que está na eternidade, em uma fórmula. Esse deus na máquina mergulha várias vezes na corrente, retira algo e o eterniza. Pode-se ficar eternizado na fotografia.

Da imagem mágica: Pré-história
[comunicação humana II 1a05] Lembremo-nos da análise da imagem. Uma imagem mostra um estado de coisas sobre uma superfície. Mostra como coisas apresentadas simbolicamente se comportam umas com as outras, como uma se volta para outra. Na imagem há uma conjuntura (*Bewandtnis*), dito heideggerianamente. Ou então, conforme Wittgenstein: as coisas comportam-se umas para com as outras. Quando o olho decifra na imagem a mensagem "informação", ele circula em redor da imagem. O tempo dentro da imagem é um tempo circular de eterna repetição. Segundo

sua estrutura, a imagem é circular, pré-histórica. Cada coisa tem na imagem o lugar que lhe cabe.

Na verdade, imagens são imóveis, ficam estáticas. Apesar disso, o filme já está ancorado no mundo mágico. Quando as coisas se movem elas promovem a desordem em tudo. Na imagem reina uma ordem, uma justiça. Os gregos chamam isso de δίκη (*díke*). A imagem tem ordem, tudo está em seu lugar. Se entra em movimento, surge desordem. Cada movimento precisa de um motivo. Pergunta-se então por que as coisas se movem. A resposta é: por pecado. Cada movimento tem sua culpa no estado de coisas, uma ἀδικία (*adikía*), uma injustiça. Então o tempo circular recoloca a coisa em seu lugar: "O destino utiliza a plaina, igualando tudo"[1]. A recolocação da coisa em seu lugar é a ordem do tempo. Quem conhece filosofia pré-socrática se lembrará da frase de Parmênides: "Lá, onde as coisas têm sua origem, lá elas têm também o seu declínio, pois um paga ao outro tributo pela culpa cometida, segundo a ordem do tempo". Assim é o mundo pré-histórico. Não é causal, mas determinado. Existe destino. Ele é uma fatalidade. Todas as leis da Natureza são também leis morais, éticas. Quando uma pedra cai, bem feito, pois ela não deve estar no ar. As árvores não têm de crescer até o céu. O sapateiro tem de ficar

---

1 Ferdinand Raimund, *Das Hobellied* [A canção da plaina], da peça *Der Verschwender* [O perdulário] (1834).

com seus afazeres. Um filho de rei tem de ser rei e, de preferência, não um pescador. Quando uma pessoa viola essa ordem, revolta-se contra o destino – esse é o conceito de liberdade neste mundo –, então ela é capturada e castigada. Liberdade é sinônimo de pecado.

Fotografia contra a História
[comunicação humana II 1b01] No meio do século XIX, as pessoas dizem: "Eu refaço as imagens contra a História". As imagens tinham sido destruídas para possibilitar a consciência histórica, para se libertar da magia. Agora, suga-se da História uma fase, um processo, que é transformado em uma cena. O sol está parado sobre o vale Jotapat, em todas as fotografias, ou como Goethe diz: "[...] *werd'ich zum Augenblicke sagen,/ verweile doch, du bist so schön,/ dann magst du mich in Fesseln schlagen, / dann will ich gern zugrunde gehn*"². A fotografia diz ao instante: "Permaneça". E ele permanece. Isso é mais do que Deus pode fazer. Deus pode deixar o sol parado sobre o vale Jotapat ou, ao contrário, mandar que a noite profunda desça sobre o inimigo. Mas, quando eu fotografo, é outro clima. Não é mágica. Não é tornar a História novamente mágica, mas é *Posthistoire*. Quem fotografa

---

2   Fausto para Mefistófeles em: Johann Wolfgang von Goethe, *Fausto I* (1806). "*Se ao breve instante eu falar: / 'Permanece! Tu és tão lindo!', / Podes em grilhões me lançar / Que perecerei de bom grado.*"

está saturado da História. Não porque não tenha consciência histórica como o mágico – ao contrário: ele já está farto dela. A fotografia é uma articulação da consciência pós-histórica e põe em marcha uma revolução colossal da comunicação, que só agora pode ser entrevista.

Fotografia como meta da História

Todas as coisas estão banhadas pela luz do sol. Na metade do século XIX só há raios que vêm direta ou indiretamente do Sol. Sabe-se, pela óptica, que a luz tem influência sobre certas ligações químicas; que nitratos de prata, por exemplo, ficam pretos quando a luz cai sobre eles. Isso são reflexões puramente pós-históricas. Essa reação do nitrato de prata à luz pode ser calculada matematicamente e, portanto, pode ser tirada do tempo. Os vestígios que os raios de luz deixam sobre a solução de nitrato de prata reproduzem de modo objetivo a situação da qual eles foram irradiados, ou seja, a imagem que ali surge não é uma imagem subjetiva. [comunicação humana II 1b02] Aparentemente os raios vão do sol para a flor; a flor lança os raios de volta, os raios incidem sobre uma solução de nitrato de prata, a solução de nitrato de prata se altera, e vejam, vestígios da flor tornam-se visíveis. Isso é de fato objetivo. Está no mesmo nível de realidade que os raios solares e a flor. Quem vê uma fotografia vê o que é real, o que aconteceu.

Se olharmos mais atentamente, veremos que não é bem assim, pois entre a fotografia e a flor há um aparelho. Esse aparelho faz algo. Há algo de subjetivo na imagem. Uma fotografia é tão subjetiva como qualquer outra imagem, pois entre a coisa a ser fotografada e a imagem intromete-se um aparelho com uma série de convenções e simbolizações. A impressão, porém, é de objetividade.

[comunicação humana II 1b03] As fotografias não são, portanto, imagens objetivas. Primeiro porque elas codificam seu significado exatamente como outros tipos de imagem, segundo porque, bem diferente das imagens tradicionais, elas ainda podem manipular seu significado. Com a fotografia é possível mentir perfeitamente, melhor do que com imagens tradicionais. Imagens tradicionais não estão sobre a História, mas sob ela. Quando um pintor tradicional encena sua imagem, isso pouco adianta, pois se sabe, com efeito, que a imagem foi produzida por ele. Mas quando um fotógrafo encena sua imagem, então é uma mentira, pois é como se fosse objetivamente verdadeiro. Finalmente tornou-se possível fazer História. Até então não era possível fazer História. De fato, a História era causal; ela nos arrastava a todos consigo. O fotógrafo faz História, pois está acima dela e intervém nela, fotografa e modifica o que fotografou.

A teoria de que a fotografia foi desenvolvida para substituir a pintura ou para ajudar a pintura não passa de uma explicação de bom senso. Tão logo se começa a refletir, a filosofar disciplinadamente a respeito dela, fica claro que fotografias são as articulações de um nível de consciência pós-histórico, que tenta fotografar e eternizar a História. Isso está penetrando lentamente na consciência. Lentamente, as pessoas estão percebendo o que significa fotografar e ser fotografado. Elas tomam consciência de que a História se repete graças à fotografia. O fato de que fotografias amarelam, que estragam, que estão sujeitas ao segundo princípio da termodinâmica, não muda nada no fato de que a fotografia eterniza. Talvez a informação original se perca lentamente. Porém, alcança-se um tipo de duração, que é a-histórica, pós--histórica e que lembra a eternidade. As imagens que são de fato eternas porque são imateriais foram inventadas apenas no século XX. Mas já nessas imagens químicas está contido o princípio da eternidade. As pessoas começaram a se comportar de outra forma. Havia pessoas que casavam para serem fotografadas. Hoje em dia não sabemos para que nos casamos. Antigamente casava-se para ser fotografado. Um ato histórico ganhou sentido. Em acontecimentos históricos sempre havia um fotógrafo. A fotografia, a consciência trans-histórica, tornou-se aos poucos o sentido da História. Isso ficou cada vez mais evidente na primeira e ainda mais intensamente na segunda metade do século XX. O sentido da chegada do homem na Lua é a imagem. Um sequestro de avião acontece para a imagem. O sentido da ação política é a imagem. A imagem tornou-se a meta da História. As pessoas começam a ultrapassar a História, sem ter consciência disso.

Fotografia como ultrapassagem da História
[comunicação humana II 1b04] Com o tempo, as pessoas têm-se acostumado com o fato de que é possível tecnicamente ultrapassar a História. Elas têm-se adaptado a isso. Faz-se uma pose para fotografia. A consciência fotográfica penetra em nós, e começamos a nos comportar pós-historicamente, resultando que nosso motivo não é a consequência da ação, mas o registro da ação na imagem, um espetáculo. A fenomenologia é a forma filosófica da fotografia. A partir do salto de um ponto de vista para outro ponto de vista aprofundo meus conhecimentos do fenômeno. Esse é um aspecto importante da fenomenologia. A câmera fotográfica é uma máquina que foi feita para saltar de ponto de vista para ponto de vista. Isso é na verdade o fim da política. Pois, afinal, o que é um político? É uma pessoa que representa um ponto de vista. Ele defende um ponto de vista. Quem tem uma câmera fotográfica sabe que essa pessoa é imbecil. Pois fotografar significa, com efeito, ter a capacidade de mudar de ponto de vista. Quando alguém insiste continuamente em um único ponto de vista, não proporciona mais nada. A câmera fotográfica exibe em sua função a morte da ideologia.

É um aparelho anti-ideológico que diz: "Aprofundo a verdade graças à mudança de pontos de vista e, quando insisto em um único ponto de vista, certamente erro". Sob esse ponto de vista, a câmera fotográfica também é uma ultrapassagem da política e da História. Quando um fotógrafo se engaja politicamente, ele está enredado em um mal-entendido fatal.

A imagem como simulação da História

A princípio, a fotografia foi um método para registrar algo da História, transformá-lo e eternizá-lo em uma cena. A fotografia era uma testemunha ativa da História. Então ela se tornou um método para dar uma meta à História. A fotografia torna-se um obstáculo, um desvio da História. Primeiro, ela é sua ultrapassagem, de cima; depois, ela é uma finalização da História.

Em primeiro lugar, a câmera é uma testemunha da História – em grego, testemunha é μάρτυς (*mártus*) –, mas uma testemunha falsa. Ela mente. Em seguida, torna-se uma meta da História. [comunicação humana II 1b05] A imagem tem um poder de sucção. A História parece precipitar-se. Por que ela acontece cada vez mais e mais? Porque tudo quer ser imagem. Porque o acontecimento é uma programação da imagem. O acontecimento é um pretexto para a imagem. Imagens precisam de cada vez mais pretextos. Elas querem ser programadas. Elas devoram História. O medo das imagens é que a História pare, pois assim não teriam mais o que mostrar. Dessa maneira, a História se precipita. A prova do fim está justamente no fato de que acontece tanta coisa – isso, por si, já é um fenômeno da pós-história.

Guerra do Golfo - modelo I: morte de imagens
[comunicação humana II 2a01] Fiz o seguinte modelo para mim: imagens que ultrapassaram a História geram História. A imagem é o motor do acontecimento. De fora da História, interfere-se na História e se simula a História. A História está morta – faz-se um tipo de reanimação dela. "Reanimação" já diz que algo morreu e que se lhe devolve a vida. Mas então chegamos a um beco sem saída. Não entendi como devo explicar a Guerra do Golfo. Não entendi o que vi lá. Então escrevi um artigo completamente errado. Eu disse que, se a História está no fim, aquilo que vemos é tão tedioso que as imagens começam a morrer. O que foi que vimos? Vimos areia, máquinas na areia e novamente máquinas na areia, e, então, alguma coisa viva. Vimos um camelo, e então o camelo também foi embora. Nada aconteceu. Logo, pensei: "A-ha, essa é a prova de que a História está no fim. As imagens estão esgotadas; não têm nada mais a mostrar. Aquela CNN foi mandada para lá para mostrar o ponto de vista dos iraquianos. Isso ainda teve um ponto de vista histórico. Ainda se pôde ver o que acontecia no Iraque; ali a História

ainda não tinha acabado totalmente. Mas, do outro lado, não se viu nada além de areia e camelos. Mas, diante disso, refleti que tinha interpretado tudo errado.

Guerra do Golfo – modelo II: Simulação da História
Agora creio que a coisa, na verdade, foi assim: havia uma meta, que parecia ser uma meta histórica. O objetivo era, por exemplo, manter o preço do petróleo em um nível razoável. Isso não é nada desprezível. O petróleo é um suco especial, o suco da liberdade. Se o petróleo fica mais caro, somos privados de nossa liberdade de locomoção. Não vamos falar, portanto, como os comunistas franceses: "Não queremos morrer para os xeiques do petróleo". Se não para os xeiques do petróleo, para quem? De qualquer maneira, vamos todos morrer mesmo. Os computadores foram alimentados com isso. Para tanto existe uma árvore da decisão. Vocês têm várias alternativas. Decidir significa negar todas as alternativas, exceto uma. Agora estamos no mundo do acaso, e não mais no mundo da causalidade. Nunca saberei se minha decisão foi a correta. Para isso, deveria ter experimentado todas as outras alternativas – o que não posso fazer. Esse processo se chama liberdade de decisão, e ele contém duas interpretações, uma fenomenológica e uma existencial. A primeira diz: Sou livre na disponibilidade, antes de decidir. Tão logo me decidi, não sou mais livre. Tenho de suportar as consequências da decisão e

não sou mais livre. O homem livre se abstém da decisão. O homem livre se mantém na reserva. A segunda interpretação diz exatamente o contrário: a liberdade está apenas no engajamento, pois eu me decidi, e isso significa que sacrifiquei minha razão. Eis a forte opinião de Sartre. Um homem livre é um monge ou um membro de uma célula comunista, pois ele se decidiu; sua razão foi sacrificada *ad majorem Dei gloriam*[3] da causa.

Na árvore da decisão não é mais assim. Na realidade, a inteligência artificial é o seguinte: tenho uma calculadora. Forneço alternativas para a calculadora. Quanto mais alternativas ela calcula de antemão, mais lenta ela fica. Não consigo jogar xadrez com um computador porque a lentidão me mata. Ele calcula extremamente rápido e, apesar disso, precisa de muito mais tempo do que eu, porque antecipa milhões de movimentos para o segundo e o terceiro lance à frente. Eu não consigo prever um movimento dois ou três lances à frente. Por isso jogo rapidamente. Jogo intuitivamente – sinto assim. Essa besta não tem intuição. Simplesmente calcula as alternativas de antemão. Então ele decide. O resultado é: ele decide melhor do que eu. Não se decidiu existencialmente. Ali não pode se falar de liberdade. Isso se chama inteligência artificial.

---

3   Para maior glória de Deus.

[comunicação humana II 2a02] Também foi assim na Guerra do Golfo. Mandaram transferir os resultados para a imagem. O computador montou cenários, batalhas. Ele venceu, digamos, cinco mil batalhas. Vimos como é o clima, a qualidade da areia, o que os iraquianos comem no almoço e que situações psicológicas existem ali. Naquele espaço virtual ele jogou *war games*. Então o computador escolheu uma das batalhas. Foi uma coincidência de diversas competências, de sociólogos, psicólogos, especialistas militares e econômicos. Os objetivos eram, em primeiro lugar: nenhum americano deve morrer; em segundo lugar: o mínimo possível de iraquianos deve morrer; em terceiro lugar: deve custar o mínimo possível. E em quarto lugar: deve-se destruir o mínimo possível. Então o computador se decidiu de uma forma totalmente desumana: "Eu faço essa batalha. Vencerei em tantas e tantas horas, tantos e tantos minutos, tantos e tantos segundos". Depois é preciso manter Saddam, porque é mais barato do que derrubá-lo.

[comunicação humana II 2a03] Consequentemente, mudei minha opinião sobre a função da imagem na Guerra do Golfo. Aquilo que muitos viram na televisão, o acordo entre CNN e Iraque, foi apenas uma antena das imagens. Fizeram aquilo para que as pessoas tivessem a impressão de que a História continua, para que custasse menos dinheiro. Por um lado, toma-se a tradição, a cultura antiquíssima, e, por outro, os satanases americanos e judeus. Isso é bastante impressionante. Soa bem e não custa nada. Além disso, tem-se na tela todos aqueles grandes atores, o Saddam, o rei iraquiano. Eles fazem tudo aquilo de graça. Do outro lado não se mostra nada, pois do outro lado as imagens funcionam de forma diferente. Elas fazem História. O fator *erro* naquela batalha foi de quatro minutos. A batalha durou quatro minutos a mais do que fora calculado no cenário do computador.

Chega-se então a uma terceira situação. Em primeiro lugar, a foto é uma testemunha falsa da História. Depois, a foto se torna uma meta simulada da História. Por fim, na última fase, a foto se torna o gerador de uma História falsa. O que aconteceu na Guerra do Golfo não foi absolutamente História. Faz-se um experimento simulado e a História é a confirmação do experimento. Isso não é História. É outra coisa, para a qual ainda não temos nome. No futuro, não será mais necessário usá-la. Se do lado iraquiano tivesse havido um cenário daqueles, só teria cálculo antecipatório. Não teria sido necessário a execução. Então a História teria se tornado completamente virtual.

Filme: pós-história eterno
Composições de tempos
[comunicação humana II 3a03] O cineasta pode mais. Ele não pode apenas fazer *flashbacks*, retardar a velocidade ou

acelerar a História: ele pode estruturar histórias e tempos como quiser. Ele pode, por exemplo, fazer o tempo girar em círculos como no tempo mágico ou fazer equações de tempo. Aos cineastas só falta imaginação. Da fita do filme ele pode fazer uma fita de Möbius. Seria necessário mudar um pouco os aparelhos, mas não muito. Tempo e espaço são um conceito para o cineasta, exatamente como para o físico moderno. A duração e as fitas de filmes têm o mesmo comprimento. Portanto, pode-se medir o tempo em centímetros: na função da velocidade em que passa cada imagem. Segura-se o tempo na mão, sob a forma de uma película de celuloide. É possível dar uma forma a ela e fazê-la correr pelo aparelho como bem se entender. O cineasta é muito mais poderoso do que o deus da consciência histórica. Ele compõe o tempo; está acima dele e o compõe.

Pode-se deixar as imagens, as cenas correrem exatamente na mesma velocidade em que o olho percebe um processo. O olho – e o cérebro atrás dele – acredita que a coisa se desenrola realmente assim, por exemplo, como no famoso filme do trem que entra na estação de La Ciotat[4]. Quando os primeiros filmes eram transmitidos, a ilusão era tão forte que, como se sabe, as pessoas saíam correndo do cinema por medo de serem atropeladas pelo trem. Muito

---

[4] Auguste e Louis Lumière, *L'arrivée d'un train à la gare de La Ciotat* (1896).

mais interessante do que essa forte ilusão, a que já nos acostumamos, é a possibilidade de poder interferir nessas películas – conforme fórmulas predeterminadas, inclusive matemáticas – com tesoura e cola. Posso cortar a película e editá-la à vontade. Os irmãos Lumière e Georges Méliès foram completamente pós-históricos. Talvez não tivessem consciência disso, exatamente como os fotógrafos, mas eles já faziam parte da consciência pós-histórica.

Pego uma tesoura e retalho a película. Como o rolo de filme representa o tempo, os cortes representam épocas no tempo. Faca e tesoura são instrumentos da razão. A razão é uma função cortante, racionalizante. Interfiro no tempo racionalmente, usando a *ratio*. Depois colo aquilo. Alguém ainda deveria se dedicar à fenomenologia da cola. Colar, *to stick*, e ainda melhor, *coller*, tem a ver com criatividade. Todos os exercícios fenomenológicos são, a princípio, ridículos. Tenta-se deixar o óbvio falar. Todavia, nada é mais óbvio do que a cola. Então pego essa função retalhadora, a análise, e essa função colante, a síntese (para falar em termos gregos), e combino ambas. Surge algo que não podemos chamar de nada além de História. Sabemos que não é História. Não tem nada a ver com História no sentido da historicidade, e também nada a ver com a história da literatura romanesca.

ΔPAMA (drâma) de luz e sombras
Tomemos um filme de ficção (*Spielfilm*). Ali há um enredo.
[comunicação humana II 3a04] Esqueçam que isso tem relação com a palavra "mão"*. É preferível dar o nome de ação, de filme de ação, *film d'action*. Em grego se diz δρᾶμα (*drâma*). Alguém que age, um agente, em grego se diz *drôntes*. O drama é uma luta, ἀγών (*agón*). Considero o teatro a base da comunicação. Essa luta evolui para uma luta de vida ou morte, *agonía* (ἀγωνία). Lutam o πρωτ-αγωνιστής (*prot--agonistés*) e o ἀντ-αγωνιστής (*ant-agonistés*). No meio está um deus que decide a luta, quer dizer, o enredo. Para que a luta tenha uma ação, ela precisa ter agentes, atores. A ação lhes é prescrita por um *script*. Os atores têm de desempenhar papéis. Para isso, eles têm de usar máscaras. Em Roma, a máscara é usada no rosto, diferentemente de como é na África, em que ela é maior do que o rosto, para que as pessoas a vejam de longe. Há duas máscaras diferentes: a que ri e a que chora. A máscara que ri tem os cantos da boca apontando para cima, a que chora, para baixo. Segundo a psicanálise, o recém-nascido só vê a boca da mãe; ele vê apenas essas duas formas. As máscaras têm orifícios, através dos quais o agente, o *actor*, fala. Eles funcionam como alto--falantes. A palavra alemã *Ton* (som) é, em latim, *sonum*, e

---

* O autor alude ao fato de a palavra *Handlung* (ação dramática, enredo) derivar de *Hand* (mão). (N. T.)

durch (através) *per*. A máscara se chama *persona*. As máscaras são pessoas.

Se quero fazer um filme de ação, tenho de imaginar personagens. Nesses personagens, preciso inserir pessoas reais que devem se comportar conforme os personagens. É um *teamwork*. Como cineasta, tenho de dar ordens às pessoas. Isso é uma pseudopolítica. Os atores podem fazer uma pseudorrevolução; podem assassinar-se mutuamente por ira. Além disso, preciso de iluminadores, operadores de câmera etc. Então acabo o filme, e, com isso, a história começa. A fita do filme é, significa, simula o que vocês quiserem; uma história com ação, uma quase História no sentido histórico da palavra. Vocês têm uma história. Então vocês copiam a fita, não infinitas vezes, mas muitas vezes. É uma história; apesar disso, é eterna. É um rolo de celuloide extremamente interessante. Essa história se desenrola em um tempo não histórico, mas em algum tempo. Esse tempo é o comprimento da película, a duração da exibição, o tempo da duração de filmagem, o tempo de duração da ação. Existe ainda uma série de outros tempos, correndo desordenadamente, formando laços etc. Porém, há um tempo ali. Posso copiá-lo quantas vezes quiser. É um tempo e, ao mesmo tempo, é eterno. O segundo princípio da termodinâmica não está absolutamente revogado. Com o tempo, os filmes se decompõem – em cem anos eles já se estragam –, mas existem filmotecas, onde eles podem ser restaurados. Pode-se prever que os filmes são, teoricamente, eternos. Portanto, tenho o tempo em eternidade. Mas aconteceu algo com o tempo. Ele não é mais único. É estereotipado. Posso fazê-lo correr onde e quando eu quiser. Coloco o filme, a película, em um projetor. A película passa; a luz a atravessa. Aquilo que podia ser visto e ouvido na película agora é visto e ouvido em uma tela. As pessoas assistem. É um cinematógrafo, um escritor de movimentos*.

Uma fenomenologia abreviada do cinema

Existe uma descrição do cinema que é um pouco mais antiga do que a invenção do filme. É de Platão[5]. As pessoas estão no cinema e olham para a parede. Estão acorrentadas para que não fujam. Existe uma fogueira e à frente dela correm as sombras. As pessoas formam opiniões sobre as sombras. [comunicação humana II 3a05] Imagine, diz Platão – que nunca esteve em uma sala de cinema –, que as pessoas fossem libertadas, saíssem e vissem a luz do Sol. Então elas teriam compreendido que todos estavam em cavernas. Platão acredita que nós não vemos nada além de sombras. No momento

---

* "Escritor de movimentos" = *Bewegungsschreiber* (neologismo alemão cunhado para traduzir literalmente os étimos gregos que compõem a palavra *cinemató-grafo*. (N. T.)
5 "A alegoria da caverna", na *República* de Platão (cerca de 370 a.C.), 514--517 a. C.

em que saímos das cavernas vemos a luz do Sol, da sabedoria, e então as sombras não interessam mais. O que ele quer estabelecer com isso é um argumento contra a política. Platão diz que, na política, estamos todos acorrentados e vemos apenas sombras. Quando atingimos a sabedoria entendemos que tudo não passa de um jogo de sombras; vemos a verdade.

O cinema não funciona assim. As pessoas que vão ao cinema estavam no sol e querem ver apenas sombras. Não é o sol que elas querem ver. Vão ao cinema e pagam para ver sombras. O que aconteceu? Por que é que as pessoas estão tão cheias da História que se escondem dela no reino das sombras? Por que não querem mais ver o sol?

Um cinema é uma portinha. Atrás dessa porta há uma porta giratória. Para passar nessa porta giratória é preciso pagar um óbolo. Então vocês serão iniciados no mistério. Vocês entram em uma sala escura. Lá, veem assentos, lugares, ordenados numericamente. Vocês se lembram das séries numéricas? Elas são claras e distintas. Entre uma poltrona e outra há um intervalo. As pessoas que entram formam grupos. Elas se dividem. Se entra o mesmo número de pessoas que o número de assentos, temos dois conjuntos biunívocos. A cada poltrona corresponde um frequentador do cinema; a cada frequentador corresponde uma poltrona: um típico caso de *set*, de conjunto biunívoco. As pessoas – seres vivos, supõe-se – entram, sentam-se nas poltronas e se esparramam confortavelmente. A missa católica está ultrapassada. Na missa católica, o pão transforma-se em carne. No cinema, uma pessoa se transforma, de algo vivo, em algo estendido. A coisa estendida é adequadamente biunívoca em relação a uma coisa aritmética. Não existe milagre maior de metamorfose do que o cinema. Lá estão elas, sentadas. Atrás delas funciona um projetor, na verdade, sem ruído, mas mesmo assim é possível ouvi-lo – ele não é completamente silencioso. O ambiente todo é organizado de forma que os sons e as imagens envolvam as pessoas. Na tela aparecem sombras, coloridas e sonantes, do jeito que o cineasta as compôs a partir dos personagens, com a tesoura e a cola. O que as pessoas veem ali não é exatamente aquilo que os escravos de Platão veem, pois eles não acreditam nas sombras. Segundo Platão, as pessoas que se ocupam com o mundo aparente não sabem que veem apenas sombras. Estão acorrentadas na cena política. Platão quer libertá-las e dizer: "Seus imbecis, vocês só veem sombras". No cinema, o caso não é esse. As pessoas querem aquilo. Todas sabem como aquilo é feito. Quando o projetor para ou a imagem começa a tremer, vocês acreditam que as pessoas dizem: "Graças a Deus, agora que estamos livres das sombras, vemos que, agora, são só produtos"? Ao contrário!

Vídeo: *Instant Philosophy*
Espelho: reflexão e especulação
[comunicação humana III 2a02] Espelhos são um tema antiquíssimo e, ao mesmo tempo, atualíssimo. Há os mitos de espelho: Narciso, que se contempla em uma superfície de água parada e se apaixona por si mesmo. Além disso, o espelhamento é a base da confecção de imagens. Alguém se recolhe em sua subjetividade, observa o mundo e fixa o que viu. O homem que faz imagens é um tipo de espelho. A ideia de que percepções são espelhamentos no sentido duplo de miragem e reflexão está profundamente arraigada em nós – no tema do sósia, por exemplo. O sósia é uma imagem espelhada, uma sombra. Sombras e espelhos são afins, quase que por oposição. Com o começo da filosofia em 500 a.C., as palavras "espelho" e "reflexão" começam a ganhar um sentido específico. Filosofar significa refletir (*reflektieren*) sobre pensamentos, especular. Especular significa espelhar. Refletir significa lançar raios de volta.

Isso está elaborado sob o conceito de refletir (*nachdenken*), em Heidegger. Quando pensamos, pensamos para a frente. Pensamos em algo à frente*. Uma categoria muito importante é a da preocupação (*Sorge*). Heidegger diz que

---

* Jogo de palavras. O sentido de *nachdenken* é "refletir mentalmente, meditar", mas levando em conta a composição da palavra (*nach* = para, em direção a + *denken* = pensar), o verbo significa literalmente "pensar na direção [de algo]". (N. T.)

estamos sempre caindo na morte. Fomos lançados no mundo e caímos em direção à morte. Durante a queda deparamos com coisas (*Dinge*). Somos aí condicionados (*bedingt*) para a morte. Quem conhece as condições (*Bedingungen*)* poderia antever perfeitamente o caminho da vida. Trata-se de um *Dasein* (ser-aí) em queda. Nós decaímos em direção à morte. Mas pode acontecer, diz Heidegger, que nós, de algum modo, nos detenhamos, que nos encontremos, que de repente paremos de decair. Não sei como acontece, mas todos vivenciam isso. De repente, achamos a nós mesmos. Sartre também descreve isso. Fomos lançados em um pote de mel. Ele é doce e o lambemos sem parar. Isso é o agradável no hábito. Até que nos acomete a vontade de vomitar. Começamos a vomitar. Essa é a categoria sartriana da *nausée*, da náusea. À medida que vomitamos aquilo que havíamos lambido, nos esvaziamos. Estamos vazios. Em todo o nosso redor há abundância. O que na verdade nos causa náusea é a abundância. Rilke diz: "*Der Tod ist groß. Wir sind die Seinen lachenden Munds. Wenn wir uns mitten im Leben meinen, wagt er zu weinen, mitten in uns*"[6]. Para Sartre, há o "nada nadificante", *le néant néantissant*, que nos cava por

---

* Jogo de palavras. A palavra "coisa" em alemão, *Ding*, está na base das palavras "condicionado" (*bedingt*) e "condição" (*Bedingung*). (N. T.)

6 "A Morte é grande. Somos os Seus, de boca risonha. Quando acreditamos estar no meio da vida, ela ousa chorar, no meio de nós." Rainer Maria Rilke, *Schlußstück*, de *Das Buch der Bilder* (1898-1906).

dentro e torna tudo nauseante. Em Heidegger, a atmosfera (*Stimmung*) é outra. Quando, de repente, nós nos encontramos, paramos de decair. Heidegger diz que somos fechados; somos cercados pelas coisas (*Dinge*); somos condicionados (*bedingt*), na estreiteza, na angústia (*Angst*), na *angustia,* no aperto, em francês *coincer,* espremidos no canto. De repente, algo arrebenta, e nós nos re-solvemos (*ent-schliessen*). Com essa resolução abre-se ao nosso redor, por assim dizer, uma clareira na selva, a clareira do ser. Heidegger utiliza palavras singulares. A imagem que ele tem é a da Floresta Negra. Ele escreveu o livro *Holzwege*[7] como ontologia sobre a Floresta Negra. Na clareira, vemos os contornos das árvores. Ele diz algo como: "Na clara noite da clareira do ser, coloca-se a questão: como é que algo se dá (*es gibt*) absolutamente? E não, pelo contrário, nada?". Quando tento traduzir isso, sempre tropeço no "pelo contrário" (*und nicht vielmehr*). Como expressar isso em outras línguas? Com o francês *plutôt* ou o inglês *by the way* fica completamente errado.

A partir dessa pergunta, vislumbra-se por que os contornos das árvores contra a clareira podem ser vistos. Eles aparecem na clara noite do nada, da morte. De repente, reconhece-se que não se está mais caindo para a morte. [comunicação humana III 2a03] Reconhece-se que a morte não

---

7   Martin Heidegger, *Holzwege* [Caminhos da floresta] (1935-1946, primeira publicação em 1950).

é problema, pois, onde estou, a morte não está, e onde a morte está, não estou. De certa forma, tem-se a morte atrás de si. Para-se de cair. Não se é mais um ser-aí em queda, antes, o ser-aí começa a projetar-se (*entwerfen*) para longe da morte, na direção contrária a ela. Heidegger chama isso de ser-aí no projeto (*Entwurf*). Nessa situação, diz Heidegger, a angústia se transforma; torna-se preocupação (*Sorge*). Eu providencio (*vorsorgen*) algo, eu cuido de algo (*sorgen für*), eu me preocupo com algo (*sich besorgen*), eu me preocupo em obter algo (*sich etwas besorgen*). O que Heidegger quer dizer com isso é que o pensar, na verdade, só começa agora, com o projeto de ser.

Não concordo com a visão de Heidegger. Acho que, quando começamos a projetar, não somos mais sujeitos de objetos, mas projetos para objetos, não mais submissos aos objetos*. O importante nessa análise de Heidegger é que ele diz que o pensamento é algo projetado: penso previamente, preocupo-me. O pensar é um tipo de preocupação, tanto porque algo me preocupa quanto porque eu me preocupo em obter algo.

Além disso, há em Heidegger o refletir (*Nach-denken*). Ele começa seu grande livro *Ser e Tempo*[8] com a frase: "Ser

---
* Jogo de palavras. Flusser emprega verbos com o mesmo radical (*werfen* = lançar) e prefixos diferentes: *ent-werfen* = projetar, *unter-werfen* = submeter. (N. T.)
8 Martin Heidegger, *Sein und Zeit* (1927).

é um verbo". Há um presente: sou, um imperfeito: era; um perfeito: fui e um futuro: serei. No momento em que isso é substantivado, o ser (*Sein*), a essência (*Wesen*), o devir (*Werden*), eu falsifico o problema. Não há mais substância atrás do substantivo. Ser não é nada substancial, mas algo diagonal. Tem a ver com tempo, não com coisa (*Sache*). Heidegger diz que não percebemos isso. Está oculto, velado a nós. Agimos como se pudéssemos dizer "*das Sein*" ("o ser"), "*das So-Sein*" (*o ser-assim*), "*das Da-Sein*" (o ser-aí), "*das Vorhanden-Sein*" ("o ser-subsistente"), "*das Zuhanden-Sein*" (o ser-manipulável). Isso vem dos gregos. Os gregos dizem τὸ ὄν τὰ ὄντα (*tò ón, tà ónta*). Eles até indicam um plural; dizem "os seres", algo assim, como se pode dizer em inglês *beings*. Isso é, segundo Heidegger, um crime. Perpetrou-se um crime contra nós. Produziu-se o ser e, com isso, fez-se de nós algo impossível de ser. Ocultou-se de nós o fato de que somos aí. É preciso investigar isso, assim como um detetive investiga um criminoso. É preciso seguir os rastros do criminoso na direção contrária. Esse ir-ao-contrário (*nach-gehen*) ele chama de re-fletir (*nach-denken*). É exatamente aquilo que São Tomás chama de *speculatio*. É preciso refletir como um espelho, retroceder, ir na direção contrária. Para São Tomás, assim como para Aristóteles, essa é a função da filosofia. Reencontra-se em toda a parte essa imagem de que a filosofia é uma especulação, um ir-para-trás. Wittgenstein diz, por exemplo: "Filosofar seria a coisa mais simples do mundo se o bom senso não tivesse enrolado todos os problemas em um novelo". Assim, a filosofia infelizmente tem de investigar o bom senso e "desenrolar" todos os novelos, e por isso a filosofia é tão complicada. Que o espelho seja o instrumento da filosofia, isso é claro desde o começo.

Vídeo: instrumento da filosofia

Espelhos são uma coisa estranha. Consistem em um vidro com uma camada de nitrato de prata atrás, que impede a passagem da luz, que reflete a luz através do vidro. Para que o espelho possa espelhar, ele deve ser cego do outro lado. Eu sei muito bem o que significa quando um espelho fica cego, pois tenho catarata. Quando se começa a espelhar com o espelho, cria-se verdadeiros jogos filosóficos. Se posicionados frente a frente, em determinado ângulo, espelham-se reciprocamente, o que se pode fazer de forma fabulosa no computador. Resulta no abismo do regresso ao infinito. [comunicação humana III 2a04] Vejo algo infinito, um buraco infinito. Como Wittgenstein afirmou: "Com dois espelhos em um quarto vazio, pendurados em duas paredes opostas, e nada entre eles, eu tenho o infinito do nada". Assim, diz Wittgenstein, são a linguagem e a realidade. Em cada método filosófico está sugerido, de alguma forma, um espelho.

Agora se inventa um tipo completamente novo de espelho. O que caracteriza o espelho tradicional é a inversão. O espelho inverte esquerda e direita, mas não em cima e embaixo. O monitor de um vídeo é um espelho que reproduz esquerda e direita corretamente. Estamos tão acostumados à inversão do espelho que ficamos totalmente desorientados quando um espelho não inverte. No caso desse instrumento da filosofia, a esse espelho que não inverte os lados acrescenta-se algo inédito. Imaginem um espelho que tivesse memória. Ele não seria apenas um emissor de informações – e um emissor que reenvia de imediato as informações, um receptor que envia instantaneamente –, mas, além disso, teria uma memória. Vocês poderiam ver o que ontem se podia ver no espelho ou há mil anos. Toda nossa imagem de mundo (*Weltbild*) não seria completamente modificada se tivéssemos uma memória especulativa? O monitor é assim. O monitor do vídeo tem uma memória. O monitor não é apenas um espelho que não inverte os lados, ele é um espelho com memória.

O que vocês veem no monitor não é seu próprio olhar, mas o olhar da câmera, do operador de câmera. É um espelho que espelha sobre nós a visão do outro.

Vocês nasceram com o vídeo; eu já tinha quarenta anos quando ele surgiu. Talvez isso facilite as coisas para mim. Eu fiquei atônito, enquanto vocês o veem como óbvio. Nunca pude entender por que o vídeo nunca se tornou um método filosófico, por que, já há muito tempo, a filosofia não se serve única e exclusivamente do vídeo, por que, já há muito tempo, não se jogaram fora todos os livros de filosofia e não se lida apenas com o vídeo. O vídeo não inverte a coisa, mas a reflete. Automaticamente, imediatamente. E com memória.

"The kitchen", Nova York

Eu fiquei tão fascinado com o vídeo que passei um ano em um centro de vídeos em Nova York. Foi um período sabático, afastado de minha escola em São Paulo. Há certo tempo atrás, havia um centro de vídeo em Nova York chamado "The Kitchen"[9]. Era dirigido por um sujeito completamente doido, iletrado, um especialista genial em vídeos, um coreano chamado Nam June Paik, que está para a filosofia assim como estou para o judô. Na verdade, isso é uma infelicidade, porque ele é um excelente especialista em vídeo. Em seguida, estive em Buffalo, no Center for Media Studies – pelo que sei, a primeira escola de comunicação no mundo, que pertencia à New York University of Buffalo e era dirigida pelo excelente Gerald O'Grady. [comunicação humana III 2a05] Lá, conheci Woody Vasulka, que, ao contrário de Nam June Paik, é uma pessoa extremamente civilizada.

---

9   Coletivo de artistas fundado por Steina e Woody Vasulka em 1971 (*Center for video, music, dance, performance, filme + literature*).

As pessoas faziam seus vídeos sobre o telhado do antiquíssimo Chelsea Hotel. Era sujo, nada funcionava. Foi lá que conheci que tipo de memória o vídeo é. Ele funciona *instant, instant coffee, instant food*. *Fast* não é a expressão. *Instant*. Nessa memória, pode-se apagar algo imediatamente, pode-se fazer alterações. A memória pode misturar os tempos, é bem diferente do filme. Existe aquela cena do *Encouraçado Potemkin*[10], de Eisenstein, em que as pessoas descem em disparada as escadarias de Odessa. Zbigniew Rybczynski[11] fez o seguinte: ele passou o filme para vídeo e inseriu no vídeo uma cena no Central Park. Ele fez isso de forma tão arguta e manipulou tão bem as imagens, que, por exemplo, aparece no filme uma pessoa fazendo *cooper* se chocando contra um carrinho de bebê. [comunicação humana III 2b01] Não são truques, e quero deixar isso claro. Assim é o tempo. Se você refletir sobre o tempo, o presente gira e entra no passado. Efetivamente, é assim que a nossa memória funciona. No vídeo, você pode sobrepor os tempos, de forma que "mais tarde" se torna superficial e "mais cedo" torna-se mais profundo.

Existe um tipo de pasta de dentes que, quando colocado sobre a fita de vídeo, deixa a fita transparente. O espelho não

---

10 Sergei Eisenstein (1925).
11 Neste ponto da palestra, Flusser fala do trabalho de Woody Vasulka. Ele o confunde aqui com o cineasta e *videomaker* polonês Zbigniew Rybczynski. Na verdade, ele descreve o trabalho de vídeo de Rybczynski *Steps* (1987).

espelha nada ali; a fita aparece como uma superfície em branco. Isso, na verdade, também não é um truque, pois nós, de fato, somos capazes de esquecer. Essa pasta de dentes não é nada mais do que a função do esquecimento. Waldheim* foi condenado à morte pelos nazistas, conduzido à frente de um batalhão de execução e fuzilado. Mas nada lhe aconteceu, pois todos aqueles tiros passaram por lacunas de memória. Você pode inserir lacunas de memória no vídeo e então preencher as lacunas com outra coisa, como fez Waldheim. Então ali, onde havia uma lacuna de memória, ele pode se tornar novamente secretário-geral das Nações Unidas. O vídeo permite manipular a memória de forma visual direta, como não é possível no caso dos computadores.

Vídeo versus *filme*

O vídeo é um espelho que funciona instantaneamente, exatamente como qualquer outro, e tem uma memória manipulável. O fator instantâneo é muitíssimo importante. Isso distingue claramente o vídeo do filme. Além disso, o vídeo espelha o ponto de vista de um outro vídeo. Depois de ter feito esse resumo, soa quase inacreditável que se trate o vídeo como se fosse um filme. Isso não entra na minha cabeça.

---

* Kurt Josef Waldheim. Oficial austríaco nazista que após a Segunda Guerra tornou-se diplomata e, por fim, secretário-geral da Organização das Nações Unidas. (N. T.)

Não consigo entender. Trata-se de uma confusão ontológica. O filme é uma evolução da fotografia. A fotografia é uma janela como qualquer outra imagem. A fotografia e o filme são ferramentas para olhar para fora. Quando se assiste a um filme, vê-se algo que está fora, externo. O vídeo é um espelho. Atrás da janela foi aplicada, propositalmente, uma camada opaca, para que ela reflita. Naturalmente pode-se confundir janela e espelho. Naturalmente pode-se espelhar na janela e pode-se mostrar uma janela no espelho. Isso dá certo. É possível mostrar filmes em formato de vídeo e transformar vídeos em filmes. Mas no fundo são duas coisas completamente distintas. Se você fizer uma árvore genealógica das imagens, o filme seria uma continuação do olhar-pela-janela, e o vídeo, uma continuação do espelhar-na-água de Narciso. O herói do filme é o criador. O cineasta é um superdeus. Por outro lado, o herói da técnica de vídeo é o filósofo. Agora chegamos a um ponto em que as pessoas tratam o vídeo como se fosse filme. E o levam para a televisão. Meu amigo Abraham Moles acha que a televisão é um periscópio. Nós estamos em submarinos e olhamos pelo periscópio. Não é uma imagem ruim.

Ao nos ocuparmos com o espaço virtual, constatamos que talvez não precisemos mais da realidade. Talvez não tenha mais sentido dizer: "Isso é real". Existe uma máquina que põe isso à prova, pois, a partir do mundo virtual, você pode tornar visível aquilo que computamos em nosso sistema nervoso central como som e pode fazer soar aquilo que percebemos visualmente em nosso sistema nervoso central. Isso é uma prova de como nós mesmos computamos aquilo que chamamos de realidade através de nosso sistema nervoso central. [comunicação humana III 2b02] Você vê, por exemplo, o bater do coração no *Electronic intermix,* e você ouve como a pessoa anda na rua. Esse olhar dirigido ao transeunte é inesquecível. A fotografia está explorada. Não acredito que ainda exista algum mistério na fotografia. É preciso jogar contra a câmera quando se quer fotografar, a fim de encontrar nela alguns nichos que ainda não foram explorados. Mas provavelmente a fotografia está perto do fim. O filme seguirá a fotografia. É possível fazer muita coisa que ainda não foi feita. A invenção do filme ainda não se esgotou totalmente. Mas ainda nem se começou a investigar o vídeo. O vídeo foi parar nas mãos de gente que encobre a coisa de forma criminosa, em vez de descobri-la. Quando se inventa algo, é preciso descobrir posteriormente o que se inventou. O vídeo é uma invenção feita para visualizar uma cena instantaneamente, para que se possa controlá-la na televisão. Essa é a diferença entre *live* e *canned copy*, gravações. Como não se sabe se vai dar certo, faz-se o registro. Se estiver tudo em ordem, pode-se mostrar mais tarde, caso contrário, é possível mudar alguma coisa. O vídeo foi inventado com essa finalidade vagabunda. Mas no vídeo há possibilidades que as pessoas jamais imaginaram.

L'art sociologique, Paris
Quando, em 1972, emigrei para a França, graças ao amor escasso entre os generais e mim, encontrei o Fred Forest. Na época, ele era um *pied-noir**. A guerra o tinha desarraigado completamente – ele havia interrompido os estudos na universidade, era funcionário dos correios em algum lugar, naturalmente optara pela cidadania francesa e tinha uma câmera de vídeo. Nesse meio tempo, ele se tornou um homem famoso, é artista de vídeo da França, professor de artes plásticas, *Arts plastiques*, na École Nationale Supérieure des Beaux-Arts, na rua Bonaparte, em Paris – um grande *monsieur*. Mas antes que ele se tornasse um grande *monsieur*, eu lhe disse: "Vamos experimentar o que se pode fazer com o vídeo". Em Paris, no Quartier Latin, existe uma ruazinha chamada Guénégaud. Ela consiste em, digamos, seis ou sete casas de cada lado. Ali vivem, talvez, quinhentas pessoas. Lá existem um cabeleireiro e um antiquário, coisas assim. Forjando fatos falsos, conseguimos com a polícia uma autorização para fechar a rua para os carros durante

---

* Literalmente, "pés-escuros". Designação popular dos franceses de origem argelina. (N. T.)

uma hora. Então, colocamos monitores em todas as entradas da rua e das casas, e em cada lado da rua. Fred Forest ficou andando por ali com sua câmera. As pessoas andavam pela rua e viam aquilo. Elas se viam de outro ponto de vista. Na época, não estavam acostumadas com aquilo – elas se viram sob um ponto de vista totalmente diferente e viram os demais moradores da rua sob outro ponto de vista. Começaram, então, a falar entre si através do vídeo. Falavam coisas que nunca haviam dito diretamente umas às outras. Esse é um dos primeiros exemplos da tele-presença. Encontraram-se no monitor e, por conseguinte, falaram entre si no monitor. Não lhes ocorreu que poderiam ter se virado e falado entre si, diretamente. Esse experimento na rua Guénégaud tornou-se um experimento histórico. Dali surgiu um movimento artístico chamado *Art sociologique*. A editora francesa 10/18 publicou um livro de Fred Forest, *L'art sociologique*[12], com um artigo meu discutindo minha opinião, na época, sobre o vídeo.

[comunicação humana III 2b03] Estou irritado com o crime que é colocar vídeos a serviço da televisão – de se gravar vídeos para programas de televisão ou para fazer filmes. Com isso, o caráter do vídeo fica totalmente desconhecido.

---

12 Fred Forest, *Art sociologique*, *Video* (Paris: Coll. 10/18, 1977).

Enfeixamento *versus* conectividade em rede
Do fim de velhas estruturas

[estruturas de comunicação III 1a01] Graças ao conceito de "virtual", que se inseriu entre os conceitos de real e fictício, estamos em condição de ter uma ideia dos deslocamentos entre as possibilidades que atualmente caracterizam nosso entendimento ontológico do mundo. Entre os conceitos limítrofes de verdadeiro e falso, inseriu-se o conceito de provável. Com isso, entre esses dois domínios limítrofes, podemos propor enunciados tanto conceituais e escritos quanto calculatórios e matemáticos. Porém, perdemos o chão.

Nossas categorias sociais, que herdamos de nossos pais e avós, e que, diferentemente daquelas categorias da teoria do conhecimento, são fortemente carregadas de emoção – categorias como família, profissão, Estado, nação, pátria, partido político, sindicato, classe, até conceitos como casamento e filhos, por exemplo – e estão desmoronando. Essas categorias não engrenam mais, não funcionam mais. Sob esse ponto de vista, a sociedade está em declínio. Não podemos mais compreendê-la. Em contrapartida, estão surgindo novas estruturas. Em nossa consciência e em nosso ambiente (*Umwelt*) hão de emergir novas constelações, mas ainda não temos um aparato conceitual para formulá-las.

O que estou afirmando é radical. Quando se fala de revolução da comunicação, em geral pensa-se em radicalismo.

[estruturas de comunicação III 1a03] Nós não *moramos* mais, não no sentido em que *moramos* durante dez mil anos. [estruturas de comunicação III 1a04] Não existe mais casa. [estruturas de comunicação III 1a05] A casa é inabitável, porque se tornou inabitual. Minha tese é que o furacão da revolução da comunicação sopra através de todas as paredes e todos os telhados, arrastando consigo tudo o que é familiar, pátrio, nacional, privado. Também não existe mais espaço público. [estruturas de comunicação III 1b02] O desaparecimento do espaço público significa também o desaparecimento de todo diálogo e, consequentemente, de qualquer formação de opinião pública. Uma descrição do fim da política mostra que, nesse sentido, a sedentariedade acabou. Desaparecem as estruturas da sociedade, ou seja, família (a relação entre pais e filhos, entre homem e mulher), povoado, cidade, país, povo, sindicato, classe.

Da necessidade de novos modelos
[estruturas de comunicação III 1b04] A fuga diante do inabitável, o turismo de massa, gera os congestionamentos em toda parte. Esses movimentos e as novas estruturas precisam de novos modelos. Eis aqui um exemplo da migração de aves, que impressiona porque pressagia o futuro da humanidade: existe uma espécie de andorinha cujos ninhos são confeccionados no curso superior do Nilo Azul. Em fevereiro ou

março, esses pássaros migram em direção à Islândia. Ali, acasalam-se e voam de volta, para botar os ovos junto ao Nilo. Uma de suas paradas no caminho, entre Tanganica e Islândia, é a curva que o Reno faz perto da Basileia. Há alguma relação com as irradiações dos penhascos dali. Lá, o Reno flui em direção ao oeste e de repente vira para o norte. Nessa curva existem buracos nas encostas dos penhascos, em que as andorinhas se aninham. Ciba Geigy ou Sandoz construiu uma grande fábrica lá. Isso obrigou as andorinhas a construírem seus ninhos a cerca de quinhentos metros em direção ao leste. Agora elas voam para Murmansk, em vez da Islândia. Toda a rota se deslocou por causa desses quinhentos metros. No fim das contas, a diferença do trajeto ultrapassa dois mil quilômetros.

À massa pertence a destruição de todos os vínculos e a vontade de destruí-los. Essa massa existe e está submetida às transmissões em forma de feixe. Aparentemente, a massa recebe modelos de vivência, aquilo que antes era chamado *arte*. "A Escrava Isaura", "Dallas" ou "Lindenstrasse" substituem aquilo que antes era arte. Fica evidente que não é impossível separar os três tipos de modelos: modelos de vivência, portanto, estética; modelos de comportamento, portanto, ética/política; e modelos de conhecimento, portanto, teoria do conhecimento/ciência. As mídias de massa misturam as coisas propositalmente, de forma que as mensagens aparecem como modelos de vivência. Mas esses modelos de vivência são, na verdade, modelos de comportamento. As pessoas se comportam de acordo com tais modelos: fazem compras e viajam – isto é, fazem turismo de acordo com eles –, fazem suas escolhas políticas, criam seus filhos ou formam aquilo que, erroneamente, se poderia chamar de opinião. Naturalmente, não se trata de uma opinião, mas de uma reação.

Atrás desses modelos de comportamento que agora substituem a política e a ética, ocultam-se modelos de conhecimento. As pessoas sabem o que sabem graças a esses programas. É uma mistura diabólica. Eles são aceitos como se fossem modelos de vivência, como αἰσθητός (*aísthetos*), para dizer de maneira elegante. Porém, funcionam como imperativos e modelos de conhecimento. Isso é irresponsável.

Da crítica da imagem e de sua impossibilidade

Essas imagens de televisão não podem ser criticadas. Criticar imagens funciona da seguinte forma: quando uma imagem está diante de você, seu olho circula pela superfície para decompor a imagem. A tentativa de atribuir o tempo à sincronicidade da imagem é uma crítica, uma decomposição, κρίτεον (*kríteon*). O critério aqui é o ato de circular. Mas, ao redor de imagens movimentadas, com som, não se pode circular. Deve-se seguir as imagens, como se fossem textos. Essas imagens se movimentam apenas no conteúdo, não na forma. O televisor fica parado. Leem-se os textos, mas não correndo os olhos ao longo da linha. Lê-se, mas com olhar fixo. O estranho é que as imagens movimentadas ficam mais paradas do que textos. O televisor não sai do lugar. Isso torna qualquer decifração crítica impossível.

Poder-se-ia fazer uma crítica posterior, dialogando a respeito da mensagem recebida. Mas isso só pode ser feito quando é possível comparar mensagens [estruturas de comunicação III 1b05] quando, por exemplo, leio um livro de Vicki Baum e falo com alguém que leu Karl May. Digo: "Quando se quer conquistar uma mulher é preciso fazer isso e aquilo". E o outro diz: "Não, a gente deve se esconder atrás de uma lombada". Disso pode surgir uma troca de ideias, que pode ser chamada de crítica. Porém, se todas as pessoas têm os mesmos programas e, portanto, estão igualmente programadas, qualquer diálogo é um palavrório. É um falatório que, além disso, geralmente é acompanhado o tempo todo por música de rádio, *musique de fond*.

Massa e mídia
Portanto, a massa é acrítica. Não é emancipada, não sabe falar. Ela não só é amorfa, não só perdeu todas as estruturas, mas

ela é, também, in-fantil (*un-mündig*)*. Quando se diz na televisão "*les Français sont assez grand pour ....*"¹³, isso é uma mentira. Quando se analisa o nível intelectual, moral e estético, que há alguns anos ainda integrava a faixa de idade de mais ou menos sete a oito anos, nota-se que ele caiu para a faixa de cinco a seis anos e continua caindo, não importa onde. Mas apesar disso a massa se movimenta. Ela viaja, por exemplo, para a Côte d'Azur, anda de motocicleta ou vai a danceterias. Essas movimentações são "retroalimentadas", para que as emissoras possam se adequar cada vez mais à recepção pela massa. Para esses *feedbacks* existem instrumentos complexos. O instrumento mais conhecido são as eleições políticas.

A televisão parece oferecer liberdade eleitoral, como tudo mais na massa. Vocês têm diversos botões ou uma caixinha preta cheia de botões para apertar, e vocês podem apertá-los ininterruptamente. Isso se chama *zapping*. Existe um novo modo de vida, a dos *couch potatoes* – uma batata deitada que aperta essas coisas. Então, pode-se escolher. Pode-se escolher entre "Lindenstrasse" e "Dallas". Naturalmente, a

---

* Jogo de palavras. A etimologia popular do alemão confunde dois significantes convergentes, mas com origens e significados distintos: *Mund* (1) = boca e *Mund* (2) = tutela. O adjetivo *un-mündig* deriva de *Mund* (2) e significa "não emancipado", todavia, se associado a *Mund* (1) parece significar "sem boca", ou seja, "sem fala". Eis o trocadilho de Flusser, que liga a ideia de menor idade à de incapacidade linguística e pode ser parcialmente recuperado no português por "in-fantil" ("sem fala"). (N. T.)

13 "Os franceses são bastante grandes em ..."

escolha é uma ilusão. É certo que os modelos que se recebe, no que diz respeito à vivência, são levemente diferentes, mas os modelos fundamentais de comportamento e conhecimento são os mesmos: a escolha é fictícia. Isso também vale para os chamados partidos políticos. Sim, pode-se escolher. De fato, há os socialistas e os partidários de Chirac, os liberais, os comunistas e Le Pen, depois, há esses Verdes e aqueles Verdes* – toda uma gama de possibilidades. Naturalmente essa escolha tem o mesmo efeito que apertar teclas. É claro que as emissoras informam como se deve votar. É para isso que existem, por exemplo, pesquisas que medem a opinião pública semana a semana. Sabe-se exatamente quantas pessoas estão assistindo. Tudo isso são dispositivos extraordinariamente complexos, que conduzem o receptor à emissora, e, no meio deles, existem os relés – pessoas colocadas entre a massa e as emissoras. São técnicos de segunda categoria e têm um papel intermediário entre a emissora e o receptor. Para formá-los existem, por exemplo, as universidades. Os programadores elaboram os programas a partir daquilo que, por enquanto, ainda deve ser chamado de História.

Ainda existe História, apesar de tudo o que descrevi. Ainda acontece alguma coisa. Ela ainda existe, para poder programar as emissoras. A História é sugada pelas emissoras

---

* Referência aos membros de partidos políticos de tendência ecologista na Europa. (N. E.)

e, a partir do acontecimento, é transcodificada em imagens, portanto, passada da unidimensionalidade para a bidimensionalidade sonora. Essa sucção da imagem da História é tão forte que tudo acontece cada vez mais rápido. A História é sugada pela imagem para poder ser transformada em programa e, depois, transmitida. Há o perigo de que a última história seja sugada e então nada mais aconteça, e os programas caiam em ponto morto. Para evitar esse risco, as imagens fazem História. No século XIX, as imagens estavam acima da História para registrá-la. No século XX, as imagens se tornaram diques da História, para transcodificá-la em programas. Agora, ante o perigo de que a História se extinga, ante o perigo de que seja necessário repetir reiteradamente os episódios de "Dallas" – sim, porque, além de "Dallas", nada mais acontece –, as imagens produzem História. As emissoras, essas estruturas pós-históricas, alimentam-se de História, e, quando ela ameaça se extinguir, elas produzem História.

Consumo I: o fim da cultura
À análise do enfeixamento pertence ainda um estranho comportamento da massa. O que distingue o ser humano de todos os outros seres vivos é o fato de ele armazenar, processar e transmitir informações adquiridas. Pode-se dizer que as emissoras são tipicamente humanas. [estrutura de comunicação III

2a01] As emissoras adquirem informações a partir da História, armazenam-nas em algumas memórias, por exemplo, em videotecas ou em memórias de computador, processam-nas em imagens e as transmitem. Sob esse aspecto, não mudou muita coisa desde o começo da humanidade. As emissoras, no fundo, fazem a mesma coisa que os anciãos junto à fogueira em Lascaux. Mas alguma coisa mudou nos receptores. Como o próprio nome diz, os receptores recebem. Mas não têm memória. E não processam. E não transmitem. Mal dá para acreditar no que aconteceu aqui. O que aconteceu se chama consumo. Em alemão, se diz *Verbraucher* (consumidor), mas isso está errado. Os receptores não precisam de nada*. Por isso, também não consomem nada. Consumir tem a ver com queimar. O fogo consome. A comparação que faço é com vermes, mas ela ainda não é boa. Imagino a massa como um verme gigantesco. Através de sua goela, as informações fluem para dentro, elas passam pelo celoma e são eliminadas (não digeridas) pelo ânus, de tal forma que é possível reciclar o que foi eliminado, ou seja, o detrito, e servi-lo novamente. O verme nem percebe que ele já devorou aquilo, pois não tem memória. Nessa base é que funcionam geralmente a televisão e as demais mídias de massa. A comparação não é boa, porque o verme de fato

---

* Jogo de palavras. Em alemão, o verbo *ver-brauchen* (consumir, fazer uso de) deriva de *brauchen* (precisar). (N. T.)

digere alguma coisa. A massa, por sua vez, permanece completamente intocada. Mas fica um resto de vício na massa. Como uma planta se volta heliotropicamente para o Sol, a massa se volta teletropicamente para o televisor. Chamemos de sensacionalismo. Quanto mais ela é alimentada, tanto mais ela quer, embora não consuma nada. Freud descreve isso quando fala da fase oral-anal. A massa é oral-anal. Portanto, quando se diz que ela está no nível da faixa etária de cinco a seis, isso é extraordinariamente otimista. Caso a análise da fase oral-anal esteja correta, o nível precisa baixar para a idade de seis meses. Talvez vocês achem minha metáfora exagerada. Mas a massa não se comporta como um mamífero. Isso quer dizer, eles comem entre um programa e outro, ou durante os programas. Vão ao banheiro, dormem uns com outros. Resumindo, à primeira vista de fato parece uma sociedade humana. Mas, se vocês observarem com atenção, reconhecerão que a característica tipicamente humana, ou seja, a vontade de receber informações, armazená-las, processá-las e transmití-las não está mais presente nesse caso. Processar uma informação exige uma estratificação das informações recebidas. Mas nessa situação pós-histórica não há estratificação. Tanto faz se eu vi a "Linzergasse", ou seja lá como se chama, dez anos atrás ou ontem. Não há estratificação. Onde não há estratificação, ou seja, História, também não pode haver processamento, elaboração.

Consumo II: o começo da felicidade
A consciência é sempre infeliz. Hegel disse isso de forma definitiva – eu, ao menos, considero a afirmação plenamente satisfatória. Trata-se de uma falta, uma carência, no sentido da *Fenomenologia do espírito*. A consciência é a tentativa de repor essa falta. A tragédia da consciência é: quanto mais ela sabe, mais ela quer saber.

Quando uma pergunta obtém uma resposta satisfatória, ela para. Não faz sentido continuar questionando. A ciência acaba. Uma pergunta só é boa quando não tem resposta satisfatória. Na medida em que a ciência passa da causalidade para o formal, ou seja, das perguntas "por quê?" para as perguntas "como?", ela se torna extraordinariamente fértil, pois nunca consegue se satisfazer. O fardo humano é evitar a satisfação. Estar satisfeito é, de alguma forma, inumano. Em vez de satisfação, pode-se dizer também felicidade. Voltemos à massa. A massa está ficando feliz. Pela primeira vez, após longo tempo, existe uma humanidade feliz. Com isso, também está fora de questão que a massa se revolte. [estruturas de comunicação III 2 a02] Fora de questão! Não apenas por ela não ser consciente do que acontece aqui, mas também porque, se fosse consciente, não o quereria. Além disso, ela está em uma situação irresponsável. Suponhamos que ela avance e quebre o televisor à sua frente. Com isso, ela não atingiu em nada a emissora. Mesmo se ela quebrasse todos os televisores do mundo ao mesmo tempo. Eles são só estereótipos. O protótipo é uma emissora. E mesmo se ela invadisse a emissora e a destruísse. A programação está fora da emissora. Ela é imaterial. Qualquer ação política, no sentido do que digo agora, não é só impossível e irracional, mas também indesejada. Estamos diante do milênio, da felicidade, do *nunc stans**. Chego, assim, novamente, à palavra enfeixamento. Em latim, feixe é *fasces*. Acabei de descrever o futuro fascista.

Jogo e arte
Spiele, *jogos*, games
[estruturas de comunicação III 2b02] Um jogo é um sistema que se compõe de elementos combinados entre si segundo regras. O xadrez, por exemplo, tem 32 peças e um tabuleiro com 64 casas. Esse é seu repertório. Há certas regras. Na primeira jogada, os peões andam duas casas para a frente, por exemplo, e depois só uma. Os bispos andam na diagonal, as torres, na vertical e na horizontal e as rainhas são uma combinação de bispos e torres. Há mais duas peças estranhas. Uma é o rei, que anda uma casa em qualquer direção. A outra é o cavalo, com seu famigerado movimento de salto em L. Descrevi quase todas as regras. Há mais uma possibilidade, chamada roque. Em certo momento, o rei e

---
* "Agora constante." Expressão do filósofo cristão-neoplatônico Boécio, cunhada para definir a eternidade. (N. T.)

a torre podem trocar de posição, segundo regras específicas. A regra básica é: quando se está em uma situação em que o rei tem de se movimentar, porque está sob xeque, e quando, nessa situação, qualquer movimento seu o submeteria a um novo ataque, o jogo está perdido, ou seja, é xeque-mate. O xadrez é um jogo extraordinariamente simples.

Outro exemplo de jogo é a língua alemã. Ela se compõe de um número determinado de elementos (pode-se chamá-los de palavras), calcula-se 112 mil. Para efeito de comparação: o inglês tem cerca de 86 mil, o francês, noventa mil. Isso não deveria apavorar ninguém, pois nenhum ser humano tem a competência, em qualquer língua, de dominar mais de vinte mil palavras. Já é um colosso poder jogar com vinte mil. Além disso, a língua alemã tem regras, a gramática. Essas regras têm diferentes níveis. Existem, por exemplo, regras para se formar frases. [estruturas de comunicação III 2b03] Vocês devem estar com a impressão de que o jogo da língua alemã é muitíssimo mais difícil de aprender do que o xadrez. Isso não é necessariamente verdade.

Um terceiro tipo de jogo é o jogo de guerra. A maioria dos conceitos da teoria dos jogos vem de jogos de guerra. O xadrez, aliás, é um jogo de guerra. A ideia da guerra é que existem dois adversários que espalham suas tropas de alguma forma pela região. Espalhar em grego é στράτειν (*strátein*)*.

---

* Flusser se equivoca na grafia do grego. O correto seria: στρατοῦν (*stratoûn*). Estrito senso, o verbo significa "fazer acampamento", mas remonta etimologicamente à ação de "espalhar". (N. T.)

Existem diversas στρατεῖαι (*strateíai*), nas quais as coisas estão dispersas, e a meta é que uma dispersão de alguma forma se sobreponha à outra. A pessoa que faz isso se chama στρατηγός (*strategós*), e a maneira como se constrói isso, o método do jogo, é a *estratégia*.

Tomemos mais um jogo, o futebol. Aqui, os elementos são os próprios jogadores, ao passo que nos jogos mencionados alguém joga com os elementos. No xadrez, há enxadristas. No alemão, há gente que fala alemão. Na guerra, há estrategistas. Os soldados, ou como quiser que os chame, são, de fato, apenas peças do jogo. Pessoas que gostam de futebol – não sou uma delas, mas meu amigo Louis Bec é – me explicam: o interessante nesse jogo é o fato de que são as próprias pessoas que jogam e têm de ter, ao mesmo tempo, uma visão geral, para saber o que os outros jogadores estão fazendo. A graça aqui é que se provocam ilusões, trapaças menores e maiores e armadilhas permitidas pelas regras, diz Louis Bec. Essa seria a beleza do futebol.

Um jogo só é interessante quando a competência lúdica ultrapassa a competência do jogador. Existem dois tipos de jogos, os abertos e os fechados. Essa é uma definição apenas aproximativa. Um jogo pode ser completamente fechado, mas nunca completamente aberto. Um jogo é fechado quando nenhum elemento ou regra novos podem ser introduzidos sem que, com isso, o caráter do jogo seja totalmente destruído. Um jogo é aberto na medida em que possam ser introduzidos novos elementos e novas regras. Isso é muito mais complicado do que parece. Suponhamos que vocês decidem inserir um camelo entre a torre e o cavalo. Para tanto, seria preciso introduzir quatro camelos, dois brancos e dois pretos. Então seria preciso, também, aumentar o tabuleiro – ele não poderia mais ser de oito por oito casas, mas teria de ter oito por dez casas, provavelmente dez por dez. Também seria preciso [estruturas de comunicação III 2b04] aumentar o número de peões. Qualquer que fosse o tipo de movimento prescrito para o camelo, seria preciso alterar todas as regras do xadrez, de A a Z. O xadrez é um jogo quase fechado. Em sua história houve alterações nas regras e repertório de lances. Há um xadrez chinês que veio do mesmo jogo que o nosso. Nosso xadrez surgiu provavelmente na fronteira entre a Pérsia e a Índia, por volta de 400 a.C. (não é tão antigo como se pensa). A partir daí desenvolveram-se diversos tipos de xadrez.

Jogos de linguagem, ao contrário, são extraordinariamente abertos. Posso introduzir elementos novos à vontade. Isso permite o aumento da competência linguística. Quando jogo um jogo fechado, como o xadrez, tento esgotar as competências do jogo tanto quanto possível. A literatura enxadrística consiste em explicações de partidas já jogadas para que as pessoas não as joguem novamente. Essa é uma parte já esgotada da competência enxadrística. Se sou um enxadrista civilizado, sei que seria um absurdo tentar ampliar a competência do jogo de xadrez. Ao contrário, quando jogo com a língua alemã, minha intenção não é esgotar a competência. Se alguém escreve tentando escrever o melhor alemão possível, esse alguém é um cretino, pois o sentido do jogo de linguagem está em ampliar a competência do idioma. O sentido desse jogo é enriquecer e multiplicar a competência. Quando se presumem certos erros, é possível perceber se eles ocorrem por incompetência ou por desejo de ampliar a competência. No livro *Hier irrt Goethe*[14] lê-se, por exemplo, que não se poderia dizer: "*Bin* **weder** *Fräulein*, **weder** *schön*", mas teria de se dizer "*Bin* **weder** *Fräulein* **noch** *schön*". [estruturas de comunicação III 2b05]

Minhas descrições – talvez não se reconheça nelas a teoria dos jogos – baseiam-se, entre outras coisas, em Anatol Rapaport[15]. Outra distinção que quero fazer é entre jogos de soma zero e jogos de soma positiva. Um jogo de soma zero é

---

14 Hanns Braun, *Hier irrt Goethe – unter anderen. Eine Lese von Anachronismen von Homer bis auf unsre Zeit* [Aqui, Goethe erra – entre outros. Uma seleção de anacronismos de Homero até nossa época] (Munique: Heimeran, 1937).

15 Em *Fights, Games and Debates* [Lutas, jogos e debates] (1960), o matemático discute a teoria dos jogos.

aquele em que um ganha e outro perde. Consequentemente, o resultado é zero. Mais um menos um dá zero. Mas também há jogos nos quais todos os jogadores podem ganhar, os chamados jogos de soma positiva. O xadrez é um típico jogo de soma zero, o alemão, um típico jogo de soma positiva. Quando, porém, surge um problema no xadrez que se tenta resolver conjuntamente, e se consegue, então a competência de ambos os jogadores aumenta. Portanto, não importa quem ganha e quem perde. O xadrez se torna, assim, um jogo de soma positiva. No horizonte de minha argumentação, vocês devem estar percebendo o conceito *arte* e o conceito *criatividade*.

[estruturas de comunicação III 3 a02] A palavra alemã *Spiel* não reproduz exatamente o que quero dizer. No inglês há pelo menos três palavras: *game, play* e *toy*. No latim há duas: *ludus* e *jocus*. Estranhamente, a palavra *jocus*, que na verdade traduziríamos por "divertimento", transformou-se no equivalente à palavra *Spiel* nas línguas latinas. Diz-se *jeux e jogo e joke*. Já a palavra *ludus* ganhou um sentido acadêmico: fala-se de uma pessoa lúdica ou de uma situação lúdica, *ludus tonalis*[16]. Pensem nos *jongleurs de Notre-Dame*. Aqueles *Jokulatoren* foram os verdadeiros jogadores. Pensem no

---

16 *Ludus tonalis* (1942) é o nome de uma composição para piano de Paul Hindemith.

jogador de Dostoiévski[17]. Ele tenta, quando é tomado pelo vício do jogo, elaborar um método para o acaso, ou seja, dominar o acaso, jogar contra ele. Pensem na expressão "*les jeux d'amour et de hasard*"[18]. Nesse jogo de amor e de acaso há algo intrínseco que talvez se pudesse chamar de pureza, liberdade de motivação.

Para poder jogar um jogo, é preciso ser competente. É preciso ser disciplinado. Além disso, no jogo, é preciso esquecer-se de si mesmo. O lúdico é algo esquecido de si. Quando se cruzam jogos, por exemplo, quando se traduz do alemão para o inglês, [estruturas de comunicação III 3a03] jogam-se metajogos. Suponhamos que eu invente o seguinte jogo: a primeira regra é que cada número tenha um sucessor. E a segunda regra é que o zero seja um número. Pode-se colocar uma objeção e dizer que as duas regras se contradizem. Gödel tentou demonstrar que em cada jogo deve haver uma contradição. Se aceitarmos essas duas regras, então outras regras resultam por si, por autogeração, por exemplo, quando multiplico um número negativo por outro número negativo, o resultado é positivo. Se extraio a raiz de +4, a solução é +/- 2. Mas não existe a raiz de -4. Se eu quiser legitimar isso, então tenho de ampliar o repertório: eis o jogo mais espetacular

---

17 Fiodor Mikhailovitch Dostoiévski, *O jogador* (1866).
18 Os jogos de amor e de acaso.

que a humanidade inventou, além do jogo de linguagem. Aritmética e geometria são a forma suprema de jogo.

Os jogos podem ser complexos estrutural ou funcionalmente. O xadrez é estruturalmente simplíssimo. Funcionalmente, é complexíssimo. Pode-se formular a seguinte tese: a humanidade se desenvolve ou avança na medida em que seus jogos se tornam mais simples estruturalmente e mais complexos funcionalmente Nesse sentido, a televisão, por ser estruturalmente complexa e funcionalmente simples, é uma decadência total.

Jogos de linguagem
[estruturas de comunicação III 3a04] Existem línguas indígenas no Brasil nas quais as pessoas têm nomes de coisas. Uma pessoa se chama Pedra, por exemplo, assim como existem Pierres entre nós. Quando a pessoa morre, em determinadas aldeias, seu nome se torna um tabu. Consequentemente, a palavra pedra deve ser modificada. Assim, o léxico se transforma constantemente. Mesmo aldeias vizinhas não se entendem mais. Estruturalmente, isso é muito complexo, mas funcionalmente é muito simples: o jogo de linguagem tem, entre outras coisas, a função de distribuir papéis. Entre esses indígenas, só existem três papéis: caçador, xamã e homossexual. Entre nós, ao contrário, pode-se ao mesmo tempo ser professor, contribuinte, pai, enxadrista, morador

de Robion etc. O progresso pode ser medido assim. Tomemos o inglês por comparação. O inglês é, para uma língua flexional, extremamente pobre do ponto de vista estrutural. Praticamente não existe declinação além do antigo genitivo anglo-saxônico. Há apenas restos de conjugação. Na prática, não há mais gêneros. Resumindo, a língua se simplificou ao máximo. Funcionalmente, ela tem uma complexidade incomparável. O inglês é, ao mesmo tempo, o melhor instrumento para poesia, para filosofia, para *business*, para diplomacia – e não apenas devido à quantidade de falantes. O inglês tem uma história esquisita. A invasão normanda, ou seja, os noruegueses falantes de francês, que foram os criadores da língua inglesa, depararam-se com uma língua-base dos conquistadores anglo-saxões e dinamarqueses. Tal camada linguística estava sobre uma camada dos conquistadores romanos, e esta última, por sua vez, sobre uma base originária celta. Evidentemente, também há elementos proto-celtas. Cada vez que aconteciam essas sobreposições, o jogo não era desfeito, mas suprimido e conservado (*aufgehoben*)* ao mesmo tempo. Não foi como na França, onde a língua da Île de France se impôs a todas as camadas do francês e as destruiu, de forma que o francês nada mais é do que uma

---

* O verbo *aufheben* está empregado aqui em sentido hegeliano, significando simultaneamente a supressão e a conservação de antíteses em uma síntese superior. (N. T.)

língua da Île de France ampliada. No inglês, não apenas muitas palavras têm uma camada dupla (no mínimo), como as estruturas de todas essas línguas entraram em oposição dialética, suprimindo-se e conservando-se reciprocamente (*aufgehoben*). A pobreza estrutural do inglês pode ser remontada ao fato de que a estrutura muitíssimo complexa do britânico entrou em conflito com a estrutura muitíssimo complexa do latim e desmoronou.

Dois outros exemplos: italiano e alemão. Quando a unidade do latim vulgar se desfez, porque o latim eclesiástico se impôs como língua internacional, a situação na Itália era diferente do resto do Ocidente. Lá, os elementos originais celtas quase tinham caído em esquecimento. Os elementos etruscos ainda estavam presentes, mas completamente latinizados, de forma que não se tinha consciência de seu caráter etrusco. Muito tempo antes, as palavras estrangeiras de origem grega já haviam sido integradas, de forma que também não se tinha mais a sensação de que eram palavras estrangeiras. Além disso, havia bem poucos elementos eslavos e germânicos. Havia palavras lombardas e algumas góticas, mas em pouca quantidade. As línguas ficaram próximas do latim, mas não conseguiam mais se comunicar entre si. Piemontês e napolitano eram línguas distintas. Então houve a intenção [estruturas de comunicação III 3a05] de se estabelecer uma língua comum. Estranhamente, essa língua comum se baseou no toscano. A base do italiano escrito é o toscano, o qual, por sua vez, se baseava no provençal. Os fundadores da língua italiana – sobretudo Dante – recorreram ao toscano. Dante é o "melhor artífice da língua materna". Ele considerava o provençal sua língua materna. Também Petrarca, que morava perto de nosso vilarejo, sentia o provençal como sua própria língua. Assim surgiu esse caráter estranho do italiano. O italiano é quase uma língua puramente latina. Mas é uma língua escolar. Ninguém fala italiano em casa. É fantástico quando alguém fala o inglês de Oxford – isso existe. Mas se alguém falasse italiano puro em Trento, Roma ou Nápoles, seria considerado louco.

A língua alemã é um caso completamente diferente. Essa língua que em certo momento foi chamada de alemão já havia se dividido, muito antes do surgimento das línguas modernas, em duas outras completamente distintas. Uma delas sofreu uma mutação consonântica, que falta à outra. Nos séculos XI e XII, já havia uma tendência para duas literaturas independentes – na falta de nome melhor –, uma literatura em alto-alemão e outra em baixo-alemão. A Canção dos Nibelungos foi escrita em alto-alemão, a Canção Waltari, em baixo-alemão. Os reis ou imperadores luxemburgueses em Praga resolveram inventar uma língua oficial. Em sua maior parte, ela foi construída a partir do alto-alemão, mas também incorporou elementos do baixo-alemão, luxemburgueses e tchecos. Ela se tornou o "alemão escrito" e se impôs com a tradução da Bíblia por Lutero. A língua oficial provém do ano de 1340. No século XIII e no começo do XIV, a língua alemã não era codificada. Era realmente do povo (*deutsch*)*, popular, vulgar. Supunha-se que os conceitos latinos e gregos não podiam ser expressos em seus termos originais naquela língua. Eles foram vertidos para o alemão. Assim, surgiram palavras como não há em nenhuma outra língua. *Wirklichkeit* é, por exemplo, a tentativa de traduzir o conceito latino *efficientia*, e não o termo *realitas*. "Efetivo" se diz *wirklich* – aquilo que tem efeito**. A "profundidade" da língua alemã e a insólita capacidade de filosofar em alemão, desde o fim do século XVIII até Hitler, devem-se a esse constructo artificial.

Criatividade e competência

[estruturas de comunicação III 3b01] Depois de falar sobre aquela comunicação que torna supérfluo ir ao espaço público para adquirir informações, pois as informações são fornecidas em casa, o espaço privado também deixa de ser privado.

---

* O adjetivo *deutsch*, hoje em dia, quer dizer "alemão". Porém, alude-se aqui a seu sentido original: "do povo, popular". (N. T.)

** *Wirklichkeit* é usualmente traduzido por "realidade". Flusser mostra aqui que, por sua origem no verbo *wirken* = *efficere* (levar a efeito, fazer/ter efeito), o termo alemão, desde sua origem, está mais próximo do conceito de "efetividade" do que do conceito de "realidade". (N. T.)

Quando, por exemplo, se oferece ensino escolar programado, a criança se senta à frente do terminal de computador em casa, recebe textos, faz tarefas ao apertar as teclas, vê em seguida o resultado da prova no monitor e recebe o certificado pelo correio. No Brasil, há uma escola profissional que tem 18 milhões de alunos assim. Não é mais uma escola no sentido estrito, nem um espaço público. Com isso, perdemos o chão social, político e histórico sob nossos pés.

Para a programação das emissoras são selecionadas competências para jogos específicos – para psicologia, matemática, teatro, confecção de imagens. Quanto maiores e mais numerosas forem as diversas competências cruzadas, mais rico será o metajogo que chamamos de programa. Os cruzamentos são criativos. A criatividade é aquela atividade graças à qual a soma das informações existentes em uma situação aumenta. Isso caracteriza o ser humano. O ser humano é um animal que se esforça para aumentar informações, contrariando a tendência da entropia. Até agora tratamos a criatividade de forma empírica. Usamos palavras vagas como *insight*, ideia, inspiração ou genialidade. Hoje se sabe que criatividade é o ponto do cruzamento de competências, o ponto em que surgem metajogos a partir de jogos que se cruzam. Esses metajogos são evidentemente jogos de soma positiva, porque de fato não se trata de ganhar, mas de aumentar a competência. É possível imaginar máquinas criativas.

Abraham Moles distingue dois tipos de criatividade, a variável e a original. Criatividade variável é o que acabei de descrever: cruzamentos de competências. Criatividade original é quando competências são cruzadas de forma que saem ruídos, definidos como fenômenos que não fazem parte de um jogo. Na base disso está a ideia de que há jogos que flutuam como ilhas em um oceano de caos, de barulho. Essas ilhas, por assim dizer, devoram o caos, incorporam-no. Essa é uma ideia formidável. Existe uma ideia romântica de que os artistas são os órgãos sensoriais da sociedade. A sociedade é uma ilha de informações – agora expresso a ideologia do século XIX usando termos do XX – que ameaçam se tornar redundantes pela repetição. O caos cerca essa ilha. Há pessoas que mergulham nas profundezas do oceano com a coragem mortal de pescadores de pérolas, buscam pérolas e enriquecem a sociedade com elas. Essas pessoas nos ensinam a ver amarelo, quando se chamam van Gogh, a ouvir certo tipo de combinação de sons, quando se chamam Mozart, ou a ouvir novas formas de linguagem, quando se chamam Shakespeare. [estruturas de comunicação III 3b02] Um poema tcheco expressa essa ideologia de forma definitiva: *"Tem národ ještě nezhynul, dokud mu věštec zpívá, a píseň v nebi zrozená i ve smrt život vlívá"*[19]. Esse povo ainda não

---

19 Flusser traduz livremente "Abendlied I", de Vitězslav Hálek (1853-1874), em tcheco: "Večerni písně I, část šestá, básně LI".

morreu, enquanto o poeta canta em seu louvor. A poesia surgiu no céu, e há vida na morte. A poesia "O mergulhador", de Schiller, expressa essa ideia romântica de que artistas são os órgãos que nos tornam dizível o que é indizível, audível o que é inaudível e visível o que é invisível, ao mergulharem no caos sob risco de morte:

> "*Und es rudert mit Kraft und mit emsigem Fleiß,*
> *Und er ist's, und hoch in seiner Linken,*
> *Schwingt er den Becher mit freudigem Winken.*"
> [...]
> "'*Lang lebe der König und freue sich*
> *Wer da atmet im rosigten Licht!*
> *Da unten aber ist's fürchterlich,*
> *Und der Mensch versuche die Götter nicht.*
> *Und begehre nimmer nimmer zu schauen,*
> *Was sie gnädig bedeckten mit Nacht und Grauen*'
> [....][20]"

---

20 Friedrich von Schiller, *Der Taucher* [O mergulhador] (1797). ["E rema com força e com empenhado esforço / E é ele, e no alto, na sua mão esquerda,/ agita a taça em aceno feliz./ [...] "Vida longa ao rei e alegre--se aquele/ que ali respira na luz rósea!/ Lá embaixo, porém, é terrível,/ e que o homem não tente os deuses/ e nunca deseje olhar/ aquilo que eles misericordiosamente cobriram com noite e terror"]

Essa é a ideologia atrás de Moles. Mas não acho que exista algo como um ruído absoluto. Acho que tudo é um elemento potencial de um jogo. Acredito em acaso. Pois de onde vem o termo "ruído"? A teoria da informação vem, também, da telefonia e quer calcular a quantidade de ruídos necessária para destruir uma informação. Pode-se dizer isso ao contrário: aquilo que chamo de ruído é a informação da ligação telefônica. O que quero dizer é que temos de desistir da criatividade original como uma ideologia. Não pode haver uma *creatio ex nihilo*. Cada nova informação pressupõe outra informação. Quem pergunta pela origem faz a pergunta errada. O que é realmente surpreendente é que da combinação de Kepler e Galileu surgiu Newton. Newton tentou durante anos harmonizar Kepler e Galileu. Quando a maçã caiu sobre sua cabeça, ele disse: enquanto a maçã estava na árvore ela era mais ou menos como um corpo celeste kepleriano, e quando ela caiu sobre minha cabeça ela era exatamente aquilo que Galileu chamou de queda livre. Aqui tenho uma pista para relacionar Kepler e Galileu. Essa criatividade variável é uma coisa formidável.

[estruturas de comunicação III 3b03] Vamos pensar em Cézanne. Ele diz: "Vou revirar essa ordem. Coloco a imaginação a serviço da fantasia e agora vou fazer da fantasia o metajogo e da imaginação o objeto do jogo. Coloco uma maçã sobre a mesa. Esboço duas perspectivas que se cruzam, geometrias, e insiro a maçã ali dentro". Na minha opinião, é uma criatividade estonteante. Cézanne não inventou a geometria nem a natureza-morta com a maçã. Ele foi criativo por meio do cruzamento das competências. De fato, ele deve ter tido modelos de imagens de maçã (por exemplo, os impressionistas) e modelos de geometrias. Muita gente e muitas competências têm parte naquela singela imagem de maçã.

Da conectividade em rede
A revolução da comunicação permite dois diferentes tipos de relés, de retransmissão: cabeamento em feixe e em rede. Tão antigo quanto o jornal, um relé em feixe, é o correio, um relé em rede. O conceito de informação fica claro. Até então, acreditava-se que a informação teria relação estreita com a plataforma na qual ela se encontra. Já desde a invenção da impressão do livro, qualquer moral do trabalho deveria ter se tornado caduca. [estruturas de comunicação III 3b04] Desde que é registrada no campo eletromagnético para dele ser transmitida, a informação se tornou, pelo menos *in nuce*, o conceito central da cultura. Pelo menos *in nuce*, o trabalho se desvalorizou e o informar, o *design*, o programar, tanto faz que nome lhes damos, é a fonte de todos os valores. Não podemos mais voltar a uma moral do trabalho qualquer. Não é mais possível. A decadência de nossos critérios remonta ao fato de ainda não termos nenhuma moral da informação.

A conectividade em rede é tão satisfatória quanto a em feixe. Diríamos simplesmente: os cabos devem ser todos reversíveis. Esse trabalho não é tecnicamente complicado. Naturalmente, a questão não é tão simples, pois, após a desintegração da sociedade, transformada em massa, as pessoas não querem ser conectadas em rede. Elas não querem mais jogar. Querem consumir. Quando se joga, sempre se faz uma intervenção. Quando se joga, põe-se algo em jogo. É justamente isso o que as pessoas não querem. Não são quaisquer interesses escusos, eminências pardas, grandes capitalistas, comunistas e maçons que têm culpa de as coisas estarem interligadas como estão. As pessoas querem isso. Querem televisão. Existe a inércia da felicidade que impede uma nova ligação. Porém, por toda parte começa-se a puxar fios. Por toda parte, percebe-se que uma rede está na iminência de se formar.

[estruturas de comunicação III 3b05] Existe algo como *Zeitgeist* (espírito do tempo), mesmo que Goethe diga *"Was Ihr den Geist der Zeiten heißt, das ist der Herren eigener Geist"*[21], existe algo como *Zeitgeist*. No século XVIII, tudo parecia uma máquina; no XIX, um organismo. No século

---

21 *"Was ihr den Geist der Zeiten heißt, das ist im Grund der Herren eigener Geist, in dem die Zeiten sich bespiegeln."*, de Fausto para Wagner, em Johann Wolfgang von Goethe, *Fausto I* (1806). ["O que vocês chamam de espírito dos tempos é, no fundo, o próprio espírito dos senhores, no qual os tempos se espelham"]

XX, tudo parece um jogo. Vemos o mundo como jogo, como jogo entre acaso e necessidade. "Jogo" (*Spiel*), em alemão, pode ter um bom duplo sentido. Não dizemos, quando algo não cabe em outro – por exemplo um parafuso na arruela –, que esse algo "não tem jogo"? Com efeito, vemos no mundo algo que tem jogo entre acaso e necessidade

Omar Khayyám expressa esse sentimento sobre jogo:

> *"'Tis all a Chequer-Board of Nights and Days*
> *Where Destiny with Men for Pieces plays:*
> *Hither and thither moves, and mates and slays,*
> *And one by one back in the Closet lays*[22]*"*

Isso nada mais é do que um jogo de dias e noites, no qual o destino joga conosco como se fôssemos peças, movimentando-nos para lá e para cá, abatendo-nos, colocando-nos em xeque-mate e recolocando-nos um a um na gaveta.

Essa rede que começa a se formar ludicamente tem um modelo, o cérebro: um modelo dado. Fazemos instrumentos por necessidade. Os instrumentos nos surpreendem e contra-atacam. Fazemos computadores pela necessidade de calcular equações complexas. Eles contra-atacam e nos tornam conscientes de como o sistema nervoso central funciona.

---

22 Omar Khayyám, Rubáiyát XLIX, p. 18 (cf. nota 8, à página 101).

Graças a esse contra-ataque o cérebro se torna um modelo. Fazemos redes segundo o cérebro. Quando digo *redes e conectividades* não quero dizer redes de pesca. Quero dizer sinapses neurológicas. Está em curso uma conectividade em rede que se espalha como um cérebro ao redor do globo terrestre, sendo que os canais são os nervos, e os nós são as pessoas e os aparelhos: essa rede que repousa sobre a biosfera, como a biosfera sobre a hidrosfera, esse cérebro coletivo que está surgindo, que não conhece nem geografia, nem história, pois suprimiu (*aufgehoben*) em si a geografia e a história. Sua função nada mais é que um cruzamento de competências para secretar novas informações e aumentar a competência total do cérebro. Esse é o modelo da sociedade telemática.

[estruturas de comunicação III 3a01] Na biosfera começa lentamente a formar-se, sob preparação milenar, mas com velocidade cada vez maior, uma nova esfera. As pessoas chamam isso de esfera telemática, eu preferiria chamar – para abusar de uma palavra de Teilhard de Chardin – de noosfera.

6. Do acaso e da liberdade de lutar contra ele

Cair

[crítica da cultura III 1a01] Tentarei juntar os fios da meada sob o signo de uma antropologia, para desenhar pelo menos os contornos imprecisos de uma imagem humana. Vou começar por uma tradição filosófica que começa com Demócrito, passa por Epicuro e vai até Lucrécio. Então ela se interrompe, continua subterraneamente; é reprimida e ressurge no século XX sob indícios imprevistos.

Demócrito, o sorridente, sempre é colocado em oposição a Heráclito, o filósofo que chora. Demócrito diz, *grosso modo*: "Tudo é uma chuva de gotas minúsculas. As gotas caem em trajetórias paralelas, sempre e eternamente. Assim é. Mas pode acontecer que uma gota desvie um pouco, um mínimo, da trajetória, caindo sobre a gota da trajetória vizinha". Dessa ideia de Demócrito vem a palavra "acaso", em latim *accidens*. Uma gota cai sobre a outra. As gotas têm algo como um ganchinho. Demócrito é um filósofo que vive entre o mundo mágico e o histórico. Nele, podemos ver como uma imagem mítica de mundo mágico se transforma em uma imagem de mundo histórica, processual, causal. As gotas – ele as chama de átomos – saem um pouco de sua trajetória paralela, caem umas sobre as outras e se engancham. Assim, a partir desse tipo de acaso mínimo, surgem as coisas do mundo. É muito misterioso quão atual é esse mito. Heráclito diz: "Tudo flui". "Nada é, tudo flui." "Não entramos duas vezes no mesmo rio." E na verdade nada é. "Tudo vem a ser." Esse problema – quando a flecha voa, não está em lugar nenhum, e como pode ser uma flecha? – é o nascimento do pensamento histórico. Com efeito, não se pode, ao mesmo tempo, voar e ser uma flecha.

Sem refletir, poder-se-ia entender isso como opostos. De um lado, Heráclito: "Tudo flui. Nada é". E, do outro lado, Demócrito: "Tudo são gotas, apenas". Diz-se, portanto, que Heráclito é o nascimento da visão de mundo processual, e o outro, Demócrito, é o nascimento da visão de mundo atomista, que irá se tornar, primeiramente com Epicuro e mais tarde com Lucrécio, aquela construção colossal que chamamos de epicurismo. Se aprofundarmos a reflexão, veremos que a diferença entre Demócrito e Heráclito não é grande, pois o rio de Heráclito consiste de gotas, e pode-se considerar as gotas de Demócrito um tipo de chuva, um tipo de fluxo. A diferença é: em Heráclito pensamos horizontalmente, e em Demócrito, verticalmente. Se resgatarmos isso, veremos a proximidade dos dois pré-socráticos.

Michel Serres, um pensador francês, submeteu principalmente Lucrécio a um exame detalhado. [crítica da cultura III 1a02] Primeiramente o interessou o desvio mínimo: o que significa isto, que uma gota desvie minimamente – *minime*, diz Lucrécio – de sua trajetória? Para Serres, esse é o começo de uma forma calculista de pensar. Não combina com a forma de pensar da antiguidade e da Idade Média e, na verdade, tampouco com o período moderno. Mas o que significa "minimamente"? Significa *não exatamente calculável*. Serres acha que isso não é apenas o começo do cálculo de probabilidade – o que hoje chamamos de *margin of error*, uma tolerância ao erro, uma margem de erro. A meta desse pensamento é minimizar os erros. É outra maneira de dizer que o pensamento não tem a intenção de provar, mas de falsificar. Para Serres, o pensamento moderno está contido nesse *minime*. Além disso, Serres afirma que o desvio que gera o acaso pressupõe uma visão de mundo para a qual está excluída a possibilidade de qualquer plano. É uma visão que parte do pressuposto de que o mundo é absurdo. Não se pode dizer que alguém, uma providência divina ou qualquer outra, planejou a chuva, e que então não deu certo. Com efeito, não é que algum diabo tenha desviado as gotas, mas que não há nada atrás de tudo isso.

Ao diabo

Se vocês tiverem dois recipientes, um com água quente e outro com água fria, e estabelecerem uma comunicação entre os dois recipientes, com o tempo terão água morna nos dois recipientes. Essa é uma possibilidade de descrever o segundo princípio da termodinâmica. A informação "quente" e a informação "fria" – digo isso intuitivamente – decompõem-se e, no fim, vocês têm o caos "morno". Com isso, na verdade, está descrita a história do mundo. Mas suponhamos que vocês incluam um diabo. O homem que apresentou o diabo ao mundo chama-se Maxwell. Por isso, o diabo se chama diabo de Maxwell*. Esse diabo decide deixar passar só moléculas quentes da água fria e só moléculas frias da água quente – naturalmente, ele precisa de um termômetro –, então, no fim, vocês têm de um lado água ainda mais quente, e do outro, ainda mais fria. Esse é o princípio da entropia negativa. O diabo é um dos nascimentos da teoria da comunicação. Em vez de diabo, podemos dizer também "cultura humana". Com efeito, descrevi o ser humano como esse

---

* A expressão correta é "demônio de Maxwell". Para fazer um trocadilho, Flusser troca a palavra *Dämon* = demônio, por *Teufel* = diabo. (N. T.)

diabo, como aquele ser que armazena, processa e transmite informações adquiridas. Quer dizer, o homem é aquele ser que tenta fazer que, de um lado, haja água cada vez mais quente e, do outro, água cada vez mais fria. O ser humano é a tentativa de ir contra o segundo princípio da termodinâmica. Maxwell já tinha em princípio uma antropologia assim. O erro aqui é que o próprio diabo fica mais morno. Consequentemente, com o passar do tempo, o ser humano, como eu o imagino e como Maxwell o imaginou, não é possível. Na ideia de que as gotas desviam ao acaso para formar algo está uma dose de desespero. Em Epicuro e em Lucrécio, essa representação democritiana do acaso produziu uma ética, uma sabedoria de vida: desfrutar tão bem quanto possível enquanto é possível.

Probabilidade
[crítica da cultura III 1a05] O acaso se torna estatisticamente necessário, se posso dizer assim, de uma forma bem estranha, que é impossível de digerir, pelo menos para mim. Aleatório significa jogar dados. *Alea* é o dado. Se jogo um dado, posso dizer com certeza que existe um sexto de probabilidade de sair o número um. Se eu jogar o dado um milhão de vezes, posso dizer com probabilidade próxima da certeza que, em cada seis jogadas, uma dará o número um. Com esse tipo de cálculo de probabilidade fiz do acaso uma necessidade. Mas a

probabilidade de que saia o número um, em cada jogada isolada, não aumentou. Cada vez é imprevisível. Apenas regressivamente aproxima-se da certeza. Isso não entra na minha cabeça. A probabilidade de meu avião cair se for daqui para Marselha é de, digamos, 0,1%. Posso dizer, com probabilidade próxima da certeza, que cairei se voar mil vezes. A cada vez que embarco, a probabilidade não aumenta, mas é novamente uma por mil. Suponhamos que tudo acontece por acaso. O fato de que do sistema nervoso central do *homo erectus* surge o sistema nervoso central do *homo sapiens sapiens* é um acaso absolutamente imprevisível. Embora ele esteja no rol das possibilidades como no jogo de dados, há mais do que seis lados, há muitíssimos, quase incontáveis.

[crítica da cultura III 1b02] Essa é a forma como reflito sobre a liberdade, pois tudo o que dizemos tem, sim, a ver com liberdade. Com efeito, *sotto voce*, falamos sobre liberdade. [crítica da cultura III 1b03] A diferença entre necessário e causal talvez tenha ficado um pouco mais clara. Naturalmente, pode-se expressar isso de forma banal, dizendo: todas as cadeias causais mostram-se como abreviações de encadeamentos do acaso.

Projetar ou descobrir?
Há algum tempo alimentamos uma estranha dúvida. O que aconteceria se a ciência natural não observasse a natureza,

mas selecionasse dentro da natureza apenas fenômenos articuláveis em algoritmos simples? Em outras palavras: o que aconteceria se aquilo que chamamos de leis da natureza fossem algoritmos preconcebidos que projetamos a partir de nós mesmos e aos quais, em seguida, associamos alguns fenômenos?

O que é, então, a queda livre? Ora, ela não interessa. Nunca caiu uma pedra segundo a Lei de Galileu. Para que a pedra caísse segundo a Lei de Galileu, deveria haver pressupostos que não estão dados, por exemplo, um espaço vácuo, um globo terrestre liso, sem montanhas e vales, uma pedra com superfície absolutamente lisa, todas essas coisas. A lei da queda livre é uma abstração. Uma abstração do quê? Uma abstração do acaso. A lei da queda livre despreza todos os acidentes em favor de uma essência qualquer que se demonstra inexistente. A ciência natural moderna é, nesse sentido, completamente medieval. Ela distingue o essencial do acidental. Ela diz: "O acidental é não científico. Eu me interesso pela essência, pelo essencial. Elimino todos os acidentes". Mas não existe o essencial. Para vocês, isso é óbvio. Eu precisei superar isso, porque de fato ainda cresci dentro de uma imagem de mundo causal. Para mim o que vale é: projetamos nossas regras atrás do mundo. As leis da natureza não são descobertas, são inventadas. Então ficamos escavando por aí, no mundo, nos fenômenos, até que chegamos àquilo que havíamos projetado. Escavamos tudo e deixamos só o que cabe. Durante a escavação, esquecemos que projetamos anteriormente esses algoritmos, de forma que dizemos: "Ah! Agora descobri alguma coisa". Então ficamos admirados com a maneira como a natureza funciona segundo as regras de nosso jogo aritmético ou geométrico. É assim que formulei isso. Vocês talvez não precisem mais formular assim. Talvez vocês já sejam esses novos seres humanos que quero elaborar.

Descartes disse: aqui tenho uma coisa extensa. Essa coisa extensa consiste em pontos. Mas os pontos estão colados uns nos outros, sem intervalo. Eles crescem uns nos outros, são concretos. Para poder conceber essa coisa extensa, preciso rotular cada ponto, pois pensamento é aritmética e conhecimento é geometria analítica. O que faço? Faço uma cruz e a coloco junto à coisa extensa. Lá encontro, por exemplo, um ponto P. Meço aqui, meço lá, e dou valores numéricos a essas distâncias. O ponto no meio está onde quero, pois sou deus. Sou Descartes. Sei onde vou chegar quando me aproximo com *clara et distincta perceptio* da *res extensa*. Com o *concursus Dei* achei um método para numerar todos os pontos a partir de uma origem qualquer determinada por mim mesmo. É indiferente onde eu a coloco, pois, onde quer que eu esteja, lá está a objetividade. Então coloco esse ponto zero em algum lugar, pois aprendi que zero é um número, embora pareça que eu posso designá-lo de *origo*, origem.

Meço a partir dali. Sou a medida (*Maß*) de todas as coisas. [crítica da cultura III 1b04] Arrogo-me (*sich anmaßen*) a medida*; isso na verdade está incluído na palavra "moderno". *Maedire***, a modernidade, é uma arrogância. Diz-se sempre que Descartes é tipicamente barroco, mas ele também é tipicamente "moderno". Eu me arrogo o direito de fazer isso, portanto, *hic et nunc*, sou arrogantemente onisciente, pelo menos com a ajuda de Deus.

Agora vem Mandelbrot. Ele diz: talvez o erro esteja nessa cruz. Talvez tenhamos pré-programado a "rotulação" dos pontos por meio da cruz. Mandelbrot coloca a seguinte questão: "Qual é o comprimento da costa inglesa?". Soa como uma pergunta bastante primitiva, mas fica claro que não se pode respondê-la, pois depende de como eu meço. Se utilizar uma medida milimétrica, a costa inglesa tem, digamos, quinhentos milhões de quilômetros. Mas se eu medir com uma medida quilométrica, então ela tem, digamos, dez mil quilômetros. Mas então alguma coisa dá errado em nossas medições. Tais erros não podem acontecer. Talvez se possa dizer que está errado e que é uma consequência de

---

* Jogo de palavras. *Maß* = medida; *sich anmaßen* = arrogar-se algo; reivindicar algo para si sem estar autorizado; *Anmaßung* = arrogância. Como se pode observar, *anmaßen* e *Anmaßung* derivam de *Maß*. (N. T.)

** Lapso textual. A palavra *maedire* não existe. Flusser provavelmente alude ao fato de que a palavra "modernidade" provém do latim tardio *modernus* (recente, contemporâneo), que, por sua vez, provém do latim clássico *modo* (maneira, medida). (N. T.)

Descartes conceber a costa inglesa como uma linha, que está em algum ponto de um sistema de coordenadas. Se eu colocar números em todos os pontos, diz Descartes, então reconhecerei a costa inglesa. Mas talvez não seja assim.

Suponhamos que eu faça uma linha. Ela é claramente unidimensional. Posso defini-la como um ponto que segue em frente nessa sequência. Suponhamos também que eu deixe essa linha cada vez mais emaranhada. Se eu fizer isso por um bom tempo, terei uma superfície, talvez não completamente, mas quase, exponencialmente, uma superfície. Na verdade, não tenho mais o direito, nessa situação, de dizer que a linha é unidimensional; devo dizer que a linha tem uma dimensão de, digamos, 1,6. É uma fração entre a primeira e a segunda dimensões. Posso exprimir isso matematicamente construindo uma nova forma de algoritmos. Posso denominá-la aritmética fractal. Se eu aplicar um desses algoritmos, aparecerá uma série de fenômenos que me pareceram até então tão insondáveis quanto a costa inglesa, que não sei se tem cinco mil ou cinco milhões de quilômetros de comprimento. De repente, sou capaz de captá-la. Posso trazer certo tipo de ordem ao caos. Com isso, chego ao conceito da autossemelhança. Quando vejo uma árvore, vejo suas ramificações. Digamos que demos à árvore a dimensão 3,4. Observo um galho; ele parece bem similar à árvore inteira. Pego um ramo e constato que o ramo é similar ao galho. A árvore é uma estrutura autossemelhante. Isso é ainda mais surpreendente se eu observar um floco de neve. E ainda mais surpreendente se eu observar uma formação geológica ou uma formação de nuvens. Chego à conclusão de que a grande maioria dos fenômenos que foram ignorados pela ciência natural, porque segundo Descartes não são rotuláveis, pode ser abrangida com esse tipo de cálculo.

O princípio da autossemelhança aparece já em Demócrito. Essa história continua subterraneamente e sempre reaparece. Aparece em Raimundus Lullus. De certa forma, aparece na aposta de Pascal[1]. Em Leibniz, ela aparece de maneira insólita, como harmonia preestabelecida[2]. Agora ela reaparece e se torna dominante. [crítica da cultura III 1b05] Se eu reconheço a forma de medição cartesiana como uma simplificação extrema, se considerar as leis da natureza (na forma como a ciência natural trabalhou com elas até agora) como casos extremos de algoritmos fractais, abre-se para mim, de repente, um incrível campo de pesquisa. Outros fenômenos, bem diferentes dos anteriores, tornam-se foco de interesse, por exemplo flocos de neve e nuvens. A questão que discute se eu

---

1 Se apostássemos que Deus existe, não perderíamos nada caso ele não exista, mas ganharíamos tudo caso ele exista; assim é o argumento de Blaise Pascal para a fé em Deus (cf. *Pensées*, 1669).
2 Cf., entre outros, Gottfried Wilhelm Leibniz, *Principes de la Nature et de la Grace fondés en Raison – Monadologie* (1714).

projeto ou descubro as leis coloca-se com uma virulência bem diversa. Suponhamos que eu pegue um algoritmo fractal e faça a partir dele uma imagem gerada numericamente, sintética. Não estou me divertindo com coisas como o homem-maçã fractal e outros conjuntos de Mandelbrot; simplesmente observo a imagem, e então, de repente, surge o monte Matterhorn. Por que a imagem parece o Matterhorn? Será que o Matterhorn tem justamente a estrutura fractal que o algoritmo apresenta? Ou será que é o contrário, que o algoritmo fractal foi elaborado assim porque o Matterhorn tem essa estrutura? Quando vejo a imagem, o que vejo? Vejo a estrutura do Matterhorn? Ou vejo, ao contrário, uma projeção de um algoritmo simulado pelo Matterhorn? Aqui, pode-se usar o argumento contra Baudrillard. O que é o simulador, o que é o simulado? O algoritmo é uma simulação do Matterhorn? Ou o Matterhorn é uma simulação do algoritmo? Posso dizer, com a mesma justificativa, que trago minha ordem ao caos para organizá-lo, ou que o caos me dá instruções para chegar à ordem? Ainda tem sentido distinguir inventar e descobrir? Não tenho resposta. Ainda não quero usar a palavra liberdade.

Inconcebível

[crítica da cultura III 2a01] A visão de mundo objetiva contra-ataca. O argumento contra a visão de mundo projetiva que começa a se impor há sessenta, setenta anos, é o seguinte: se tudo é uma projeção, se toda a construção de algoritmos e teoremas foi projetada por nós, e então os fenômenos foram forçados a se adequar a essa coisa, por que é que existem coisas que não dão certo? Por que é que posso representar, por exemplo, a queda livre como uma aceleração geométrica, mas não como uma aceleração aritmética? Como é que, afinal, sou forçado a desenhar elipses em vez de círculos quando apresento o sistema kepleriano? Por que o fenômeno aceita elipses e, com algum esforço, círculos, mas não aceita, por exemplo, triângulos? Para essa pergunta não se viu até agora nenhuma resposta boa, exceto esta, que me agrada muito: nós projetamos o fenômeno, mas então ele contra-ataca, como qualquer instrumento, e nos obriga a nos adaptar à nossa própria projeção. Ao longo dos últimos 40 mil anos, projetamos um mundo objetivo de dentro de nós. Esse mundo objetivo sempre nos contra-atacou e ficou cada vez mais autônomo. Talvez essa autonomia se abra para nós, e por isso talvez sejamos capazes de projetar mundos alternativos que ainda não nos contra-ataquem dessa maneira. É uma fantasia extravagante, mas está no ar. Sim, isso se chama espaço virtual. Talvez esta mesa nos contra-ataque de tal forma que sejamos obrigados a usar categorias específicas, embora saibamos ou acreditemos saber que a mesa é uma projeção. Talvez esta mesa seja uma conserva de *feedbacks*. Mas talvez eu possa projetar algo que ainda não seja tão conservador.

Estamos em uma situação insólita. Podemos representar apenas o que fazemos. Antigamente, primeiro representávamos algo, depois o fazíamos conforme a representação. Agora temos de fazer algo para que possamos representá-lo. Isso também é uma inversão que não entendo bem: atualmente, não conseguimos representar nada que não tenha sido realizado de alguma forma. Apenas depois de ter sido realizado podemos representá-lo, mas por isso ainda não concebê-lo.

Da liberdade I: visar (Absehen)

[crítica da cultura III 2a02] Se vocês já fizeram uma obra de arte, vocês pegaram o acaso e jogaram contra ele, o provocaram. O princípio do jogo. Acaso é *Hasard*. Tomar o acaso e jogar com ele contra ele (não consigo expressar de outra forma)*, acelerá-lo, isso se chama visada (*Absicht*). [crítica da cultura III 2a03] Proponho-lhes como hipótese: visada é uma extraordinária aceleração do acaso.

Agora, surge mais uma coisa estranha: tenho a possibilidade de desprezar todas as alternativas e ficar com uma.

---

* Alusão à expressão idiomática alemã *Hasard spielen* = brincar com a sorte. O termo alemão *Hasard* provém diretamente do francês *hasard* (azar, acaso, risco), que significa etimologicamente "jogo de dados" (sentido explorado por Mallarmé em seu célebre poema *Un coup de dés* [Um lance de dados]). (N. T.)

Racionalmente, é difícil justificar isso. Tenho uma visada. Por exemplo, tenho a intenção de produzir um animal de Möbius. Essa visada me permite excluir uma série de alternativas, sem olhar, por exemplo, todas as alternativas que fazem o animal se tornar novamente um tecido, uma esfera ou um cone. Posso deixar tudo isso de lado. Não preciso de computador. Tenho receio de usar a palavra "intuitivo". Sei mais ou menos, não claramente, o que não quero. O que acabei de descrever se chama liberdade. Não é blefe, pois ainda respeito as regras do jogo: não trapaceio.

Da liberdade II: antecipar

No mundo que acabei de descrever, estamos na seguinte situação: onde estamos está a realidade – ou aquilo que chamamos de realidade. O aqui e agora é onde estamos. Nisso Descartes tem razão. Onde me insiro, lá é a origem. Não pensamos como Descartes, mas chegamos a uma conclusão similar. De todos os lados fluem para nós as possibilidades, quanto mais para perto elas vêm (chego ao conceito de proximidade), mais prováveis se tornam. Quando elas chegam, estão ali, presentificadas. Segundo a antropologia que propus, eu as adquiro, armazeno (isso pode ser chamado de passado) ou não as armazeno (outra forma de passado). Temos de distinguir radicalmente dois passados, o disponível e o não disponível, o invocável e o que não se acessa.

O passado não invocável passou; o invocável não passou completamente. Ele forma um campo impreciso com o presente; ele ainda está presente, de alguma forma. Eu processo isso e transmito a outros. Não uso o futuro porque tento pensar o tempo espacialmente. Digo que as possibilidades se aproximam e se tornam prováveis. Há uma tendência, uma tendência temporal-espacial, espacial-temporal do tornar-se mais provável. Com isso, a coisa ainda continua simplificada, pois algumas possibilidades que já se aproximaram se afastam e se tornam improváveis mais uma vez. No horizonte está a impossibilidade, e como horizonte do possível lá está o impossível. Quanto mais improvável fica, tanto mais me aproximo do impossível. Essas virtualidades não são comparáveis com limalhas de ferro em um campo magnético. As limalhas de ferro aproximam-se do ímã segundo as linhas do campo de possibilidade magnético. No caso das virtualidades, por exemplo, algumas das limalhas dão meia volta, correm na direção oposta e se tornam novamente mais improváveis.

Em vez de "real", uso "virtual". Real é um valor limítrofe do virtual. [crítica da cultura III 2a04] "Virtual" me agrada mais, porque pode ser intensificado. "Real" é difícil de intensificar. Não posso dizer que algo é mais real. Pretendo derrubar a diferença entre real e fictício através do conceito de virtual. Posso dizer que quando uma possibilidade passa a tornar-se mais improvável, então ela se torna cada vez mais fictícia.

Tentarei transmitir a base da antropologia proposta por mim através da imagem do campo magnético. Quem leu meu livro *Angenommen* [Suposto] vai lembrar. Estamos na situação do ímã. É uma metáfora, e manca. Tudo à nossa volta se aproxima de todos os lados e de todos os tempos. Para isso nos falta a gramática, e por isso enfatizei que é preciso pensar matematicamente. O pensamento linguístico está prestes a falir. Tudo se aproxima. Não se pode mais falar em uma linha. Progresso, retrocesso, nada disso faz sentido. Aproxima-se. Não infinitamente, mas também não caoticamente. Há uma tendência a tornar-se mais provável, contrariada por tendências a tornar-se mais improvável. Virtualidades se cruzam e se tornam mais virtuais por encontrarem-se acidentalmente. Algumas se impõem. Uma já está quase lá. No último instante desaparece de novo. Não sei se descrevi com a dramaticidade suficiente, mas nosso sentimento de proximidade provavelmente pode ser reconhecido nisto: já está quase lá, quase, de repente desapareceu de novo. Em contrapartida, algo que se acredita estar a uma distância quase impossível, de repente, está aqui. É mais ou menos assim que estamos aqui. Mas não podemos ir ao futuro ou a outra parte. Com efeito, quem diz "futuro" está dizendo "para algum outro lugar". O futuro é o mesmo que utopia*. Mas nós estamos aqui e agora. Não podemos ser progressistas, mas podemos captar. Podemos antecipar, mas não sei como isso acontece. Tenho a imagem da mão e do braço, imagens que não ajudam. Quando digo "visada" (*Absicht*), penso no olho, como se o olho pudesse ver por dentro. Talvez a mão possa avançar, ir primeiro, antecipar--se. Creio que isso seja liberdade. Seja lá qual for seu nome, nós podemos pôr a mão aí dentro. Podemos vincular a visada à antecipação. O livro que quero escrever deverá ter o título triplo: "*Vorderhand, Augenblick, Spurlos*"³. Quero fazer isso ainda antes de morrer, pois Felix Philipp Ingold, de Zurique, disse que não se morre sobre um livro.

Aqui estamos. No aqui e agora. Estamos perdidos, pois todos os apoios que tínhamos se foram. Não temos fé em qualquer providência divina. Não cremos em qualquer destino, portanto, não podemos ter o conceito de liberdade da magia. Também não acreditamos em qualquer causalidade, em qualquer ordem, em qualquer linearidade. Não podemos ter

---

* Palavra construída a partir do grego, "u-topia" significa "não lugar". (N. T.)
3 Esse livro ficou inacabado. Os textos já escritos foram publicados sob o título *Hominização* no volume *Vom Subjekt zum Projekt. Menschwerdung* [Do sujeito ao projeto. Hominização], por Stefan Bollmann e Edith Flusser.
A tradução do título não publicado é complicada, pois Flusser brinca com os étimos que compõem as palavras. Eis uma possibilidade: *Vorderhand, Augenblick, Spurlos* = "Em primeira mão, um lance de olhos, sem rastro". (N. T.)

o conceito de liberdade da história e da política. Sentimos que nunca fomos tão livres. Sentimos que, pela primeira vez, estamos conscientes de que não somos sujeitos, súditos submissos, mas projetos; que projetamos tudo isso. De alguma maneira, sentimos que só agora começa o ato de ser humano, ou seja, só agora somos livres. Sentimos isso, mas não temos categorias para tal, exceto aquela que sugeri. Podemos acelerar o acaso com uma visada intencional e então aplicar esse acaso acelerado.

Da liberdade perdida I: pecado

Que conceitos de liberdade nós perdemos? Primeiramente, há um conceito de liberdade na revolta contra o destino. Existe um destino que diz: cada coisa tem seu lugar. Se eu me afastar desse lugar, serei castigado. Qualquer afastamento é um crime, um [crítica da cultura III 2a05] pecado. Mas posso fazê-lo. De alguma maneira está inscrito na ordem das coisas que posso me revoltar. Talvez porque haja buracos no mundo. Não estou contando nenhuma história ancestral, estou falando *de me fabula narratur*[4]. Tudo é predeterminado, tudo é redondo, circular, fechado. "Não há nada de novo sob o sol." "Cada coisa a seu tempo." Mas há buracos. Através desses buracos o transcendente pode intervir e fazer milagres,

---
4 A expressão latina "*de te fabula narratur*" significa: "A história fala de ti", ou seja, "tu és o assunto".

o imanente pode querer saltar para fora, captar algo fora. Com nossa lógica é difícil entender a intervenção. Se o Pantocrátor ou se Deus criou o mundo, por que então Ele ainda intervém nele? Ele cometeu erros? Por que o Sol permanece parado sobre o vale Jotapat? Resumindo, o que é um milagre? O milagre não é uma prova da programação ruim? Naturalmente não se pensa assim em um mundo mágico. É só com o milagre que se dá um sentido ao mundo. O mundo é um círculo de motivos, tudo é motivado. Os motivos se mesclam. Há um motor imóvel que colocou tudo nos eixos. Poder-se-ia pensar que tudo funciona, mas há buracos. Para dizer aristotelicamente: por um lado, há uma enteléquia (ἐντελέχεια), queremos sair dali. Por outro lado, há uma hierofania, que irrompe de fora para dentro. O irrompimento do "de fora" é sabidamente o filho mais lindo da fé. O que daí resulta é o pecado, a *hýbris*, a vontade de sair da mesma posição. Portanto, liberdade é sinônimo de pecado. Nossa cultura tem duas raízes, a grega e a judaica. Os conceitos são semelhantes, ὕβρις (*hýbris*) e *chet*, pecado, mas têm colorações diferentes. A *hýbris* é heroica. Quando me descaminho, sou um herói. O caráter heroico, embora condenado ao fracasso (naturalmente, os heróis devem ser perseguidos e castigados pelo destino), é, na verdade, admirável. Algo irradia dos heróis. O oposto do heroísmo é a filosofia. Em toda a filosofia há essa corrente epicurista: curvar-se ao destino é sabedoria, e não apenas sabedoria, mas virtude, ἀρετή (*areté*). O oposto de ὕβρις é ἀρετή – saber qual é o seu lugar e não querer ir além. Para os judeus é bem diferente. Entre eles, o pecado é feio. Deus criou o mundo com a intenção de colocá-lo à disposição dos homens. O mundo é um palco. Sobre ele reina o homem como imagem de Deus. Para que pudesse reinar, Deus se viu forçado a dar liberdade ao homem. Liberdade significa a possibilidade de pecar. O homem vem ao mundo com a possibilidade de pecar. Talvez essa não seja uma interpretação muito ortodoxa. O homem é feito de terra. *Adama* significa terra, *adam* significa homem. Depois que Deus criou o mundo à sua imagem e semelhança, foi-lhe insuflado o espírito, *huach*. Isso é a origem da escrita. Barro, barro mesopotâmico de alguma maneira foi transformado em tijolo. Então inscreveu-se o espírito em forma de sinais cuneiformes. Adão é uma tábua de escrita cuneiforme. Aí está, portanto, a imagem de Deus, que tem em si o sopro, *huach*, πνεῦμα (*pneûma*), *spiritus*, e é livre para pecar ou não. Para a surpresa de todos os envolvidos, ele peca ao discernir. Depois ele tem de pecar. Ele nada mais pode senão pecar depois que ele se decidiu. Discernir (*unterscheiden*), em si, encerra decidir (*entscheiden*)*.

---

* Jogo de palavras: *unter-scheiden* (= dis-cernir, distinguir, diferenciar) e *ent-scheiden* (= de-cidir) são verbos com o mesmo radical *scheiden* (= cindir, cortar, separar) e prefixos diferentes. (N. T.)

[crítica da cultura III 2b01] Adão e Eva consideram e chegam ao estado de ter-de-pecar. Com isso, toda a criação é posta em questão. Por que Deus criou o mundo? Para lá colocar sua imagem e deixá-la no estado de só-poder-pecar? Assim, infelizmente, Deus tem de se tornar ele mesmo homem. Tornando-se ele mesmo homem, redime os homens do pecado e o redime também da liberdade. Então a liberdade lhe aparece como um perigo ameaçador. O fiel que acredita em Cristo está redimido de decidir, de discernir e do pecado. Ele não é livre, absolutamente. Ele não pode mais pecar, *peccare non posset*. Essa é uma maneira estranha, que não é comum para nós, de vivenciar a liberdade. Mas nós a temos em nós. Ainda temos a sensação de que a liberdade teria um sabor amargo.

Da liberdade perdida II: técnica e vontade

O conceito histórico de liberdade é ainda mais complexo. Para a consciência histórica tudo é coisa já encontrada. Não há milagre. Se eu considerar algo um milagre, então é porque ainda não conheço a causa. Logo ficará evidente que não era um milagre, mas que aquilo tinha causas, como todas as outras coisas. Essa crença na causalidade é talvez ainda mais forte do que a crença em milagres. Milagres estão excluídos. Mas quando milagres estão excluídos, a liberdade está fora de cogitação. Se sobre a Jerusalém terrena não se abre a celestial, de forma que quem for a Jerusalém possa ascender e descer, não há liberdade. Quem, como os cruzados, morreu em Jerusalém soluçante pela alegria extrema, porque se lhe abriu a transcendência, viveu em um outro mundo diferente do causal. No mundo causal não há abertura. Naturalmente há todo um conjunto de especulações transcendentais na consciência histórica. Há toda uma filosofia da transcendência não no sentido de ir além para ser livre, mas no sentido de uma contemplação. Talvez isso não seja bem assim em Fichte. Em geral, românticos alemães são um perigo mortal para o mundo. Mas pode-se dizer que, na maior parte, quando acredito em um encadeamento de causa e efeito, não há liberdade.

Porém, há dois conceitos de liberdade na consciência histórica: liberdade é técnica. Naturalmente isso não é expresso, pois não soa muito nobre. Principalmente os filósofos alemães não consideram "técnica" uma palavra nobre. Para minha completa incompreensão, os alemães, e em parte também os franceses, creem que técnica seja algo secundário. Não veem na técnica, nos aparelhos técnicos, nenhum triunfo da existência humana. A visão de Heidegger sobre a composição (*Gestell*)*, por exemplo, torna-o

---

* Essa palavra é empregada por Heidegger para dar nome à técnica moderna. Nesse contexto, *Gestell* recebe traduções muito diversas: "composição", "armação", "instalação", "dispositivo". (N. T.)

para mim mais antipático que muitas outras coisas. Mas também não posso compreender o desprezo dos intelectuais médios alemães e franceses pelo engenheiro. A técnica é propriamente a liberdade. Em que é que a técnica difere do conhecimento aplicado das causas? A técnica é a possibilidade de manipular as causas de forma que elas tenham as consequências que eu queira. Pego as leis da dinâmica dos gases e com base nelas construo uma caldeira que move as locomotivas. Essas locomotivas me abrem o oeste. Chego até a Califórnia: "*Go West, young man*"[5]. Mas a própria técnica é uma consequência, uma consequência da ciência. E a ciência, por sua vez, é consequência de outra coisa. Portanto, a técnica tem consequências previsíveis. Com efeito, como consequência de causas, ela tem consequências. Como a técnica pode nos libertar? Esse é um argumento contra Engels. A liberdade é o conhecimento da necessidade. O segundo argumento é: como posso querer algo? Não quero me tornar schopenhaueriano – a própria vontade é, sim, consequência de algo. Eu quero, porque, bem... Minha glândula debaixo da língua está produzindo, neste momento, uma enzima muito específica. Descartes tem plena razão. Neste mundo, a vontade tem de ser uma

---

5 Esse *slogan* para ocupação do oeste norte-americano é atribuído ao editor de jornais e candidato à presidência norte-americana Horace Greeley (1872).

secreção. A liberdade, nesse sentido – conhecimento da necessidade –, se enreda na cadeia causal.

Uma ideia muito mais racional, mas menos satisfatória, da liberdade é aquela de que todos os acontecimentos têm uma série não abrangível de causas. Levanto meu braço. Isso eu posso explicar. Primeiro, aqui no espaço há vetores que são coincidentes e tiveram como resultante o movimento de meu braço. Portanto, posso explicar fisicamente, mecanicamente. Também posso explicar metabolicamente. Há em mim um equilíbrio energético maleável. Em certo momento houve, em algum lugar, um excesso de energia que acarretou no movimento do braço. Posso explicar neurofisiológica, econômica, social [crítica da cultura III 2b02], cultural e psicanaliticamente. Psicanaliticamente, posso dizer que esse desejo é, com certeza, o sintoma de alguma repressão. Culturalmente, é um gesto tipicamente ocidental que um indígena nunca faria. Essa variedade de explicações é nomeada com uma palavra estranha: supercondicionado. O movimento de minha mão é supercondicionado. Há condições demais. A coisa está explicada um pouco bem demais. Se eu já expliquei fisicamente, para que, então, preciso da crítica da cultura? Se eu já expliquei psicanaliticamente, para que então – sendo mais desagradável – preciso da neurofisiologia? Esse explicar bem demais se chama liberdade. Tenho a impressão irreprimível de que levantei o braço porque quis, porque as explicações são boas demais. Parece-me um conceito de liberdade melhor do que o técnico-marxista, mas tem o incômodo de dizer que sou livre, de isso ser um engano. Não se esqueçam: agora estamos no campo da consciência histórica. Resumindo, não é consistente falar em liberdade, pois ou eu chego a uma teleologia, que não tem lugar nas explicações causais – de repente, a liberdade se torna um problema teleológico onde estou obrigado a ter apenas problemas causais –, ou talvez não seja teleológico, mas um engano. Tenho a impressão de ter liberdade devido ao meu conhecimento insuficiente. Quanto mais conheço, mais sei que não tenho liberdade, o que também não é muito agradável.

Da liberdade III: supor

Nasce um novo conceito de liberdade. É a primeira vez que começamos a elaborar um conceito de liberdade consistente e a liberdade se torna, então, como tentei apontar, a antecipação intencional do acaso. Pelo que sei isso não é uma contradição interna. A liberdade é uma estratégia, um tipo de jogo. A liberdade só tem sentido dentro de uma visão lúdica de mundo, de modo que o jogo é visto como um tornar-se-necessário do acaso. Um exemplo: tenho uma tela vazia à minha frente. Faço um ponto. A partir desse ponto construo uma imagem. Os chamados "artistas plásticos" confirmam isso: o momento da escolha do ponto determina todo o processo de fazer as imagens. Talvez seja esse o cerne da liberdade. A escolha do ponto é aleatória, mas acontece em função da imagem que está para ser feita. É intencional. Vivencio isso ao escrever. Coloco um papel na máquina. [crítica da cultura III 2b03] Se eu escrever "se" como primeira palavra, meu texto será hipotético. Posteriormente, descubro que ele tinha de ser hipotético. Entitulei um livro de *Angenommen* [Suposto]. De início pensei ser *angenommen* a palavra alemã para "hipotético". Quando escolhi o título já tinha o livro inteiro na cabeça, mas o fato de ter escolhido o título *Angenommen* teve influência sobre tudo o que escrevi depois. *Angenommen* significa também "acolher" (*annehmen*) algo, isto é, "perceber" (*wahrnehmen*). A partir daí, esse segundo significado também esteve em jogo em tudo. Vivenciei a vertigem (*Schwindel*)* da liberdade, na medida em que fiz entrar em jogo esse duplo desacordo ao redor da palavra *angenommen*. Naturalmente a traduzi imediatamente para *let*, e traduzi imediatamente para *supposant*, e depois logo traduzi para *admitamos*. Cada uma dessas palavras trouxe novos significados.

---

* Construção de duplo sentido: *Schwindel* quer dizer tanto "vertigem" como "embuste". (N. T.)

Provavelmente, permanecerá inatingível a meta de oferecer o esboço aproximado de uma antropologia. Tentei introduzir o conceito de liberdade, porque todo o pensamento só tem uma meta: contribuir para liberdade. Nisso eu fracassei, mais ou menos.

7. Do ócio

Lembrem-se da minha definição hipotética do homem como aquele ser que armazena, processa e transmite informações adquiridas. Pode-se considerar escola aquele lugar e aquele tempo – acho que já avançamos o suficiente em nossa reflexão a ponto de não poder mais distinguir espaço e tempo –, aquele espaço-tempo ou aquele tempo-espaço no qual informações adquiridas são armazenadas, processadas e transmitidas. Três vezes três dias de conferência em Bochum são, por exemplo, um tempo escolar espacial.

Escola, *shabat*, templo
Primeiro, vamos à etimologia, um método não confiável, mas bom, de investigar palavras: escola significa ócio, *skholé*. Na antiguidade isso é extraordinariamente positivo. A ausência de ócio é desprezível, *askholía*. Falta um sinônimo alemão,

o inglês é *business*. *To be busy* é o contrário de *to have leisure*. *Business* como oposto de escola é, portanto, algo desprezível. Ócio em latim é *otium*, o antônimo é *negotium*. De onde vem essa valorização do ócio que dá a nós, homens ex-modernos, uma impressão tão estranha? Com efeito, consideramos o trabalho a fonte de todos os valores.

Na língua judaica existe a palavra *shabat*, que significa "sábado", se quiserem – uma tradução ruim, pois na língua judaica apenas dois conceitos são sagrados, o conceito de Deus e o conceito de *shabat*. A palavra *kadosh*, que significa "sagrado" em hebraico, só é associada a Deus e *shabat*. A ideia subjacente é a seguinte: há dois tempos, o corrente e o estático. A finalidade e o objetivo do tempo corrente é o tempo estático. Os seis dias da semana só têm sua justificativa porque desembocam no *shabat*. [crítica da cultura III 2b04] No *shabat* o tempo para. Isso é meio mágico, meio histórico. O mágico nisso é que há um buraco no mundo, e esse buraco não é espacial, mas temporal, o *shabat*. É um engano pensar que o templo em Jerusalém é comparável aos templos de outras religiões. O templo de Deus – "templo" quer dizer "recortado", τέμενος (*témenos*) – é temporal. É o *shabat*, esse buraco estático no tempo corrente, no qual nós passamos deste mundo para aquele mundo, *olam haze*[1], *olam habá*[2].

---

1 Este mundo, o aquém.
2 O mundo por vir, o além.

No *shabat* se é imortal. Ele é o eterno, o tempo estático. A vida inteira é, para um judeu devoto, o anseio pelo *shabat*. Uma das mais antigas canções da humanidade, que posteriormente foi atribuída a Yehudah Halevi[3], mas que talvez remonte ao século VI a.C., começa com as palavras: "*Lechá dodi licrat kalá, penê Shabat necabelá*"[4]. "Vem, ó, tio"[5] – é muitíssimo antigo, pois "tio" é um conceito matriarcal – "ao encontro da noiva, o semblante do *shabat* queremos saudar." Existe uma tradição mística da Cabala que diz que o messias viria quando dois *shabats* coincidissem. Isso pode significar que ele nunca virá, pois isso de fato nunca pode acontecer. Mas também se pode interpretar de outra maneira: o *shabat* é o próprio messias. A meta da vida, a meta da História, é a supressão (*Aufhebung*) da História e a supressão da vida – supressão quase no sentido hegeliano da palavra.

O lado grego da coisa: a πολιτεία (*politeía*) grega consiste de três espaços ou tempos, o οἶκος (*oíkos*), a ἄγορα (ágora) e o τέμενος (*témemos*). Τέμενος significa "recorte", assim como *templum*. É um recorte afastado do espaço público. Geralmente fica sobre uma colina, por isso se chama acrópole. Nesse espaço recortado estão as ideias. Elas são não

---

3 O texto da canção entoada inúmeras vezes na saudação do *shabat* "Lechá Dodi" tem origem no século XVI e é de Salomon Alkabez. Heinrich Heine atribuiu, erroneamente, o texto a Yehudah Halevi (*Romanzero*, 1851).
4 A transcrição do hebraico pode variar ligeiramente.
5 Usualmente traduzido como "Vem, meu querido".

espaciais e atemporais. Pode-se notá-las quando são contempladas com o olhar teórico. A acrópole flutua sobre a cidade, é o deus da cidade. Por isso, também é um erro chamar os gregos de politeístas. Os gregos olhavam o mundo sob muitos aspectos, mas cada aspecto do mundo significava o mundo inteiro. Cada aspecto do mundo era um deus. Quando digo Atenas, por exemplo, penso no aspecto da sabedoria: o mundo inteiro aparece sob o olhar ateniense. Sob esse olhar, Atenas é a única deusa. Quando olho afrodisiacamente, então o mundo inteiro é a beleza sexual e Afrodite, a única deusa. Sob um olhar dialético, o único deus é Ares. Como aqui estamos em uma conferência sobre teoria da comunicação, não quero deixar de lado o mais importante de todos esses deuses: se eu vejo o mundo hermeticamente, como um mistério que se fecha e volta a se abrir, como um truque, como uma falcatrua, então o único, e na minha opinião o mais interessante de todos os deuses, é Hermes. Os gregos não são politeístas, mas múltiplos monoteístas.

Skholé é o estado em que uma pessoa se abre para o sagrado. [crítica da cultura III 2b05] Uma conhecida frase medieval diz: "*Non vitae, sed scholae discimus*"[6]. "Não aprendemos para a vida, mas para a escola." Assim, a escola é a meta da vida – entre os judeus, a atmosfera é um pouco

---

6   A frase é de Sêneca (cf. nota 2, à página 47).

diferente em comparação aos gregos, mas no fundo reina consenso em todas as culturas que conheço. Apenas na era moderna isso é invertido em uma frase irracional: "*Non scholae, sed vitae vivimus*". "Não vivemos para a escola, mas para a vida." Aos poucos chegamos à conclusão de que isso é maluco, pois de fato se vai cada vez mais à escola. A escola assume, já antes da revolução da comunicação e mais claramente após ela, a posição central na vida. Até os 25 anos de vida se vai, nos países ocidentais, à escola, ou a escola vai até cada um. Sim, a escola não é mais um espaço ao qual se vai, mas, no mínimo, também é um tempo que advém de cada um. Vivemos na escola a maior parte do tempo, como na Idade Média, com a diferença de que na Idade Média a escola tinha uma posição privilegiada. A maioria das pessoas eram escravos, mulheres e crianças que não tinham direito ao ócio. Hoje, em maior ou menor medida, a escola parece ser acessível a todos. Na Idade Média tentou-se disciplinar a escola. A escola era, como toda a vida na época, uma preparação para o exame de maturidade "morte", no qual ou se passava para a salvação eterna, ou se era reprovado para a maldição eterna. [crítica da cultura III 3a01] Havia também escolas de preparação para o serviço ao Senhor. A distinção não é fácil. Em caso de aprovação, tornava-se doutor.

Quero descrever esse exame de doutorado: o professor ficava sentado em sua cátedra. A seus pés ficavam os doutorandos, sentados. Ele fazia perguntas precisas, agudas, dolorosas – o exame se chamava *Rigorosum*. Dolorosas porque, às vezes, usavam-se tenazes para apertar os dedos das pessoas, depois de se acender fogo sob elas, esperando se elas fugiriam ou suportariam aquilo. As perguntas eram a inquisição. O doutorando dissertava sobre as perguntas. Se a dissertação estivesse certa, ele se tornava doutor. Mas, se ele dissesse um anátema, alguma coisa errada, o professor se levantava da cadeira e gritava a terrível frase: *"Anathema dixit"* – "Ele disse um anátema!". Então aquele doutorando – espero que vocês sintam em nossas universidades um último resto disso, não faz tanto tempo – era entregue ao braço terreno e queimado no centro da fé, ou seja, na Espanha, sul da França e Itália, em um ato de fé, um *auto-da-fé*.

Viajava-se até todos aqueles doutores, que tinham cátedras fixas em algum lugar, por exemplo, na Sorbonne, em Pádua ou em Colonia Agrippina, para se sentar a seus pés e escutar. O vínculo entre o professor e os alunos, entre o doutor e os escolásticos era o vínculo mais forte que havia na vida, mais forte do que o vínculo entre homem e mulher. Um aluno se dedicava ao doutor e o doutor era responsável por ele. Antes que o doutor dissesse *"Anathema dixit"*, devia haver nele uma terrível luta interior, antes que ele mandasse queimar um de seus alunos, não por maldade, mas para salvar sua alma.

Filosofia

O problema era: Como chego a Deus? Um dos métodos para se chegar a Deus era através da filosofia. A filosofia é a serva da teologia, *ancilla theologiae*, porque a filosofia lhe permite exercitar a lógica. A lógica é o método de ascender do particular ao universal em cinco degraus. O degrau mais inferior é o particular, por exemplo, esta mesa. O próximo degrau é uma generalização. Cadeira e mesa são, ambos, móveis, o essencial, a *identitas*, a *prima essentia*, é móvel. [crítica da cultura III 3a02] Quando induzo conceitos, eles se tornam cada vez mais amplos e mais vazios. Na quarta essência eles já são gigantescos e quase vazios. Finalmente chego à quinta essência, à quintessência. Essência, aliás, significa também perfume. Dilui-se cada vez mais. A quinta essência é completamente vazia e abarca tudo – a divindade. Chego assim à divindade pela lógica. Caminho até a divindade pela comparação. Essa filosofia se chama realista. Ela afirma que os universais, esses nomes coletivos, são realidades: *"Universalia sunt realia"*.

Existe a opinião contrária, que diz que assim não chego a Deus. Se eu comparo esta mesa com esta cadeira e digo que ambos são móveis, apenas dei um nome à coisa. Móvel não é propriamente um conceito, é só um nome: *"universalia sunt nomina"* ("universais são nomes") – daí o conceito de "nominalistas". Os monges nominalistas, em cuja descendência se encontra a ciência, dizem: "Você joga o jogo do diabo se quiser chegar a Deus com a lógica. Você só pode chegar a Deus pela fé. *Sola fide*" ("só com fé"). Toda ocupação intelectual é diabólica. Se eu faço essa operação lógica, posso fazê-la também nos fenômenos. Por exemplo, posso extrair do chumbo as diferentes essências. Do chumbo desprezível chego ao puro ouro. Do puro ouro chego à pedra filosofal. Da pedra filosofal chego à fonte da juventude, e então chego tecnicamente a Deus. Isso se chama alquimia. São as raízes de nossa civilização. Isso está em todos os experimentos científicos.

Universidade e ensino escolar obrigatório

Algumas palavras sobre a universidade da nova era: um dos aspectos importantes da revolução burguesa é que a escola é transferida dos mosteiros para as cidades. Política e teoria trocam de lugar. Em vez de a política servir à escola, agora é a escola que serve à política. A escola não é mais meta, ela se torna meio: meio para a técnica, meio para a arte, meio para a política. A transferência da universidade dos mosteiros para a cidade, ou seja, a submissão dos doutores aos cidadãos, teve como consequência a reestruturação da escola. A universidade burguesa baseia-se em uma visão positivista da natureza ou do mundo. O autor dessa visão é Deus. A visão é mais ou menos a seguinte: a coisa extensa é estudada por uma ciência. Pela física, digamos. Mas em algumas áreas a pesquisa física é extremamente complexa. Existem subdepartamentos da física, como mecânica, dinâmica, talvez astronomia – outro caso, mas desde Newton esse campo faz parte da física. Depois, talvez se acrescente a química. A questão vai ficando desagradável, cada vez mais complicada, de forma que é melhor [crítica da cultura III 3a03] aceitar um novo nível e construir sobre ele, vamos chamá-lo de biologia. A complexidade continua a crescer. Em dado momento surge uma disciplina muito flexível, mas que é a meta da universidade, a sociologia. No campo da física, os filhos da burguesia constroem máquinas. No campo da biologia, eles cuidam de pessoas e animais. No campo da psicologia, são engenheiros do intelecto e da alma. No campo da sociologia, são engenheiros da sociedade – nada mais que engenheiros. Para as chamadas disciplinas formais, lógica e matemática, não há propriamente lugar no positivismo. Elas atravessam todas as outras.

Com o tempo, são então introduzidos sob a universidade dois outros níveis de escola, primeiro, as escolas posteriormente chamadas de "ensino médio". São escolas – sempre tenho em mente a França, porque nessa época a França é o país decisivo – nas quais os filhos homens são instruídos a manter as máquinas em ordem. As mulheres não existem; elas ainda são algo como receptáculos do pecado. Nessas escolas do ensino médio são ensinadas as bases da física, que são necessárias para conservar as máquinas; as bases da química, pois algumas máquinas funcionam quimicamente, e muito pouca biologia, muito pouca. Em compensação, ensina-se história, porque a consciência histórica precisa se infiltrar nas pessoas. As pessoas têm de acreditar e engajar-se no progresso. No começo do século XIX, acho que desde Napoleão, é introduzida também a escola primária. A escola primária serve para tornar os filhos dos ex-camponeses, os proletários, competentes para funcionarem em função das máquinas. Para isso, é necessário que possam ler as instruções de uso, executar os breves cálculos exigidos, e, também, que aprendam os modelos de comportamento necessários para executar ordens. Essa é a chamada escolaridade universal obrigatória – uma palavra excelente. Vocês veem como a escola agora passou pela pior degradação que se possa imaginar. Ir à escola agora é uma obrigação. O ócio se torna algo mau.

Desemprego e interface

Agora se inicia uma mudança radical. O ócio começa a se tornar um problema central. A escola se torna problemática. Não se sabe mais ao certo o que se deve fazer na escola. A maior parte do tempo de ócio é dividida entre coisas como o descanso após o final do expediente, *weekend*, férias ou aposentadoria, e preenchida com coisas como esquis e Ibiza.

Evidentemente, isso não é uma escola excelente. As pessoas não sabem o que fazer com a escola.

A segunda notícia é: o positivismo não funciona mais. É bem possível que se rebaixe, por exemplo, em vez da física, a biologia ou a psicologia ou a sociologia ou alguma outra coisa, e se estruture a hierarquia a partir de algum outro nível ontológico. O interessante nessas camadas não é sua separação, mas que elas intervenham uma na outra. O interessante não é separar a biologia da física, mas, ao contrário, estudar os campos onde ambas se cruzam. Consequentemente, antes que se chegue à chamada *Cross-Education* ou à *Interface* – ou seja lá como se chamam essas expressões modernas ou pós-modernas –, começa-se a refletir sobre as sobreposições das áreas. Conclui-se que, na verdade, existem apenas dois tipos de sobreposições. [crítica da cultura III 3a04] Por exemplo, física com biologia: no *overlap* surge uma zona cinzenta. Há partes da física que podem ser consideradas física e partes da biologia que podem ser consideradas biologia. Mas a maior parte da competência da biologia está invadida pela competência da física, e a maior parte da competência da física está invadida pela competência da biologia. A área onde elas se invadem mutuamente se chama "zona cinzenta". Há uma série de fenômenos que aparentemente estão sob a competência da física, mas que podem ser mais bem estudados sob um ponto de vista biológico e vice-versa. Outra relação ainda mais interessante entre áreas é chamada de *fuzzy sets*, "conjuntos difusos". Resumindo, não é que a especialização não exista mais. Ela permanece, embora naturalmente não esteja mais estruturada como em Comte. Portanto, não faz sentido que, hoje em dia, alguém que queira adquirir competência na biologia abra mão da psicologia ou da física. Consequentemente, não basta mais apenas ir à escola, mas deve existir sempre um cruzamento de competências.

Além disso, ambas as disciplinas formais, lógica e matemática, com as quais Comte teve de ocupar-se, criam outros problemas: por exemplo, a informática; por exemplo, teoria da decisão, teoria dos jogos... Inúmeras disciplinas como essas, formais, atravessam todas essas áreas temáticas. O edifício da universidade explodiu. A universidade não passa de um invólucro vazio, e dentro desse invólucro nada mais funciona. Se hoje há ainda uma faculdade de direito, uma de biologia e uma de artes, elas são cadáveres; isso não pode mais viver, pois o edifício da universidade reflete o edifício da ciência. O edifício da ciência não é mais divisível. O estranho nisso é que as especializações não foram eliminadas, mas que inúmeras competências têm de se reunir.

Gostaria de reunir ambas as correntes do ócio: de um lado, o ócio degradado, decadente, daqueles que não sabem o que fazer consigo mesmos, ou seja, os turistas e os telespectadores; e de outro lado, as pessoas que parecem viver para a escola e estão completamente perdidas dentro dela, porque as velhas categorias não funcionam mais. A essa situação é preciso acrescentar: primeiro a inflação de informações, acompanhada do surgimento de novos aparelhos; e segundo, a vida breve da validade das informações. Agora vocês veem mais ou menos a situação da escola. Fica cada vez mais claro que o trabalho não é a fonte dos valores, mas a informação. Fica cada vez mais evidente que quem cria informações cria valores, e que espalhar-informações-pelo--mundo é um gesto indigno do ser humano. Portanto, fica mais claro, cada vez mais claro, que a escola é a finalidade da vida. O ócio, a escola, *leisure*, *loisir*, desemprego, não sei como vocês chamam isso. Os desempregados são, embora de uma maneira totalmente imbecil, os mensageiros do futuro. [crítica da cultura III 3a05]

Pode-se considerar a sociedade conectada telemática como uma escola permanente, um *shabat* em cúpula sobre o mundo, para dizer judaicamente. Nessa sociedade conectada, trata-se de promover a congruência de competências, de competências de jogo, seja por meio da geração de zonas cinzentas, seja por meio da geração de *fuzzy sets*. Pode-se dizer que a sociedade telemática está sob o signo da eliminação, da exclusão do trabalho, como na cidadezinha clássica ou judaica, para reintroduzir a escola como aquilo que dá sentido à vida e alcançar nessa escola não mais hierarquias de competências, mas cruzamentos de competências. Não existem competências mais ou menos nobres. A física não é mais fundamental do que a psicologia, a competência no assobio não é menos valiosa do que a competência no cálculo. A conectividade tem a finalidade, a intenção inconfessada de mobilizar essas competências, incluí-las na conectividade e levar à contemplação criativa.

Sobre o sufixo "-mática"
[crítica da cultura III 3b01] Está na hora de substituir a expressão *homo sapiens* por *homo faber* e dizer que o *homo faber* é o passo para o *homo ludens*. O fabricante é o embrião do jogador. O sufixo "-mática" significa a crença de que nenhum homem mais deve ser escravizado; que qualquer escravização, qualquer poder, qualquer política pode ser transferida para máquinas; que a dignidade do ser humano é politizar as máquinas para que ele mesmo se despolitize; que máquinas devem pagar impostos; que máquinas devem fazer guerras; que máquinas devem fazer política, seja lá como vocês a chamam, e nós não devemos nos preocupar com isso. Infelizmente, a palavra "automatização" encerra a palavra "autonomia". Autonomia significa "achar um lugar por si só". Um autômato tende a se tornar autônomo. Parece que já perdemos as rédeas. O autômato corre por si mesmo, por inércia. Vivemos, de fato, em um mundo

sem motivos. Não acreditamos que um movimento precise de um motivo. Acreditamos, de fato, que um movimento é inercial. Quando colocamos uma máquina em movimento, ou seja, quando somos o motor da máquina, e ela continua funcionando por inércia, pode acontecer de perdermos as rédeas. Esse é o tema de todos os pensadores engajadamente antitécnicos. Não tenho nada contra as máquinas se tornarem autônomas, pois as máquinas são, sim, escravas. Que elas simplesmente continuem a trabalhar com a máxima rapidez possível. Isso não nos interessa nada. De modo nenhum precisamos tê-las nas rédeas. Isso, com efeito, não nos interessa. As pessoas que se envolvem com as máquinas, os funcionários, na verdade não são seres humanos. É preciso tirá-los o mais rápido possível de sua função e torná-los humanos novamente. [crítica da cultura III 3b02]

Suponhamos que atrás de um balcão no qual se emitem passaportes não está um robô, mas um ser humano. Sua função é emitir um passaporte perante apresentação de documentos. Sua vida depende disso. Isso é sua vida, ele manipula símbolos. Ele é um homem-*software*. Ele nunca olha para fora daquele buraco. Ele está sempre dentro desses símbolos. Não tem vida, mas uma carreira, isto é, dependendo de como manipula os símbolos, ele ascende e recebe um salário maior. Periodicamente, ele é cuspido para fora da manipulação dos símbolos, ou para diante da televisão ou para Ibiza, para então retornar e manipular símbolos até que se aposente. Na aposentadoria ele manipula outros símbolos. Então morre, infelizmente, e não apenas simbolicamente. Agora esse pseudo-homem, esse sub-homem, esse funcionário, esse funcionário público ou essa autoridade, recebe os papéis. Ele emite o passaporte. Cola a fotografia no passaporte e o preenche. Tudo está na mais perfeita ordem. Ele contribuiu para que você possa sair de férias. Agora ele lhe dá o passaporte e tem de olhar para fora daquela abertura. O que ele compara? Ele compara a fotografia com o que está lá fora. Isso não significa que o passaporte seja um símbolo do ser humano, mas o contrário, que o ser humano é um símbolo do passaporte. Como diz Hegel, o passaporte é a realidade concreta não abreviada. O passaporte é o que é real. Aquilo que está fora, o ser humano, é um símbolo, possivelmente um símbolo muito ruim. Claro, pode acontecer que o ser humano não seja parecido com a fotografia. Como diz Baudrillard, aquele ser humano é um simulacro ruim do simulacro original que o funcionário tem em mãos.

Não quero me aprofundar mais nesses perigos, mas gostaria de mostrar a urgência. Já que 75% da humanidade atual *funciona*, em vez de *viver*, já que 75% do mundo chamado desenvolvido faz carreira em vez de adquirir informações, ele funciona. Em vez de ir à escola, é extremamente urgente tentar instaurar a sociedade telemática para devolver a dignidade humana a esses pseudo-seres humanos, caso eles ainda sejam capazes disso. Naturalmente, eles não querem. Repito, a massa não quer isso. A massa quer funcionar. Com efeito, essas pessoas têm colarinhos brancos. Eles só conseguem se virar com símbolos. Eles só tocam símbolos, dinheiro, papel ou imagens de televisão.

Sobre o prefixo "tele-"

A sociedade telemática é uma sociedade em que tudo aquilo que pode ser automatizado está automatizado e todo o resto é "tele-". "Tele-" vem de meta, τέλος (*télos*). A meta é a ação de trazer algo que está longe para perto. O primeiro teleinstrumento foi o telescópio. Em alemão, telescópio é *Fern-sehen**. Com esse tubo óptico, Galileu viu que Júpiter tem quatro luas. Não posso descrever que consequências esse programa televisivo teve. Pois com isso revelou-se que no céu acontecem as mesmas porcarias que na Terra. [crítica da cultura III 3b03] Depois disso, quem ainda pode dizer: "Seja feita a Tua vontade assim na Terra como no Céu"[7], se no céu a situação é tão horrível? A desgraça não é só que a Terra se tornou um corpo celeste e, portanto,

---

* Literalmente, "ver longe" ou "tele-ver". (N. T.)
7 Terceiro pedido do Pai-Nosso, *Evangelho segundo Mateus* (Mt 6, 9-13) e *Evangelho segundo Lucas* (Lc 11, 2 e ss.).

todas as esperanças pelo reino do céu tenham de ser esquecidas, porque ele já existe; mas o problema é que foi revelado que em toda parte reina a mesma porcaria, a mesma injustiça, como diz Aristóteles. É completamente injusto que Luas girem ao redor de Júpiter e que haja montanhas na lua. O telescópio tornou isso visível. Esse é o primeiro pressentimento daquilo que significa telemática: trazer o que está longe para perto. Pode-se inverter isso: se do telescópio se faz um microscópio, é possível ver o que é minúsculo, que é trazido para perto. O mundo do pequeno e o mundo do grande interferem um no outro já muito antes de Einstein e Planck, de maneira que não podemos separá-los. O mistério do grande e o mistério do pequeno são trazidos para perto de nós por meio da telepresença. Todos os demais instrumentos que começam com "tele-" têm um caráter semelhante, por exemplo, o telefone, a televisão, o telégrafo, o telefax, o *minitel*. O que é trazido para perto não são mais apenas objetos, mas também sujeitos. Fomos aproximados um do outro, estamos lado a lado. Só estamos simultaneamente com outros, em toda parte, quando estamos ligados a eles por meio de cabos especiais. Só estou com meu filho em São Paulo, simultaneamente, se eu lhe telefonar ou se ele me telefonar. A guerra civil na Sérvia só está aqui se eu ligar algum cabo telemático entre mim e a guerra civil. Isso é a essência da rede. São os fios que formam a rede. Nada mais podemos fazer senão ter uma cosmovisão conectada. Somos os nós de uma rede. O que antigamente se chamava de *sociedade* é de fato apenas uma coisificação, a reificação de uma rede intersubjetiva. O que se chamava de *indivíduo* nada mais é do que uma reificação de um nó em uma rede. Há os fios da rede na qual fomos jogados e temos a estranha possibilidade de fazermos fios nós mesmos. Não sou responsável por ser um filho, mas sou responsável por ter uma mulher e um filho. Não sou responsável pelos nazistas, mas sou responsável pelos vínculos que estabeleci. Só posso ter uma responsabilidade se, do outro lado, a responsabilidade é retribuída. Segundo os rabinos, o judeu é um homem que só assume responsabilidade por algo que assuma responsabilidade por ele. Se eu, porém, assumo responsabilidade por algo que não se comporta de modo responsável por mim, então sou pagão. [crítica da cultura III 3b04]

"Tele" significa trazer para perto. Não é uma questão geográfica ou histórica, não é no espaço ou no tempo que você é trazido para perto, mas de alguma maneira fora do tempo e fora do espaço. É utópico e "ucrônico". Estamos em uma conexão. Isso não é apenas sentimental, também tem a ver com competência. A responsabilidade só tem sentido quando conduz a algum cruzamento de competências, só assim ela pode oferecer algum sentido. Pascal disse: *"Le cœur a ses raisons, que la raison ignore*"[8]. Gostaria de inverter isso e dizer: *La raison a son cœur, que le cœur ignore*, a razão tem um coração, do qual o coração não tem ideia. Na razão há um sentimentalismo, o sentimentalismo da responsabilidade.

Essa comunicação, essa sobreposição de competências, esse jogo no qual me empenho para ser livre, para antecipar possibilidades e presentificá-las – esse jogo decerto não está enganchado em nenhum lugar, em nenhum aparelho, em nenhum arame e em nenhum "eu"; antes, a cápsula-eu está explodindo. Eu sou "eu" apenas em função de "você", e você é "você" apenas em função de "eu". A conversa telefônica não é uma conversa entre dois. Ao contrário: existe aí uma conversa, e dessa conversa podem ser extrapolados "você" e "eu". Nós estamos, por assim dizer, juntos na conversa. Somos apenas apêndices pensados, mas a realidade não abreviada, como diz Hegel, é a própria conversa, a intencionalidade pura. O jogo é a realidade, não os elementos e as regras, mas o jogar. A liberdade não é aquilo que se quer ou que se faz, mas a responsabilidade.

---

8 A citação original diz "*Le cœur a ses raisons que la raison ne connaît pas.*" (O coração tem razões que a razão desconhece.) e é de Blaise Pascal, em sua obra incompleta *Pensées*, 1669.

Páthos

[crítica da cultura III 4a01] παθεῖν (*patheîn*) é uma palavra insólita. Significa vibrar, mas também sofrer. O termo latino equivalente de *páthos* é *passio*. O sofrimento de Jesus na cruz é a Paixão de Cristo. Há um tipo de matemática e de música que são simpáticas: tudo vibra junto. Chama-se isso de órfica, lírica. Na matemática e na música antipáticas, tudo vibra contra, tudo foge. É, digamos, o lado do pânico, em uma contraposição entre Pã e Orfeu, embora a base seja a mesma. Ir com o coração é a concordância, ir contra o coração é a discordância. A rede vibra, é um *páthos*, uma ressonância. Essa é a base da telemática, essa simpatia e antipatia da proximidade. Creio que a telemática é a técnica do amor ao próximo, uma técnica para realizar o judaico-cristianismo. A telemática tem como base a empatia. Ela aniquila o humanismo em favor do altruísmo – e apenas o fato de essa possibilidade existir já é algo colossal.

Será o homem telemático o começo de uma antropologia segundo a qual ser homem é um estar ligado telematicamente com outros, um reconhecimento mútuo visando à aventura da criatividade? [crítica da cultura III 4a02] Há vínculos que são tão fortes e a responsabilidade mútua é tão grande que eles formam o centro do saber. Se esse vínculo se partir, é pior do que a própria morte. [crítica da cultura III 4a03] A fidelidade é o método para dar ao mundo um aroma, um perfume especial. [crítica da cultura III 4a05] Essa é a imagem que tenho: quando me comunico telematicamente com meu amigo em São Paulo, não só o espaço se curva e ele vem a mim, e eu vou a ele, mas o tempo também se curva, o passado se torna futuro, o futuro se torna passado, e ambos se tornam presentes. Essa é a minha vivência da intersubjetividade.

Continuar a pensar a comunicologia

Posfácio de Silvia Wagnermaier

No final do ano de 1990, após a volta de Vilém Flusser da "Germânia reunificada de maneira repugnante", como ele escreve em carta a seu primo David Flusser (1920-2000), professor de religião comparada na Universidade de Jerusalém, ele menciona, *en passant*: "Recebi um convite para ser professor visitante na Universidade do Ruhr (Bochum) no semestre de verão, que talvez aceitarei, porque fica bem perto da Holanda"[1]. Sua filha Dinah, na época a serviço da embaixada brasileira, acabara de se mudar, por motivos profissionais, para Haia. Por isso, a proximidade de Bochum com os Países Baixos lhe era um atrativo.

Antes de Flusser deixar o Brasil, em 1972, e de se estabelecer no vilarejo provençal Robion em 1980, depois de

---

1   Ambas as citações têm origem na mencionada correspondência com David Flusser, em 25 de novembro de 1990.

longas estadias na Itália e em outros lugares da França, ele já havia tentado, no fim da década de 1960 e ainda em São Paulo, trabalhar como professor universitário, pelo menos como professor convidado, na Alemanha ou na Áustria, que lhe era ainda mais "detestável"[2]. Embora publicações brasileiras da época, em seus breves textos sobre Vilém Flusser, atribuíssem a ele cátedras na Alemanha – na Universidade de Freiburg[3], por exemplo –, na verdade, ele lecionou pela primeira vez em uma universidade alemã, durante um semestre, como professor convidado, aos 71 anos de idade, em 1991 – vinte anos depois –, a convite de Friedrich Kittler. O cargo de professor que ele ocupou no semestre de verão de 1991 foi um presente da cidade à Universidade do Ruhr, em Bochum, por seu 25º aniversário.

Nas décadas de 1970 e 1980, Flusser lecionara em instituições, universidades e escolas superiores de arte francesas, em Aix-en-Provence, Arles, Marselha e Paris. Se Flusser tivesse considerado o convite da Universidade de Bochum como a realização de um antigo desejo, seria de se esperar, naturalmente, uma reação eufórica. A indiferença com a qual Flusser menciona o convite ao primo pode ter diferentes

---

2 Cf. Silvia Wagnermaier, *Nomadisch* (1972-1980), in *absolute Vilém Flusser*. Organizado por Nils Röller e Silvia Wagnermaier. Freiburg: Orange Press, 2003, p. 110-9, aqui p. 141.
3 Cf. *A consumida consumidora*, in *Comentário 51*, Rio de Janeiro, 1972, p. 35-46, aqui p. 45.

motivos. Se atentarmos ao sucesso de suas aparições públicas e de seu trabalho como publicista no final dos anos 1980, constataremos uma intensificação crescente e tão extrema de sua atividade que fica fácil entender por que breves ciclos de seminários em uma universidade se tornam um assunto secundário.

Já nos primeiros esboços para suas aulas em Bochum, Flusser escreve: "A ideia deste projeto é uma publicação em forma de livro [...]". Logo na palestra inaugural, Flusser também destaca a relevância que tem para ele a publicação, já planejada e combinada entre os responsáveis da universidade e um de seus editores, das *Conferências de Bochum*. A princípio não se tratava de um texto escrito, mas de uma exposição oral, cuja finalidade principal deveria ser a imediata publicação em forma de livro. Era frequente que Flusser lesse manuscritos de conferências – ou falasse livremente com base nos mesmos – e depois entregasse os textos para publicação. Tanto *Gesten. Versuch einer Phänomenologie* quanto *Kommunikologie*[4] são publicações em livros de Flusser e de seus editores que surgiram desses manuscritos – redigidos para aulas em instituições francesas de ensino e traduzidos

---

4   No apêndice há uma bibliografia completa dos livros de Flusser já publicados. Sob o título *Kommunikologie* estão reunidos a palestra *Was ist kommunikation?* [O que é comunicação?] e os fragmentos do projeto de livro *Umbruch der menschlichen Beziehungen?* [Reviravolta das relações humanas?].

(em parte pelo próprio Flusser). Nas *Conferências de Bochum*, ao contrário, Flusser falou livremente. Havia apenas os títulos dos seminários ou das conferências e algumas palavras-chave sobre os mesmos.

1. Flusser: escrever para publicar[5]

Um olhar superficial sobre a evolução dos escritos de Flusser destinados à publicação mostra como sua vida nômade, num período em que o mundo ainda não era uma aldeia e o mercado ainda não era totalmente globalizado, também marcou a história de sua publicação e recepção. Ainda antes das publicações no Brasil, Flusser, que nascera em 1920, em Praga, e fugira para o Brasil dos nazistas em 1939, passando antes por Londres, pretendia publicar seus primeiros manuscritos, ainda redigidos em alemão, no universo de língua alemã. Essas iniciativas ficaram sem sucesso durante muito tempo ou fracassaram por completo. Segue-se aqui um esboço dos planos de publicação de Flusser no

---

5 Em 2 de março de 1989, Flusser deu uma conferência com o nome de *Schreiben für Publizieren* [Escrever para publicar], no Centro de Pesquisa Nuclear em Karlsruhe, que foi usada como base para um hipertexto de orientação filosófica pioneiro na Alemanha. O responsável por esse projeto foi Bernd Wingert, que em 2007 doou o software e o hardware do aplicativo ao Arquivo Vilém Flusser na Universidade das Artes de Berlim. Cf. também: Knuth Böhle, Urich Riehm, Bernd Wingert, *Vom allmählichen Verfertigen elektronischer Bücher. Ein Erfahrungsbericht* [Da produção gradual de livros eletrônicos. Relato de uma experiência], Frankfurt am Main: Campus Verlag, 1997.

universo de língua alemã, o que mostra que sua escrita permaneceu sem publicação durante décadas, até os últimos anos de vida, quando finalmente ele também teve, na Alemanha, uma fase de grande atividade como publicista. Com isso, torna-se compreensível sua suposta indiferença diante do tardio convite para ser professor visitante. Primeiramente, façamos uma retrospectiva da primeira – e mais intensa – fase de sua atuação como publicista, nos últimos dez anos de sua estadia no Brasil, que se estendeu por mais de três décadas, de 1940 a 1972.

Escrever para o Brasil

Nos anos 1960, depois de ter vivido mais de vinte anos no Brasil, Flusser já construíra um nome com suas três primeiras publicações em livro, *Língua e realidade* (1963), *A história do diabo* (1965) e *Da religiosidade*[6] (1967), com sua atividade docente em várias instituições científicas de São Paulo e – não menos importante – com suas muitas publicações em revistas e jornais paulistanos. Ele debutou em outubro de 1960 com um artigo sobre a língua portuguesa na *Revista Brasileira de Filosofia*[7]. A relevância acadêmica dos cargos que Flusser ocupou é discutível, bem como a relevância das instituições que

---

6   *Língua e realidade* e *Da religiosidade* foram publicados apenas em português.
7   Vilém Flusser, "Da Língua Portuguesa", *Revista Brasileira de Filosofia*, *40*, 1960, p. 560-6.

o empregaram e seu poder de penetração em termos europeus. Porém, seu sucesso fulminante junto aos estudantes é indubitável. Flusser se torna membro do Instituto Brasileiro de Filosofia, em 1962; em 1963, docente na Universidade de São Paulo (USP). Em 1964, torna-se professor de teoria da comunicação na Fundação Armando Álvares Penteado (Faap); no ano seguinte, dá aulas no Instituto Tecnológico da Aeronáutica em São José dos Campos. Em 1967 torna-se professor de filosofia da comunicação na USP.

Os primeiros artigos jornalísticos de Flusser, que lhe abriram, após duas décadas no Brasil, as portas para a imprensa brasileira e, com isso, para um público maior da cidade e do Estado de São Paulo, apareceram em setembro de 1961, no suplemento literário do *O Estado de São Paulo*. São eles: *Praga, cidade de Kafka*, o texto mais citado, mas também um texto literário-satírico, que consiste em uma série fictícia de notas da imprensa internacional e de relatos de correspondentes. Esse texto começa com breves informações sobre experimentos genéticos em Oslo e sobre o aumento da verba para a pesquisa na área de ciências naturais em Nova Délhi, culminando na declaração da imprensa (Bombaim) sobre a supervaca "Kali", que tem um consumo diário de 20 milhões de litros de água e produz 26 milhões de litros de leite. Independentemente de intervenções do Santo Padre (Vaticano), acontece uma catástrofe ambiental por causa dos gases poluentes (Pequim, Nova York), que envenenam a atmosfera e fazem dezenas de milhares de vítimas. Esse texto tem um título muito simples: *A vaca*[8].

As publicações na *Folha de S.Paulo* e no *Estado de São Paulo* na década seguinte preenchem muitas pastas no Arquivo Vilém Flusser na Universidade das Artes, em Berlim. Quase 130 artigos foram publicados no *Estado* antes de seu retorno à Europa. Vinte e três artigos apareceram no *Diário*, na *Folha*, na *Crônica Israelita* e no *Jornal do Comércio*. Flusser levou seus textos às seguintes revistas: *Revista Brasileira de Filosofia*, na qual foram publicados quase 30 textos entre 1960 e 1971, *ITA Humanidades, Cavalo Azul, Cadernos Brasileiros, Comentário* e *Voces*. Com Anatol Rosenfeld, traduz textos de Haroldo de Campos do português brasileiro para o alemão, que aparecem na coleção *edition rot*, editada em 1966 por Max Bense e Elisabeth Wagner. Ainda no começo de 1972, pouco antes de sua emigração, Flusser começou a escrever para o diário *Folha de S.Paulo*, em uma coluna com o título *Posto Zero*. Entre 21 de janeiro e 12 de abril de 1972 apareceram cinquenta crônicas de Flusser; ou seja, ele escreveu quase uma por dia.

---

8   Vilém Flusser, *A Vaca*, in *O Estado de São Paulo*, Suplemento Literário, 12 de setembro de 1961, sem informação de página. Sob o título *Maschinenbau* [Engenharia mecânica], uma versão desse texto em alemão, levemente modificada, encontra-se no livro *Angenommen*.

Escrever era necessário para Flusser, viver não. Uma citação modificada de Henrique, o Navegador: "*Scribere necesse est, vivere non est*" se tornou um lema para Flusser[9]. Assim, foi possível sua evolução como publicista nos últimos anos brasileiros, e esse grande sucesso de publicação no Brasil pode ser considerado a realização do principal desejo da vida de Flusser. Mas a fama daí decorrente não era uma carga mercantil que se podia simplesmente embarcar no navio e levar de volta à Europa.

Diferentemente do Infante Dom Henrique, nome do herói nacional português que, no entanto, nunca saiu ao mar, Flusser dedicou sua vida à prática da escrita. A língua e a escrita foram tema e meio de expressão de sua reflexão. Porém, para Flusser, escrever significava o mesmo que publicar. "Por que e para que escrever, afinal?", pergunta Flusser em seu ensaio *Schreiben für Publizieren?* [Escrever para publicar?]. E sua resposta é: "Escreve-se para processar, segundo as regras da escrita, as informações armazenadas em uma memória e, então, alimentar um diálogo geral com as informações assim processadas. Pressiona-se (*drücken*) algo a sair da memória e entrar no público"[10]. Em outra passagem se

---

[9] Esse lema, entre outros, é epígrafe do livro *Die Schrift. Hat Schreiben Zukunft?* [*A escrita. Há futuro para a escrita?*].

[10] Vilém Flusser, *Schreiben für Publizieren*, p. 1 (quando não há indicação nos textos de Flusser de ano e local de publicação, trata-se de textos não publicados que se encontram no Arquivo Vilém Flusser na Universidade das Artes em Berlim).

diz: "Um texto é uma expressão (*Ausdruck*) cuja intenção é causar impressão (*Eindruck*). E, para poder causar impressão, o texto, desde a invenção da prensa (*Druck*), tem de ser impresso (*gedruckt*)"[11].

Escrever para a Alemanha
Já no final dos anos 1950, ou seja, bem antes de ter publicado no Brasil, Flusser empreendera inúmeras tentativas de publicar seu primeiro manuscrito, ainda redigido em alemão, na Alemanha ou na Suíça: *O século XX*[12]. Em tentativas posteriores, acrescentou-se também seu primeiro livro publicado no Brasil, *Língua e realidade**. Em suas primeiras correspondências com editoras alemãs, encontram-se recusas, entre outras, da editora Friedrich Enke, de Stuttgart (1957), da editora Piper e da livraria-editora Beck, ambas de Munique, bem como outras consultas de Flusser que ficaram sem resposta. No caso da editora Friedrich Wittig, consultada por Flusser em 1964, a resposta demorou seis anos. "Há anos foram entregues alguns manuscritos seus em minha editora", escreve Friedrich Wittig, em 1970, e lamenta que tais

---

11 Vilém Flusser, *Textkritik und Occams Klinge*; em *Merkur. Zeitschrift für europäisches Denken* 443, jan./1986, p. 71-5, aqui p. 96.
12 Trata-se do primeiro livro em manuscrito de Flusser, escrito por ele em 1957 em alemão e que até agora não foi publicado.
*   São Paulo: Annablume, 2007. 3. ed. (N. E.)

textos não fossem contemplados por sua editora[13]. Já em 1957, Flusser havia escrito para Ernesto Grassi, na época editor da coleção *Enciclopédia Alemã Rowohlt* [*Rowohlts deutscher Enzyklopädie*]: "Mas temo que o círculo de leitores aqui seja bastante limitado e busco na Alemanha mais uma caixa de ressonância"[14]. Esse desejo permanece ignorado por muito tempo. A tentativa posterior de Ernesto Grassi de incluir o livro *La Force du Quotidien*[15], publicado em 1973 na França na coleção da *Rowohlt*, fracassa por causa do tamanho estimado da edição. Para pertencer à coleção, a edição deveria ter 125 mil exemplares, mas do texto de Flusser não se esperava mais do que a venda de 3 mil.

Em sua palestra sobre *Comunicologia como crítica da cultura*, em 22 de junho de 1991, em Bochum, Flusser desenha a seguinte imagem: "É preciso imaginar as mídias como tubos com válvulas. Uma obra entra lá dentro e a válvula abre ou não abre. Certa vez, eu cunhei a seguinte sentença: 'Editores (*Verleger*) são pessoas que obstruem (*verlegen*)* aos escritores o caminho até os livros'. Isso quer dizer, são válvulas, retículos. E têm seus próprios critérios. Com efeito, estes

---

13 A carta de Flusser tem a data de 3 de outubro de 1964. Wittig respondeu em 21 de abril de 1970.
14 Consulta de Flusser a Rowohlt, 12 de setembro de 1957.
15 O texto foi publicado na editora parisiense Maison Mame. Não existe publicação em alemão.
* Jogo de palavras. O verbo *verlegen* pode significar tanto "editar", sentido do qual provém *Verleger* (editor), como "obstruir". (N. T.)

não são necessariamente estéticos. Então, você está tentando entrar na mídia. Se conseguir deslizar por entre os critérios, por uma razão que não é clara para você – sim, porque as mídias têm critérios que nada têm a ver com você –, bem, então você irá se comunicar. Se não conseguir deslizar por entre eles, você será castrado. Não quero lhes dar nenhuma imagem idílica"[16].

Flusser movimentou amigos, conhecidos, pessoas que tinham bons contatos na Alemanha, que para lá viajavam ou lá viviam. Cartas e manuscritos disponíveis em apenas uma ou duas cópias do original foram encaminhados com os endereços europeus dos intermediadores. A filha Dinah, que nessa época trabalhava para a embaixada brasileira em Viena[17], foi chamada para ajudar. O futuro diretor da Sociedade Nova-Iorquina para a História do Judaísmo Tcheco (*The Society for the History of Czechoslovak Jewry*), Lewis Weiner, um amigo da família, encarregou seu advogado suíço, Dr. Schöni, de encontrar editoras para os manuscritos dos primeiros livros de Flusser. Este escreveu para Jerusalém, para Max Brod, que Flusser conhecia pessoalmente desde sua infância

---

16 Flusser, 1991, em sua segunda palestra sobre *Comunicologia como crítica da cultura* (http://flusser-archive.org/flusserstream/play_chapterfile.php?audiofile=ogg/kulturkritikII2b04.ogg&textfile=txt/kulturkritikII2b04.txt&au_id=423&chapter_id=15), 9:13-9:56.
17 Dinah Flusser trabalhou também em Nova York, Munique, Londres e Haia.

em Praga, para que ele sondasse possibilidades de publicação por lá. Todas essas tentativas de retornar à Europa, se ainda não em pessoa, ao menos através de sua obra literária (ou de emigrar para os Estados Unidos ou Israel) foram malsucedidas. No ensaio *Schreiben für Publizieren* [Escrever para publicar], o autor diz: "Aqui fica evidente que as informações expressas a partir das memórias não penetram diretamente na rede, mas têm de atravessar retículos (por exemplo, editores, emissoras de televisão ou direções de exposições). É preciso imaginar esses retículos como peneiras censoras que estão nos canais, entre os nós [...] quem escreve para publicar escreve, primeiramente, para censores"[18].

Em 1958, em sua resposta negativa à publicação de *O século XX*, o editor da livraria-editora C. H. Beck aconselha Flusser a desistir do "plano de uma análise [do século XX], mesmo que subjetiva, e extrair do todo, a gosto, alguns capítulos e problemas, reelaborando-os em ensaios maiores, que ele então também poderia oferecer a revistas, para se fazer conhecido como escritor"[19]. Em um momento posterior, o mesmo editor, Dr. Richterscheid, recusa os manuscritos *Colo da Vênus* e *Antena* (1958) – os quais naturalmente não foram enviados por Flusser sob solicitação –, porque "não consegue se familiarizar com eles" e "não acha um bom meio de

---

18 V. Flusser, *Schreiben für Publizieren*, p. 2.
19 Resposta negativa do editor Dr. Richterscheid em 3 de junho de 1958.

acesso a esses jogos e alusões intelectuais grotescos"[20]. Não obstante, Flusser envia em 1959 o manuscrito do livro *A história do diabo* justamente para essa editora. É recusado. No ano anterior, a editora suíça Origo (para a qual Flusser deveria realizar alterações no manuscrito *O século XX*, cuja publicação acabou recusada) se lançara com entusiasmo, pelo menos retórico, à publicação da *História do diabo*. Na verdade, a primeira edição alemã foi publicada pela editora Bollmann. O livro só apareceu a público em 1993, ou seja, quase trinta anos depois da primeira edição brasileira. O amigo e mecenas de Flusser, Milton Vargas, diz que essa obra é o melhor livro de Flusser[21].

Depois de publicar seu primeiro livro no Brasil, em 1963, Flusser intensifica mais uma vez suas consultas às editoras de língua alemã. Em 1964, envia à editora Kiepenheuer und Witsch, que acaba de lançar o amigo brasileiro Guimarães Rosa, alguns textos sobre esse autor e seu romance *Grande sertão: veredas*. Ele declara, acolhendo alguns conselhos do editor da Beck: "Minha intenção é dupla. Por um

---

20 Dr. Richterscheid para Flusser, 29 de agosto de 1958.
21 Cf. Norval Baitello, *Flussers Völlerei. Wie der nulldimensionale Raum die anderen Dimensionen verschlingen kann. Über die Verschlingung der Natur, die Treppe der Abstraktion, dieAuflösung des Willens und die Weiblichkeit* [A gula de Flusser. Como o espaço zero-dimensional pode engolir as outras dimensões. Sobre o devorar da natureza, a escada da abstração, a dissolução da vontade e a feminilidade]. Colônia: Verlag der Buchhandlung Walther König, 2007.

lado, gostaria de começar a publicar em seu país, e não apenas artigos, mas os livros que estão sendo publicados aqui. Pensei nos artigos como introdução de meu nome. Por outro lado, gostaria de contribuir para a compreensão de Guimarães Rosa"[22]. A editora anuncia interesse pelos textos, porém, prefere fazer a publicação esperar. Flusser é encaminhado, primeiramente, a Hans Paeschke, o editor do *Merkur. Deutsche Zeitschrift für europäisches Denken*. Outros 26 anos se passariam até que houvesse novamente correspondência e conversas com a Kiepenheuer und Witsch referentes à publicação dos textos de Flusser.

Em certos trechos de sua obra, Flusser afirma que a causa de seu intenso desejo de publicar é a forma de expressão do ensaio, frequentemente escolhida por ele em sua fase tardia: "O ensaio não é uma forma somente híbrida, mas também ambivalente. É um discurso, mas de forma que nele sempre se procura provocar diálogos. Um fio fiado na solidão, cuja outra ponta fica balançando, podendo ser apanhado por outros e continuar a ser fiado. Por isso, o ensaísta não se engaja tanto no tecido da língua, mas no tear, no qual os fios se juntam para serem entretecidos formando a conversa chamada de 'cultura'. Isso quer dizer, em outras palavras: o ensaísta sente o ímpeto de publicar frequentemente

---

[22] Flusser em 21 de outubro de 1964.

e em muitas mídias, ou seja, intensiva e extensivamente. E isso significa, mais uma vez, que o ensaísta está constrangido (*getrieben*) a ir contra os constrangimentos (*Getriebe*)* daquele aparelho denominado 'mídia', o que chamei metaforicamente de 'tear das culturas'. Esse aparelho tem moinhos que moem lentamente, mas em compensação sem firmeza, podendo cuspir ou moer o ensaísta ou, ainda, colocar-lhe limites bem-vindos"[23].

Primeiros livros publicados na Alemanha
Hans Paeschke vem a ser o primeiro editor que possibilitou a Flusser a publicação de um escrito na Alemanha. Em 1965 é publicada na edição de março do *Merkur* a resenha *Guimarães Rosa oder: Das große Hinterland des Geistes* [Guimarães Rosa ou o grande interior do espírito][24], um texto de eloquência impressionante, com o qual Flusser busca não só apresentar a pessoa de Guimarães Rosa e seu romance, formular uma crítica à tradução de Curt Meyer-Clason e todos os comentários sobre o livro publicados no Brasil, mas também mostrar seu próprio potencial literário, filosófico e poético – tudo isso

---

* Jogo de palavras. Flusser emprega um verbo e um substantivo de mesma origem (*treiben*) com formas quase idênticas, mas com significados distintos. Literalmente, tem-se: "... o ensaísta está impelido (*getrieben*) a ir contra a engrenagem (*Getriebe*) daquele aparelho denominado 'mídia'...". (N. T.)
23 Vilém Flusser, *Eine Sprachpraxis*, p. 6.
24 P. 294-7.

em um texto que contém apenas alguns parágrafos. Flusser propõe traduzir o título *Grande sertão: veredas*, com base em Heidegger: *"Großer Urstoff: ziellose Wege"**. "Com base nisso estou pronto", formula em uma frase simples, "para estabelecer uma ontologia inteira.²⁵" A influência de Martin Heidegger e uma posterior discussão crítica de sua obra permeiam o pensamento de Flusser até as *Conferências de Bochum*. Em sua época de Brasil, prepondera não apenas em Flusser, mas em muitos amigos brasileiros que, em parte, simpatizam com o fascismo, um entusiasmo acrítico²⁶.

"O texto impresso, em oposição ao não impresso", diz Flusser em um ensaio sobre a crítica textual, "está sob uma pressão dupla: ele está carregado da expressão do escritor e da contrapressão do editor. É um texto fechado que deve, segundo a intenção tanto do escritor quanto do editor, atingir seus futuros leitores como um punho cerrado.²⁷"

---

* O título cunhado por Flusser só faz sentido no contexto de seu ensaio. A retrotradução literal é: "Grande matéria-prima: caminhos sem meta". (N. T.)
25 Idem, p. 297.
26 Sobre isso, cf. *Entrevista em vídeo com Edith Flusser, conduzida por Silvia Wagnermaier e Marcel Marburger* em 12 de outubro de 2006 na biblioteca Flusser, na época na Academia de Arte e Mídia de Colônia. A gravação encontra-se no Arquivo Vilém Flusser na Universidade das Artes de Berlim.
27 V. Flusser, *Textkritik und Occams Klinge*; in *Merkur.Zeitschrift für europäisches Denken* 443, jan./1986, p. 71-5, aqui p. 92.

A publicação seguinte de Flusser na *Merkur* será quase dez anos depois.

A partir de 1966, a editora Kohlhammer estuda as possibilidades de uma publicação em alemão de *Língua e Realidade:* "Como o senhor parece estar interessado em uma publicação em alemão, certamente não exigirá de nós nenhum honorário especial pela sua tradução", escreve o editor Dieter Lutz[28]. Em 1968, a publicação é recusada definitivamente.

Em 1967 surge o ensaio *Für eine Feldtheorie der Übersetzung* (*Von Brasilien aus gesehen*) [Por uma teoria de campo da tradução (vista a partir do Brasil)] na revista fundada por Walter Höllerer, *Sprache im technischen Zeitalter* [Língua na era técnica]. Nos anos seguintes, alguns textos de Flusser aparecem também em jornais supra-regionais, como *Frankfurter Allgemeine Zeitung*[29], *Süddeutsche Zeitung* e *Die Presse,* na

---

28 Dr. Dieter Lutz, Editora W. Kohlhammer, para V. Flusser em 9 de novembro de 1966.

29 *Suche nach der neuen Kultur. Brasilien als Modell für die künftige menschliche Gesellschaft*, 29 de setembro de 1966, p. 20; *Brasilianisch ist anders. Was in dem südamerikanischen Land aus dem Portugiesischen wird*, 5 de novembro de 1966; *Wie philosophiert man in Brasilien. Dargestellt an drei brasilianischen Denkern*, 3 de janeiro de 1967, p. 14; *Nach einer Reise durch die weiße Welt. Ein Brasilianer kehrt zurück*, 7 de abril de 1967, p. 32; *Die Tropen*, 24 de agosto de 1967, p. 16; *Sind Übersetzungen möglich*, 26 de outubro de 1967; *Hinweis auf Unsterblichkeit. Gespräche vor dem Tod des Guimarães Rosa*, 5 de janeiro de 1968; *Ungeduld und Geschichte. Aus brasilianischer Sicht*, 24 de abril de 1969; *Brasília spiegelt den Widerspruch*, 3 de janeiro de 1970, todos em: *Frankfurter Allgemeine Zeitung*, Frankfurt am Main.

maioria das vezes sobre o Brasil, os trópicos e outros temas exóticos, nos quais Flusser havia se tornado um especialista devido às décadas no Brasil. Depois que Flusser voltou para a Europa, em 1972, nenhum artigo seu foi publicado novamente no FAZ.

Motivada pelos textos de Flusser sobre o Brasil, a editora Rombach, que em 1968 havia recusado a publicação de *Sprache und Wirklichkeit* [*Língua e Realidade*] com a observação "parece-me que já deparei com esse título em algum lançamento", sugere publicar uma antologia "com o título provisório de *Pensamento Brasileiro*". Flusser declara-se euforicamente disposto a cooperar. O projeto nunca foi realizado.

"Apenas uma minoria dos textos vem a ser impressa", resume Flusser duas décadas mais tarde, "porque entre o texto e a gráfica existem crivos (críticos, censores, em suma: editores [*Verleger*]) que obstruem (*verlegen*) à maioria dos textos o caminho para a gráfica. A torrente gigantesca de textos impressos nada mais é do que a ponta de um *iceberg* feito de textos amputados: de impressões que foram cortadas pela guilhotina dos editores porque causaram má impressão no crivo censor.[30]"

Com poucas exceções, nem no seu tempo de Brasil, nem na primeira década após sua volta à Europa Flusser consegue

---

30 V. Flusser, *Textkritik und Occams Klin*ge, in: *Merkur.Zeitschrift für europäisches Denken* 443, jan./1986, p. 71-5, aqui p. 91.

publicar seus textos em revistas e jornais de língua alemã no volume que desejaria, o que tenta forçar com incontáveis consultas, bem como com artigos e manuscritos de ensaios enviados sem solicitação. Entre abril de 1972, ou seja, entre a saída do Brasil e 1982 foram publicados exatamente dez textos de Flusser em revistas em língua alemã. No mesmo período, não se publica nenhuma antologia em língua alemã com uma contribuição de Flusser. De 1972 a 1988 não são impressos mais do que dez artigos de Flusser em diários ou semanários, quatro deles no jornal local de Bolzano *Dolomiten – Tagblatt der Südtiroler.*

Em conversas informais sobre suas experiências com editores, os censores das mídias, Flusser fala de "castração" e de "amputação" – ou da guilhotina. Decepar, triturar e ser cuspido, esses são os conceitos com os quais Flusser descreve o que aconteceu – por muito tempo – também a ele. Para dar expressão à sua frustração de anos, não raro ele difama a corporação dos editores, mas também faz dura crítica ao conceito de "mídias" em geral. Ele denomina esse conceito de "latinismo bárbaro"[31], que caracteriza como "plantas trepadeiras e pegajosas" em cartas ao cientista de comunicação social Harry Pross. A amizade dos dois é marcada por intensas discussões e polêmicas sobre temas da ciência da

---

31 V. Flusser para Harry Pross, 14 de outubro de 1990.

comunicação. Flusser torna-se convidado regular dos *Kornhausseminaren* (Seminários do Silo), organizados por Pross em Weiler im Allgäu.

O sucesso tardio na Alemanha
Até assumir sua atividade como professor convidado em Bochum, quase vinte anos após seu retorno à Europa, a situação inglória dos anos 1970 e começo dos 1980 haveria de se transformar radicalmente. Agora, Flusser não era mais um suplicante, sem importância até mesmo para jornais e editoras sem importância. Agora eram os editores, as editoras, os organizadores de eventos que vinham a ele. Com suas publicações, aparições e seminários, ele fizera nome não apenas na Alemanha, mas internacionalmente. Como informalmente formulou em sua primeira edição o novo magazine *Heaven Sent*, do início dos anos 1990, no texto introdutório de uma entrevista com Flusser: "70 anos de idade, filósofo, e no momento nada é mais quente"[32], uma garantia de salas cheias e vivas discussões. Em um artigo de página inteira sobre o "pensador não acadêmico" no *Die Zeit*, em março de 1991, lê-se: "Há alguns anos Vilém Flusser pertence aos *habitués* das tribunas de pensadores. Onde quer

---

32 *Kein Argument für die Würmer. Wieland Bauder im Gespräch mit Vilém Flusser*, in *Heaven Sent 1*, jun./1991, p. 8-10, citação p. 8.
Em alemão: *"70 Jahre alt, Philosoph und zur Zeit heiß wie nix"*. (N. T.)

que os corretores de divisas da teoria da cultura negociem seus câmbios diários, lá está o septuagenário. Se um centro de pesquisa nuclear convida, ou um instituto de *design*, se os pesquisadores do caos se reúnem ou uma academia de língua e literatura convida para um congresso, se uma convenção de especialistas se chama *"Ars Electronica"* ou *"Interface"*, se estão em debate as "relações entre mídias eletrônicas e criatividade artística" ou as "estratégias de aparência", as salas sempre enchem quando é anunciado o palestrante de barba branca, que mal pode ficar em seu lugar e que, tão logo tenha a palavra, dificilmente permite que a tomem dele[33].

Nesse meio-tempo, também vários livros foram publicados em língua alemã*. Depois de *Für eine Philosophie der Fotografie* [*A filosofia da caixa preta. Ensaios para uma futura filosofia da fotografia*]** (1983), *Ins Universum der technischen Bilder* [*O universo das imagens técnicas*]*** (1985), *Die Schrift. Hat Schreiben Zukunft?* [*A escrita. Há futuro para a escrita?*]****, *Vampyrotheutis Infernalis* (1987) e *Angenommen. Eine Szenenfolge* [Suposto. Sequência de cenas] (1989), todos publicados

---

33 Hans Joachim Müller, *Der Philosoph als fröhlicher Wissenschaftler. Ein Porträt des unakademischen Denkers Vilém Flusser*, in *Die Zeit* 12, 15 de março de 1991.

* Os títulos das obras estão traduzidos entre colchetes para o português. Obras editadas no Brasil têm seu título traduzido tal como na edição brasileira. (N. T.)

** São Paulo: Annablume, 2011. (N. E.)

*** São Paulo: Annablume, 2008. (N. E.)

****São Paulo: Annablume, 2010. (N. E.)

por Andreas Müller-Pohle e sua editora European Photography, em 1990 foi lançado *Gesten. Versuch einer Phänomenologie* [Gestos. Ensaio de uma fenomenologia] pela Bollmann. Na mesma editora, também em 1990, apareceu um *Festschrift* (edição comemorativa) pelo seu septuagésimo aniversário, com o título *ÜberFlusser**. Junto de Jean Baudrillard, Hannes Böhringer, Heinz von Förster, Friedrich Kittler e Peter Weibel, Flusser é coautor do volume da editora Merve *Philosophien der neuen Technologie* [Filosofias da nova tecnologia], publicado em 1989, alguns meses após o simpósio homônimo.

De imediato, a chamada "foto-filosofia" de Flusser ganha várias resenhas. Como no caso das obras seguintes, encontram-se comentários não só em revistas especializadas, mas também nos cadernos de cultura de diários suprarregionais. Entre os autores das resenhas dos primeiros livros publicados de Flusser estão os mais conhecidos representantes de seu meio. A crítica literária Aleida Assmann vê no "radicalismo do pensamento flusseriano", tal como ele se encontra em *Die Schrift*, "seu epílogo da cultura da escrita", bem como a "atração como o perigo" de dramatizações retóricas[34]. O cientista da comunicação Harry Pross consegue

---

* ÜberFlusser é um constructo linguístico: *über* (= sobre, super) + *Flusser*. Pode-se ler esse título como *Sobre Flusser* ou *super-Flusser*. Há também clara alusão à palavra alemã *überflüssig* (= supérfluo). (N. T.)

34 Aleida Assmann, *Rezension zu Flussers* Die Schrift [Resenha de *A escrita de Flusser*], in *Poetica. Zeitschrift für Sprach- und Literaturwissenschaft* 20, 1988, p. 284-8.

extrair o que há de muito estimulante na "foto-filosofia" de Flusser, resumindo Flusser da seguinte maneira: "Trata-se de descobri-lo"[35]. O cineasta Harun Farocki, em sua resenha sobre *Ins Universum der technischen Bilder*, também recorre à "foto-filosofia" e sempre escuta nas "falsas inferências" de Flusser um "eco arrebatador da verdade"[36]. O cientista midiático Florian Rötzer torna-se um entusiasmado ativista pró-Flusser. Suas resenhas e entrevistas encontram-se em diários suprarregionais como o *Süddeutsche Zeitung* e o *taz*[37]. E o cientista literário Friedrich Balke contesta a despedida flusseriana da escrita: "A força explicativa de constatações sobre significados etimológicos, de ambiguidades semânticas virtuosamente exploradas e de um tom apocalíptico insistente, que conferem à exposição de Flusser o *drive* correto, não é de forma alguma evidente para mim por si só"[38]. Volker Rapsch, que posteriormente foi editor de Flusser, apresenta *Die Schrift*

---

35 Harry Pross, *Programmierte Magie*; in Süddeutsche Zeitung, 28./29. jan./1984, p. 151.

36 Harun Farocki, Vilém Flusser: *Ins Universum der technischen Bilder*; in *Zelluloid* 24, 1987, p. 77-80, citação p. 80. Anteriormente esse artigo foi publicado sob o título: *Das Universum ist leer: Zu Vilém Flussers Philosophie der technischen Bilder* [*O universo está vazio. Sobre a filosofia das imagens técnicas de Flusser*]; in *Der Falter* 12 (1986).

37 Rötzer escreve posteriormente, além disso, o posfácio de *Dinge und Undinge* [Coisas e não coisas] (Munique: Hanser Verlag, 1993) e publica inúmeros textos de Flusser na revista online *Telepolis*.

38 Friedrich Balke, Sola Pictura. *Überlegungen zu Vilém Flussers Buch Die Schrift* [Ponderações sobre *A escrita* de Vilém Flusser]. *KRR* 1718 (1988), p. 107-8.

detalhadamente no programa radiofônico *Am Abend vorgestellt* [Apresentado à noite] da WDR*.

Em seu ensaio *Textkritik und Occams Klinge* [Crítica textual e a navalha de Occam] encontra-se uma resposta negativa de Flusser aos críticos: "Não fiz distinção entre editor e crítico textual, porque sou da opinião de que, face à violência assassina e criativa dos editores, todas as críticas posteriores ao que foi impresso podem ser desprezadas"[39]. Contudo, a cooperação com os editores também parece ser possível, o que faz bem ao ato de escrever e aos textos. Como que recontando brevemente suas experiências, Flusser se reconcilia com os editores ao fim do texto e ao fim de sua vida: "Face à inflação de textos e da 'revolução informática', escrever textos é aparentemente um empreendimento perdido. Mas, graças a um diálogo entre escritor e editor, podem ser produzidos textos que, apesar de tudo, informam os leitores. Textos verdadeiros, bons e belos"[40]. Volker Rapsch foi, ao lado de Andreas Müller-Pohle e muitos outros, um desses interlocutores de Flusser.

Ainda no início dos anos 1980, Flusser enviou ensaios a editoras, por exemplo, a revista *art*, com um claro objetivo: "Gostaria de publicar algo em sua editora, caso seja de

---

* *Westdeutscher Rundfunk Köln*, emissora alemã. (N. T.)
39 V. Flusser, *Textkritik und Occams Klinge*, in *Merkur. Zeitschrift für europäisches Den*ken 443, jan./ 1986, p. 71-5, aqui p. 93.
40 Idem.

seu interesse"; e os recebia de volta com uma clara recusa: "Infelizmente não vemos como os textos poderiam ser aproveitados"[41]. A editora Suhrkamp recusa em 1981 a publicação de *Nachgeschichte* [*Pós-História*][42]*.

Na segunda metade da década de 1980, em contrapartida, multiplicaram-se as demandas das editoras a Flusser. De 1985 a 1991 apareceram mais de cem contribuições em revistas de língua alemã. Só em 1990 foram publicados oito ensaios, no ano seguinte, onze, em antologias em língua alemã. A revista de arquitetura *Arch+*, na qual já haviam saído alguns textos de Flusser, solicitou em 1990 a publicação de uma edição especial sobre Flusser[43]. A revista de arte e cultura *Kunstforum international*, na qual foram publicados textos de Flusser a partir de 1988, introduziu, em 1991, uma coluna assinada por ele. Na revista *European Photography*, editada por Andreas Müller-Pohle (o primeiro e, durante anos, único editor alemão de Flusser), aparecem, entre 1982 e 1992, 24 de seus textos e resenhas.

---

41 Flusser para *art,* 14 de fevereiro de 1981 e *art* para Flusser, 8 de maio de 1981.
42 Senhora Weigel da agência Liepmann para Flusser, 27 de julho de 1981. Ela pede a Flusser "que evite caminhos duplos": "Nesse meio tempo, *Nachgeschichte* retornou-me da Suhrkamp com a observação de que o manuscrito já fora oferecido à editora por uma 'senhora de Colônia' no ano passado".
* São Paulo: Annablume, 2011. (N. E.)
43 A edição sobre Flusser saiu em março de 1992.

Para termos uma ideia da situação do ano de 1991, em que Flusser deu suas *Conferências de Bochum*, concentramo-nos aqui na recepção em língua alemã. Mas apenas como complementação, seguem alguns dados sobre publicações internacionais de Flusser. A *Artforum* nova-iorquina publicou entre setembro de 1986 e março de 1992 vinte breves textos de Flusser; também foram publicados textos em *Leonardo, Journal of the International Society of the Arts, Sciences and Technology*, São Francisco, e em *Main Currents in Modern Thought*, Nova York. Nas revistas francesas *Théâtre/Public, Gennevilliers, Artitude, Cause commune, Communication et langages*, Paris, *Seraff*, Marselha, entre outras, são publicados quase trinta textos no final dos anos 1970 e nos anos 1980. No Brasil, mesmo após a volta de Flusser à Europa[44], seus livros continuam a ser publicados, contudo, as publicações em revistas se reduzem drasticamente ou cessam completamente, como no caso da *Revista Brasileira de Filosofia*. Ou, ainda, tais publicações migram. Na revista brasileira *Shalom*, escrita em português, são publicados vinte ensaios de Flusser nos anos 1980. Na revista *Artes em São Paulo* também se encontram dez de seus textos escritos na mesma década. Com sua partida do país, as publicações de Flusser em diários brasileiros foram interrompidas abrup-

---

44 *Naturalmente* (1979), *Pós-História* (1983), *Filosofia da caixa preta* (1985).

tamente. Apenas na Alemanha, em seus últimos anos de vida, ele conseguiu uma presença comparável na imprensa diária e semanal.

Exceto por uma resenha mais antiga sobre os *Unzeit--Gedichte* de Felix Philipp Ingold, em 1982, os breves ensaios de Flusser são publicados apenas a partir de 1988 no jornal *Basler Zeitung*. Em setembro foi integralmente impressa a palestra *Gebrauchsgegenstände* [Objetos de uso], que ele havia dado no simpósio *Gestaltung und neue Wirklichkeit* [Configuração e nova realidade], em Ulm. Depois apareceram vinte textos até sua morte. Além disso, em 1990 e 1991 apareceram quinze textos no *Die Zeit*, *Freitag* e no semanário austríaco *Falter*. Flusser é quem inaugura no *Falter* a série de verão *Philosophie statt Fußball* [Filosofia em vez de futebol], lançada por ocasião da 14ª Copa do Mundo de Futebol[45].

Primeiramente, Flusser não tenta entender a nova condição – é assim, pelo menos, que ele descreve sua relação com a situação modificada em Bochum: "Vejam, agora estou ficando conhecido na Alemanha. Por quê, não sei. Certamente por motivos equivocados. Estou aproveitando e posso lhes transmitir alguma coisa. Ainda não consegui entrever por que as mídias não me deixaram passar há vinte anos e

---

45 Série de verão: *Philosophie statt Fußball*, 1ª parte: Vilém Flusser, *Das Politische im Zeitalter der technischen Bilder* [A política na era das imagens técnicas]. *Falter* 26, 1990, p. 12-3.

agora sim. Isso também não me interessa nada. Mas agora a mídia me deixa passar. E eu estou aproveitando isso *as long as the going is good*"[46].

Mesmo quando os editores disputam os textos de Flusser, ele não se comporta como um calmo observador da benevolência das editoras e do interesse público por suas publicações. Ele se esforça para aumentar a velocidade de publicação – sobretudo de seus livros – e exorta seus editores potenciais a uma cooperação mais intensiva. No começo de 1988, ele tenta colocar a sequência de cenas *Angenommen*, concebida para filmagem, sob os cuidados da editora Merve[47]. Peter Gente recusa o projeto fazendo referência à situação dos direitos. Após a oferta de Flusser, ele recebera uma carta da Immatrix Publications "na qual os senhores Müller-Pohle e Rapsch informam por precaução que existe um acordo em vigor entre eles e o senhor. O senhor entenderá que não queremos nos imiscuir. Por mais espírito de aventura que tenhamos, não temos a intenção de nos envolver em uma disputa jurídica"[48].

---

46 V. Flusser em: *Palestras de Bochum* 1991, capítulo *Kommunikologie als Kulturkritik II* (http://www.flusser-archive.org/flusserstream/play_chapterfile.php?audiofile=ogg/kulturkritikII2b05.ogg&textfile=txt/kulturkritikII2b05.txt&au_id=424&chapter_id=15#), 0:36-1:01.
47 Flusser, carta a Heidi Paris, 22 de março de 1988.
48 Peter Gente a Flusser, 5 de abril de 1988.

Porém, após décadas de espera, nada é rápido o suficiente para Flusser. Embora Volker Rapsch venha há muito tempo se ocupando da edição dos primeiros textos do último projeto de livro de Flusser, *Hominização*, Flusser lhe relata eufórico, no verão de 1991, um encontro com Helge Malchow, da editora Kiepenheuer und Witsch, "que, eu o cito, 'quer publicar tudo o que for meu, mesmo sem ler previamente'. O que você acha, devo mandar a ele alguma coisa?"[49]. Já no dia seguinte Flusser enviou por fax a Malchow uma página como amostra do texto. Malchow lhe respondeu imediatamente, contudo, um tanto mais contido, como Flusser descreveu a Volker Rapsch: "De qualquer forma, estou muito interessado no projeto do livro e ficaria contente por poder publicar um livro de um autor que faz reflexões tão acertadas sobre o local histórico da linguagem e da mídia livro". Anexa à carta está uma folha na qual se encontra meia página de correções, todas referentes a uma página do texto que Flusser lhe enviara por fax[50]. Flusser não se deixa irritar por causa de algumas contradições e responde: "Querido amigo (posso chamá-lo assim?) – Esta carta está sendo escrita com a respiração contida de um aventureiro iniciante. Vamos ousar?".

---

49 Flusser a Volker Rapsch em 7 de julho de 1991.
50 Helge Machow a Flusser em 9 de julho de 1991.

Na Alemanha, haviam sido fundadas duas editoras para que a obra flusseriana pudesse ser "imprimida" (*"gedrückt"*) para o público daqui[51]. Flusser mal podia esperar, agora que "as portas estavam abertas." Durante trinta anos ele demonstrara paciência e perseverança. Devido à sua morte repentina no final de novembro de 1991, ele pôde vivenciar apenas o começo de seu sucesso editorial. De um total de 27 livros de Flusser publicados até agora, dois terços o foram postumamente.

Justamente aquele editor que possibilitou a Flusser as primeiras publicações em alemão julgou-o posteriormente com ásperas críticas. Hans Paeschke, editor da *Merkur*, havia assistido a uma palestra de Flusser no verão de 1990, em Baden-Baden. Chamou a atenção de Flusser seu gesto de rejeição, a expressão facial que mostrava o "desdém". Ele se vê em "um dilema": "Para minha surpresa, meus textos e minhas falas têm nos países de língua alemã um eco comparável apenas ao que tiveram no Brasil, e isso me seduz (apesar de minha idade). Por outro lado, sei exatamente que devo resistir à sedução para poder continuar a pensar

---

[51] A European Photography, editora de Andreas Müller-Pohle (durante breve período chamada de Immatrix Publications), publica, além da revista *European Photography*, exclusivamente esse autor. Stefan Bollmann também fundou uma editora por entusiasmo por Vilém Flusser e sua obra.

livremente"⁵². Flusser pede insistentemente a Paeschke uma reação por escrito, que chegou imediatamente, clara e objetiva: "Não foi apenas seu tom de voz que me irritou – talvez porque o senhor, a menos de meio metro de distância de mim, com uma improvisação surpreendente, batendo os pés para lá e para cá, muito rápida e ruidosamente, tenha se aproximado demais. Também foram os pensamentos, em si, e como eles lidam com os problemas, mudando de plano em questão de segundos, em constantes saltos da pré-história à pós-história, da magia à tecnologia, do mito ao *lógos*, e realmente 'meta-fuzilando', em contrapartida, todas as imagens e conceitos, ligando o existencial e o ontológico de um só fôlego, misturando, desfocando...: para mim, uma confusão de pensamentos como no caso de um dos muitos gurus asiáticos de plantão, e exatamente tão sedutor e caótico como os mesmos! Nenhum minuto de meditação, nenhum, no qual o senhor colocasse questões a si mesmo e a seus ouvintes; lá não estava nenhum Sócrates, mas um especulador a jogar dialeticamente com seus sofismas".

Enviando lembranças à "admiravelmente modesta" esposa de Flusser, Paeschke se despede: "Eu lhe desejo, em sua idade, um pouco mais de dúvida, também de desespero, e um pouco menos dos gestos autoritários de um saber tão

---

52 Flusser a Hans Paeschke, 27 de julho de 1990.

convencido de si mesmo. Então confiarei novamente na autoridade de sua consciência e na sinceridade da admiração que o senhor me dedica"[53].

2. O projeto de Flusser para visualização

O ensaio de Flusser *Escrever para publicar*, escrito para uma conferência no antigo Centro de Pesquisa Nuclear em Karlsruhe, em 2 de março de 1989[54], forneceu a base para um dos primeiros hipertextos na Alemanha. Flusser, a quem uma primeira versão desse trabalho fora apresentada em junho de 1991 por Bernd Wingert, em Robion, estava entusiasmado com a abertura em vários níveis e a ampliação de seu "pré-texto". Porém, com seus próprios projetos de publicação, Flusser já havia tentado há muito tempo escapar da bidimensionalidade e direcionalidade da escrita. Suas próprias iniciativas práticas não são menos variadas do que os pontos de vista de seu pensamento teórico.

Publicar no imaterial

Em cooperação com Andreas Müller-Pohle, Flusser trabalha para a publicação de seu *Die Schrift. Hat Schreiben Zukunft?* (1987) sob uma "forma imaterial" de publicação. Em abril 1986, Flusser lhe escreve: "O senhor finalmente

---

53 Carta de Hans Paeschke a Vilém Flusser, de 12 de agosto de 1990.
54 Cf. nota 5 deste posfácio.

leu minha *Escrita*? Temos de cuidar conjuntamente do futuro da escrita no imaterial. Ele está pesando sobre nossos ombros"[55]. Müller-Pohle explica em sua carta de resposta: "O disquete é, com efeito, apenas um aspecto. Temos de chegar ao transporte eletrônico das informações, ou seja, (no momento) temos de passar pela rede telefônica. É verdade que, sob os aspectos financeiros – atuais –, isso é um fiasco e, sob aspectos técnicos (devido ao monopólio postal), é terrivelmente limitado, mas o que de fato entusiasma [...] é sua *Escrita* não apenas – ainda, infelizmente – como livro e em disquete, mas também em BBS*[56].

Finalmente, a primeira edição de *Die Schrift* foi publicada como livro e como disquete, que disponibilizou aos leitores o texto sob a forma eletrônica. Na época, fez-se publicidade do primeiro "não-mais-livro", algo que hoje se chamaria simplesmente de livro eletrônico ou *e-book*. Além de oferecer um programa de busca (opção "índice total"), a edição eletrônica convidava os leitores a comentarem e coescreverem, ao diálogo com o texto. A ideia da conectividade dialógica do autor com os leitores, que deveria tornar caducas essas duas categorias, fracassou porque não se estava

---
55 Flusser a Andreas Müller-Pohle, em 12 de abril de 1986.
* Em alemão: *Mailbox*. Trata-se do sistema informático BBS (*bulletin board system*), ao qual se pode ter acesso via telefone e computador pessoal, tal como hoje se faz com a internet. (N. T.)
56 Müller-Pohle a V. Flusser em 17 de abril de 1986.

online e não se podia simplesmente apertar a tecla "enviar". Sob a opção "d. Você quer manter contato conosco?", recebia-se o endereço postal da editora e então era preciso pagar a carta-resposta e uma taxa de 10 marcos[57]. Diferentemente do livro, que já atingiu a quinta edição, *Die Schrift* não foi reeditado em disquete.

Em última análise, a ideia, o impulso para publicar as *Conferências de Bochum* na internet também provém do próprio Flusser. Com a ajuda da técnica do *minitel*, usual na França, as conferências deveriam ser acessíveis "através do espaço público" a qualquer pessoa no espaço privado. Essa tecnologia é comparável ao vídeo-texto BTX*. O *minitel* era muito mais difundido na França do que o videotexto BTX aqui na Alemanha e fez que a internet se impusesse na França mais lentamente.

Para Flusser, cujo conceito de política estava intimamente ligado ao de espaço público, o desaparecimento do espaço público desencadeado pela tecnologia significava o fim da política.

---

[57] Cf. Eva Hohenberger, *Von der Austreibung des Lesens. Vilém Flussers Die Schrift als Diskettenausgabe* [Da proscrição da leitura. *A escrita* de Flusser como edição em disquete], in *Zelluloid* 30, 1990, p. 59-62, que foi a única resenhista a se dedicar à edição em disquete.

* *Bildschirmtext BTX*. Trata-se de um sistema de videotexto interativo lançado na Alemanha Ocidental em 1983 pela agência estatal dos correios (*Deutsche Bundespost*). (N. T.)

Escrever para filmagem/videografar
Outro indicador de novos caminhos, dessa vez na direção de uma emigração do mundo das letras, foi proposto por Flusser em sua coletânea de ensaios *Angenommen. Eine Szenenfolge*, publicada dois anos após *Die Schrift*. O livro é precedido de uma "busca": "todos aqueles cuja fantasia permite transcodificar as imagens e conceitos da sequência de cenas aqui apresentada e, de algum modo, programar essas imagens, são aqui exortados a entrar em contato telefônico ou escrito com a Immatrix Publications". Flusser queria estabelecer contato com cineastas e, em Bochum, incitou os estudantes com competência em filme e vídeo a realizar a sua ideia[58].

Em seus últimos anos de vida, Flusser tentou, juntamente com alguns outros projetos, realizar o salto para o universo das imagens técnicas. "Mais uma vez: como pensar?" é a pergunta que ocupa e impulsiona Flusser durante toda a vida. Ela é colocada por ele em carta enviada para Estrasburgo em setembro de 1990, para seu amigo e antigo interlocutor Abraham Moles (1920-1992), físico, filósofo e engenheiro. *Angenommen* já está publicado. Mas, para Flusser, apenas fornecer o modelo escrito para um trabalho de filmagem parece não ser suficiente. Ele é cada vez mais impulsionado em direção ao novo pelas possibilidades de

---
58 Até hoje não existe nenhuma "filmagem" dos cenários de Flusser.

escapar das limitadas formas de expressão da escrita e quer, ele mesmo, ultrapassar as fronteiras da literatura. "Você e eu", escreve para Moles, "pensamos em palavras que então tornamos visíveis com letras. Esse método de pensamento é burro, embora consagrado pela tradição [...]. Em relação a mim, você tem a vantagem de poder escapar sempre que quiser das palavras para os números. Em tais momentos, você está consciente de que as palavras não são adequadas para codificar pensamentos [...] palavras não bastam, e não só porque algoritmos funcionam melhor do que frases. Palavras não bastam porque nós temos de pensar, de modo cada vez mais nítido, em imagens técnicas como clipes, vídeos e imagens numericamente sintéticas"[59].

As experiências de Flusser com o vídeo começam no início da década de 1970, em Nova York, onde ele encontra Steina e Woody Vasulka, que fundam o coletivo de artistas *The Kitchen*, e conhece Nam June Paik. Um pouco mais tarde, Flusser vem a conhecer Fred Forest, na França, e inicia-se uma intensa colaboração em inúmeros experimentos no contexto da *Art sociologique* fundada por Forest. Forest grava os gestos do professor Flusser, e o vídeo *Les gestes* [Os gestos] surge entre 1972 e 1974.

---

59 Flusser a Abraham Moles, em 7 de setembro de 1990.

No início dos anos 1980, em um festival de vídeo em Salerno, Flusser, eufórico, formulou sua visão de um mundo melhor por meio da técnica de vídeo: *"Video permits a post--ideological vision. If we should learn how to master this sort of vision correctly, if we should learn how to use video to achieve an intersubjective view of the world, life would become different. This is, I believe, the ultimate aim of any theory of video of the future"*[60].

Flusser era adepto da teoria da recapitulação[61], do controverso zoólogo e filósofo Ernst Haeckel (1834-1919). Em seu último projeto de livro, *Menschenwerdung* [Hominização], Flusser dedica à tese de que a ontogênese repetiria a filogênese um capítulo à parte, que faz as vezes de prefácio: "Este texto está sendo escrito na maturidade, isto é, na idade entre setenta e oitenta anos. Evidentemente, o mundo não acaba com a morte de quem escreve, mas o que significa isso, evidentemente? O belo nessa falta de nitidez é que na maturidade a ontogênese e a filogênese se mesclam. Com o ser

---

60 *Toward Theory of Video (For the International Video Exhibit, Salerno 1982)* [*Em direção a uma teoria do vídeo (Para a mostra internacional de vídeo de Salerno, 1982)*], p. 3.
"O vídeo permite uma visão pós-ideológica. Se viéssemos a aprender como dominar corretamente esse tipo de visão, se viéssemos a aprender como usar o vídeo para atingir uma visão intersubjetiva do mundo, a vida se tornaria diferente. Essa é, creio eu, a finalidade última de qualquer teoria de vídeo do futuro." (N. T.)
61 A teoria da recapitulação, também chamada de "regra" ou "lei fundamental biogenética", datada de 1866.

termina a espécie, e com a espécie termina o ser. O último moicano, quando escreve sua história, escreve também a história da tribo moicana"⁶².

O conceito da "hominização" não está apenas em Nietzsche, mas é utilizado também pelo eugênico Haeckel⁶³. Em uma carta ao amigo Milton Vargas, Flusser elucida a aplicação dessa teoria ao seu próprio conceito de hominização: "O método irá se basear na tese de que a ontogênese segue a filogênese, e a vida de cada um de nós repete a história da humanidade. Nossa idade (entre setenta e oitenta anos) corresponderia à situação atual da espécie humana. Estou convicto de que a explosão da criatividade europeia (você a chamaria de "paraíso") é senilidade e não permanecerá, e de que o ocidente naufragará na explosão demográfica poucas décadas após nossa morte"⁶⁴.

Flusser, com seus 71 anos, sentia-se pulsando com o tempo. Para seu livro *Hominização* planeja um subtítulo triplo: *Vorderhand, Augenblick, Spurlos* [Em primeira mão, um

---

62 Flusser, *Ontogenese wiederholt Phylogenese* [Ontogênese repete a filogênese], in *Vom Subjekt zu Projekt. Menschwerdung* [Do sujeito ao projeto. Hominização]. Frankfurt am Main: Fischer, 1998, p. 165-8, aqui p. 216.
63 Cf. E. Haeckel, *Natürliche Schöpfungsgeschichte* [História natural da criação] (1868).
64 Flusser a Milton Vargas, em 28 de agosto de 1991. Aqui está citada a tradução para o português de Edith Flusser, in Stefan Bollmann, *Editorisches Nachwort* [*Posfácio editorial*], in Flusser, *Vom Subjekt zu Projekt. Menschwerdung*, p. 277-84, aqui p. 369.

lance de olhos, sem rastro]*. Flusser escreve sobre esse projeto que ficou inacabado ao seu editor Stefan Bollmann: "O senhor entendeu corretamente: o problema do novo texto é chegar *atrás* das palavras e *até* as imagens"[65].

Paralelamente ao trabalho com o texto, Flusser cultivava a ideia de mandar fazer um vídeo sobre seu trabalho: "Devem ser mostrados movimentos das mãos, e ao mesmo tempo uma voz explica o que esses movimentos significam quando verbalizados". Flusser sugere o título *Da boca para a mão* e quer que as seguintes palavras sejam "demonstradas": "*fassen* (captar), *erfasse* (apreender), *auffassen* (conceber), *greifen* (apanhar), *begreifen* (conceber), *ergreifen* (tomar), *Begriff* (conceito), *Ergriffenheit* (comoção), *eingreifen* (intervir), *vorgreifen* (antecipar-se), *stellen* (colocar), *herstellen* (produzir), *vorstellen* (representar), *einstellen* (instalar), *einholen* (recolher), *herholen* (buscar), *hereinholen* (trazer), *überholen* (ulitrpassar), *wenden* (virar), *anwenden* (aplicar), *umwenden* (revirar), *einwenden* (objetar), *handeln* (comerciar), *Handel* (comércio), *Handlung* (ação), *verhandeln* (negociar), *unterhandeln* (parlamentar [verbo]), *vorderhand* (em primeira mão), *vorhanden* (subsistente), *zuhanden* (manipulável),

---

* Cf. nota 3, à página 294. (N. E.)
65 V. Flusser a Stefan Bollmann, em 19 de setembro de 1990. A citação encontra-se também no *Posfácio editorial* de V. Flusser, *Vom Subjekt zum Projekt. Menschwerdung* (Frankfurt am Main: Fischer, 1998, 277-84), aqui p. 366.

handfest (robusto), *manipulieren* (manipular), *Manufaktur* (manufatura), *Manifest* (manifesto), *Manuskript* (manuscrito), *fingern* (pinçar), *befingern* (tatear), *Fingerspitzgefühl* (tato), *digital* (digital), *digitalisieren* (digitalizar)"[66]. Ele pede ao cineasta austríaco Felix Breisach (canal ORF, estúdio da Estíria) que lhe informe as condições técnicas e financeiras. Não existem outras correspondências sobre esse projeto; a ideia de Flusser permanece irrealizada.

"Não pude entender, nunca, por que o vídeo não se tornou *o* método filosófico; por que o vídeo ainda não serve única e exclusivamente à filosofia. Por que todos os livros de filosofia ainda não foram jogados fora e não se trabalha com o vídeo? Por que, por exemplo, a pergunta se é real, irreal, verdadeiro, falso, não é feita com o vídeo? Pois ele não revira a coisa. Mas a reflete. Automaticamente. E imediatamente. E com memória"[67]. Flusser tenta, com o entusiasmo que lhe é próprio, empolgar seus estudantes de Bochum com a técnica do vídeo.

No manuscrito *Das zwanzigste Jahrhundert* [O século vinte], livro finalizado em 1957 e não publicado, Flusser parte em defesa da técnica em geral: "Quando se pronuncia a palavra

---

66 V. Flusser a Felix Breisach, em 14 de outubro de 1990.
Percebe-se a clara proximidade de forma e sentido das palavras alemãs que se perde na tradução para a língua portuguesa. (N. E.)
67 Vilém Flusser, Conferências de Bochum, Comunicação Humana III (http//:www.flusser-archive.org/flusserstream/play_chapterfile.php?audiofile=ogg/MenKommIII2a04.ogg&textfile=txt/MenKommIII2a04.txt&au_id=364&chapter_id=18#) 6:45–7:55.

'técnica', o espírito começa a clicar de forma estranha. Essa palavra tem associações com máquinas a vapor e peças de rádio, e com pessoas que leem livros grossos nos quais se ensina matematicamente uma forma mais rápida e racional de como as coisas devem ser feitas. Na verdade, porém, e em uma frase, a técnica é a forma como a arte se expressa no material. Mal se pode reconhecê-la, a arte, quando ela se disfarça de técnica. Pois, como o espírito criador se ocupa da matéria através dela, ele tem de decidir pelos compromissos mais fortes. Se um extremo da arte, a filosofia, joga com o espírito puro, o outro extremo, a técnica, joga com a matéria impura"[68].

Esse modelo é reencontrado em 1991, nas *Conferências de Bochum*. As maiores obras de arte do século XX, segundo Flusser, foram criadas pela técnica. Flusser trabalha, porém, com muitos modelos. Com relação ao uso de técnica de vídeo, a distinção entre filosofia e arte torna-se relevante, embora sem uma separação clara e precisa: "*Now he who says 'mirror', says 'reflection'. Video is, by its essence, an instrument for reflexion. An instrument meant to reflect upon the world and one's position in it. [...] Of course: video may be used to represent the world, just as if it were a photograph or a film. But this is an additional use, not the essential one. Essentially, video images are reflexions: philosophical imagination.*

---

68 Flusser, *Das zwangigste Jahrhundert*, p. 121.

They are, essentially, not representative, artistic imagination. Of course: those two imaginations overlap, and video shows this. But, for the first time in history, philosophy needs no longer to be based on written texts, on words, on concepts. It can now be based on images, on 'ideas' in the strict sense of that term. Video renders possible imaginative philosophizing"[69].

O último projeto de vídeo impulsionado por Flusser deveria basear-se em seu texto *Menschheitsgeschichte als Fernsehdrama* [História da humanidade como drama televisivo]. Flusser simplesmente não quer entregar o texto, mas cooperar estreitamente com a equipe e um artista de vídeo encarregado, o húngaro Gusztav Hamos. A partir do verão de 1991, Flusser corresponde-se com Sabine Müller e Carl-Ludwig Rettinger, da produtora de filme e vídeo LichtBlick, de Colônia. Em agosto, ambos passam dois dias em Robion para discutir as etapas seguintes. Em 20 de novembro,

---

69 V. Flusser, *Toward a Theory of Video* (*For the International Video Exhibit, Salerno* 1982), p. 2.
"Agora, quem diz 'espelho' diz 'reflexo'. O vídeo é, em sua essência, um instrumento para reflexão. Um instrumento que visa produzir um reflexo sobre o mundo e a posição de alguém [...] Claro: o vídeo pode ser usado para representar o mundo, tal como se fosse um fotógrafo ou um filme. Mas isso é um uso adicional, não o essencial. Essencialmente, as imagens de vídeo são reflexos: imaginação filosófica. Eles são, essencialmente, não representativos, imaginação artística. Claro: essas duas imaginações se sobrepõem, e o vídeo mostra isso. Mas, pela primeira vez na história, a filosofia não precisa mais ser baseada em textos escritos, em palavras, em conceitos. Ela pode ser baseada em imagens, em 'ideias' no sentido estrito do termo, o vídeo torna possível o filosofar imaginativo." (N. T.)

Flusser encontra Gusztav Hamos no Hotel Lottental, em Bochum. O casal Flusser está a caminho de Praga. Como surgem no horizonte novos problemas com as editoras por causa de direitos[70], Gusztav Hamos e Vilém Flusser, que se simpatizam de imediato, decidem realizar o projeto em conjunto de qualquer maneira, mesmo sem a verba da produtora.

Em 27 de novembro de 1991, Vilém Flusser falece na viagem de volta de Praga, em um acidente de automóvel.

Edith Flusser, que cuidou da montagem e organização do arquivo após a morte do marido, foi sempre a primeira leitora de Flusser. O que quer que estivesse fazendo, ela tinha de interromper quando seu marido se levantava da máquina de escrever. Agrada-lhe contar como ele era incrivelmente culto. Mas livrarias o estressavam, e ele se sentia mal logo ao vê-las. Enquanto Edith comprava livros para os filhos, ele preferia esperar do lado de fora e se exasperava com sua vocação: com tantos livros já publicados, o que ele ainda poderia escrever[71]?

---

70 Cf. Sabine Müller e Carl-Ludwig Rettinger a V. Flusser em 8 de novembro de 1991. "No momento, não podemos pagar 3 mil marcos pelos direitos de televisão", diz a carta, "quantia, ao mesmo tempo, também requerida pelas editoras."
71 Citação de uma entrevista que Frank Engelmann fez com Edith Flusser em 21 de outubro de 1996. A entrevista encontra-se no anexo de seu trabalho de conclusão de curso *Die künstlerischen Gebrauchsweisen der Fotografie als Paradigma seiner Philosophie* [A teoria da fotografia de Vilém Flusser. As formas de uso artísticas da fotografia como paradigma de sua filosofia], Universidade Johann Wolfgang Goethe, Frankfurt am Main, mar. 1997.

Apêndice

A biblioteca de Flusser – uma seleção

Edith Flusser a chamou de "biblioteca de viagem". No Arquivo Vilém Flusser, em Berlim, há uma coleção de livros que acompanhava Flusser em suas viagens. Nós selecionamos alguns títulos e mantivemos as obras mais relevantes da Comunicologia.

Encyclopaedia Britannica. A New Survey of Universal Knowledge. Chicago, Londres, Toronto: Encyclopaedia Britannica Inc., 1951.

ADLER, Alfred. *Understanding Human Nature.* Nova York: Fawcett Publications, 1963.

ADORNO, Theodor W. *Einleitung in die Musiksoziologie. Zwölf theoretische Vorlesungen.* Reinbek: Rowohlt, 1973.

ALLEE, W. C. *The Social Life of Animals.* Nova York: Norton, 1938.

ANDERS, Günther. *Die Antiquiertheit des Menschen. Über die Seele im Zeitalter der zweiten industrielle Revolution.* Munique: Beck, 1968.

APPELDORN, Werner van. *Die optische Revolution. Die Zukunft der visuellen Medien – Diagnose und Prognose.* Reinbek: Rowohlt, 1972.

ARBER, Agnes. *Sehen und Denken in der biologischen Forschung.* Reinbek: Rowohlt, 1960.

ARENDT, Hannah. *Condition de l'homme moderne.* Paris: Calmann-Lévy, 1961.

_____. *Men in Dark Times.* Nova York: Penguin, 1968.

_____. *Origens do totalitarismo I.* O anti-semitismo, instrumento de poder. Uma análise dialética. Introdução de Celso Lafer. Rio de Janeiro: Editora Documentário, 1975.

ARISTÓTELES. *A política.* São Paulo: Hemus, 1966.

ASEMISSEN, Hermann Ulrich. *Strukturanalyse Probleme der Wahrnehmung in der Phänomenologie Husserls.* Colônia: Kölner Universitätsverlag, 1957.

BACHELARD, Gaston. *La poetica del espacio.* Buenos Aires: Fondo de Cultura Económica, 1965.

_____. *La poétique de l'espace.* Paris: Presses universitaires de France, 1970.

_____. *La terre et les rêveries du repos.* Paris: Libraire José Corti, 1971.

_____. *Filosofia do novo espírito científico.* A filosofia do não. Lisboa: Editorial Presença, 1972.

BACON, Francis. *Essays.* Londres/Nova York, 1939.

_____. *The Advancement of Learning.* Londres/Nova York, 1934.

BAECK, Leo. et. al. *Gibt es Grenzen der Naturforschung?* Zurique: Herder, 1963.

BARTHES, Roland; MAUZI, Robert; SEGUIN, Jean-Pierre. *L'univers de l'Encyclopédie. Images d'une civilization. Les 135 plus belles planches de l'encyclopédie de Diderot et d'Alambert*. Paris: Les Libraires Associés, 1964.

BAUDRILLARD, Jean. *Olvidar a Foucault*. Valencia: Pre-Textos, 1986.

_____. *Le miroir de la production: Ou l'illusion critique du matérialisme historique*. Paris: Castermann, 1973.

_____. *Pour un critique de l'économie politique du signe*. Paris: Gallimard, 1972.

BECKER, Oskar. *O pensamento matemático*. Sua grandeza e seus limites. São Paulo: Editora Herder, 1965.

BERKELEY, George. *A New Theory of Vision and Other Writings*. Londres/Nova York, 1938.

BERNAL, John Desmon. *Wissenschaft. Science in History. Entstehung und Wesen der Wissenschaft im Altertum. Die Wissenschaft um Zeitalter des Glaubens*. Reinbek: Rowohlt, 1970.

BERNARDO, Mario. *La Macchina del cinematografo*. Turim: Gruppo Editoriale Forma, 1983.

BLOCH, Ernst. *Atheismus im Christentum. Zur Religion des Exodus und des Reichs*. Reinbek: Rowohlt, 1972.

_____. *Widerstand und Friede. Aufsätze zur Politik*. Frankfurt am Main: Suhrkamp, 1968.

BOEHME, Jacob. *Six Theosophic Points and Other Writings*. University of Michigan Press, 1958.

_____. *The Signature of all Things*. Londres/Nova York, 1934.

BÖHRINGER, Hannes. *Begriffsfelder. Von der Philosophie zur Kunst.* Berlim: Merve, 1985.

BOLTER, David. *Turing's Man. Western Culture in the Computer Age.* Chapell Hill: The University of North Carolina Press, 1984.

BRUNNER, Emil. *Gott und sein Rebell. Eine theologische Anthropologie.* Organizado por Ursula Berger-Gebhardt. Reinbek: Rowohlt, 1958.

BRUNO, Giordano. *Heroische Leidenschaft und Individuelles Leben.* Reinbek: Rowohlt, 1957.

BUYTENDIJK, Frederik Jacobus Johannes. *Mensch und Tier. Ein Beitrag zur vergleichenden Psychologie.* Reinbek: Rowohlt, 1958.

CANETTI, Elias. *Die Provinz des Menschen.* Aufzeichnungen 1942-1972. Frankfurt am Main: Fischer, 1981.

CAPRA, Fritjof. *The Tao of Physic. An Exploration of the Parallels between Modern Physics and Eastern Mysticism.* Londres: Fontana/Collins, 1975.

CASSIERER, Ernst. *The Myth of the State.* Garden City: Doubleday, 1955.

CHILDE, Vere Gordon. *Vorgeschichte der europäischen Kultur.* Reinbek: Rowohlt, 1960.

CHOMSKY, Noam. *Linguagem e pensamento.* Rio de Janeiro: Vozes, 1971.

COLEMAN, A.D. *Light Readings. A Photograph Critics Writings 1968-1978.* Nova York: Oxford University Press, 1979.

DANTZIG, Tobias. *Number. The Language of Science. A Critical Survey Written for the Cultured Non-Mathematician*. Nova York: Macmillan, 1945.

DEWEY, John. *Reconstrução em filosofia*. São Paulo: Companhia Editora Nacional, 1959.

_____. *Problems of Men*. Nova York: Philosophical Library, 1946.

DIENST, Rolf-Gunter. *Pop-Art. Eine kritische Information*. Wiesbaden: Limes Verlag, 1965.

DUBY, Georges. *Le temps des cathedrals. L'art et la societé 980-1420*. Paris: Gallimard, 1976.

DUFRESNE, Jean; MIESES, Jacques. *Lehrbuch des Schachspiels*. Stuttgart: Reclam, 1952.

EHRENZWEIG, Anton. *The Psycho-Analysis of Artistic Vision and Hearing. An Introduction to a Theory of Unconscious Perception*. Nova York: George Braziller, 1965.

EINSTEIN, Albert; INFELD, Leopold. *Die Evolution der Physik. Von Newton bis zur Quantenphysik*. Reinbek: Rowohlt, 1956.

EINSTEIN, Albert. *The Evolution of Physics. The Growth of Ideas from Early Concepts to Relativity and Quanta*. Nova York: Simon and Schuster, 1942.

EISENSTEIN, Sergei. *Reflexões de um cineasta*. Rio de Janeiro: Zahar Editores, 1969.

FANN, K. T. (org.) *Ludwig Wittgenstein. The Man and His Philosophy*. Nova York: Dell Publishing, 1967.

FOUCAULT, Michel. *Histoire de la sexualité I. La volonté de savoir*. Paris: Gallimard, 1976.

FRIEDRICH, Hugo. *Die Struktur der modernen Lyrik. Von Baudelaire bis zur Gegenwart*. Reinbek: Rowohlt, 1956.

GEORGANO, G. N. *A History of Transport*. Londres, 1972.

GIBBON, Edward. *The Decline and Fall of the Roman Empire*. Nova York: The Modern Library, n.d.

GLASER, Hermann (org.). *The German Mind of the Nineteenth Century. A Literary and Historical Anthology*. Nova York: Continuum, 1981.

GOLDFARB, Ana Maria Alfonso. *Da alquimia à química. Um estudo sobre a passagem do pensamento mágico-vitalista ao mecanismo*. São Paulo: Nova Stella Editorial, 1987.

GOULD, Stephen Jay. *Zufall Mensch. Das Wunder des Lebens als Spiel*. Munique/Viena: Hanser, 1991.

GUARDINI, Romano. Der Tod des Sokrates. *Eine Interpretation der platonischen Schriften Euthyphron, Apologie, Kriton und Phaidon*. Reinbek: Rowohlt, 1956.

GÜNTER, Roland. *Fotografie als Waffe. Zur Geschichte und Ästhetik der Sozialfotografie*. Reinbek: Rowohlt, 1982.

GÜNTHER, Gotthard. *Cognition and Volition. A Contribution to a Cybernetic Theory of Subjectivity*. [S.l.: s.n.]

HEBERER, Gerhard; KURTH, Gottfried; SCHWIDETZKY-ROESING, Ilse (orgs.). *Das Fischer-Lexikon. Anthropologie*. Frankfurt am Main: Fischer, 1959.

HEIDEGGER, Martin. *Sein und Zeit*. Tübingen: Neomarius Verlag, 1949.

_____. *Identität und Differenz*. Tübingen: Verlag Günther Neske, 1957.

_____. *Zur Sache des Denkens*. Tübingen: Max Niemeyer, 1969.

HEISENBERG, Werner. et. al. *On Modern Physics*. Nova York: Collier Books, 1961.

HEISENBERG, Werner. *Das Naturbild der heutigen Physik*. Reinbek: Rowohlt, 1955.

HERÁCLITO. *The Cosmic Fragments*. Organizado e comentado por G. S. Kirk. Cambridge: Cambridge University Press, 1954.

HIEBERT, Paul G. *Cultural Anthropology*. Filadélfia: J. B. Lippincott, 1976.

HÖLLERER, Walter (org.). *Sprache im technischen Zeitalter*, n. 15, Sonderheft: Texttheorie und Konkrete Dichtung, 1965.

HOOK, Sidney. *The Hero in History. A Study in Limitation and Possibility*. Boston: Beacon Press, 1960.

HORKHEIMER, Max. *Die gesellschafte Funktion der Philosophie*. Frankfurt am Main: Suhrkamp, 1974.

HUIZINGA, Johan. *Europäischer Humanismus. Erasmus*. Reinbek: Rowohlt, 1958.

_____. *O declínio da Idade Média*. Lisboa/Rio de Janeiro: Ulisseia, n.d.

JAKOBSON, Roman. *Linguística e comunicação*. São Paulo: Cultrix, 1970.

JASPERS, Karl. *Nikolaus Cusanus*. Munique: Piper, 1964.

_____. *Vom Ursprung und Ziel der Geschichte*. Munique: Fischer, 1957.

_____. *Man in the Modern Age*. Londres: Routledge, 1951.

_____. *Der philosophische Glaube*. Munique: Piper, 1951.

KELLERER, Christian. *Objet trouvé und Surrealismus. Zur Psychologie der modernen Kunst*. Reinbek: Rowohlt, 1968.

KERÉNYI, Karl. *Prometheus. Die menschliche Existenz in griechischer Deutung*. Reinbek: Rowohlt, 1959.

KHAYYAM, Omar. *Rubáiyát. Six Plays of Calderón*. Tradução de Edward Fitzgerald. Londres/Nova York: Dent/ Dutton, 1935.

KIERKEGAARD, Sören. *Die Leidenschaft des Religiösen*. Eine Auswahl aus Schriften und Tagebüchern. Stuttgart: Reclam, 1958.

_____. *Stages on Life's Way*. Princeton: Princeton University Press, 1945.

KOCH, Wilhelm. *Die Jagd in Vergangenheit und Gegenwart*. Stuttgart: Kosmos und Franckh'sche Verlagshandlung, 1961.

KOESTLER, Arthur. *The Roots of Coincidence*. Londres: Pan Books, 1976.

KUHN, Thomas S. *The Structure of Scientific Revolutions*. vol. 2. Chicago: University of Chicago Press, 1970.

KÜNG, Hans. *Projekt Weltethos*. Munique/Zurique: Piper, 1990.

LACAN, Jacques. *Écrits 1*. Paris: Éditions du Seuil, 1966.

LAING, Ornald David. *Self and Others*. Londres: Penguin Books, 1972.

_____. *The Divided Self. An Existential Study in Sanity and Madness*. Londres: Penguin Books, 1965.

LÉVINAS, Emmanuel. *Difficile liberté. Essais sur le judaïsme*. Paris: Albin Michel, 1976.

LINTON, Ralph (org.). *The Science of Man in the World Crisis*. Nova York/Morningside Heights: Columbia University Press, 1945.

MACHADO, Arlindo. *A ilusão especular* – introdução à fotografia. São Paulo: Brasiliense, 1984.

MALLARMÉ, Stéphane. *Pages Choisies*. Paris: Librairie Hachette, 1954.

MALRAUX, André. *Les voix du silence*. Paris: Gallimard, 1951.

MILLAR, Sussana. *Psychologie des Spiels*. Ravensburg: Otto Maier Verlag, 1973.

MITCHELL, Juliet. *Psychoanalysis and Feminism. Freud, Reich, Laing and Women*. Harmondsworth: Penguin Books, 1974.

MITSCHERLICH, Alexander. *Die Idee des Friedens und die menschliche Aggressivität. Vier Versuche*. Frankfurt am Main: Suhrkamp, 1970.

MONOD, Jacques. *Zufall und Notwendigkeit. Philosophische Fragen der modernen Biologie*. Munique: Piper, 1971.

NAGEL, Ernst; NEWMAN, James R. *La prueba de Gödel*. Cidade do México: Centros de Estudios Filosóficos/Universidad Nacional Autónoma de Mexico, 1959.

NEUMANN, Erich. *Der schöpferische Mensch*. Zurique: Rheinverlag, 1959.

OPPENHEIMER, J. Robert. *Energia atômica e liberdade humana*. Lisboa: Livros do Brasil, s. n.

ORTEGA Y GASSET, José. *Unas lecciones de metafísica*. Madri: Alianza Editorial, 1968.

OTTO, Walter F. *Theophania. Der Geist der altgriechischen Religion*. Reinbek: Rowohlt, 1956.

PAVIĆ, Milorad. *Das Chasarische Wörterbuch. Lexikonroman in 100.000 Wörtern*. Männliches Exemplar. Munique: Hanser, 1988.

READ, Herbert. *Art Now. An Introduction to the Theory of Modern Painting and Sculpture*. Londres: Faber & Faber, 1969.

REICH, Wilhelm. *Die Entdeckung des Orgons. Die Funktion des Organismus. Sexualökonomische Grundprobleme der biologischen Energie*. Frankfurt am Main: Fischer, 1973 [1940].

REICHHOLF, Josef H. *Das Rätsel der Menschwerdung. Die Entstehung des Menschen im Wechselspiel mit der Natur*. Stuttgart: Deutsche Verlagsanstalt, 1990.

REMANE, Adolf. *Das soziale Leben der Tiere*. Reibek: Rowohlt, 1960.

ROSENFELD, Albert. *Die zweite Schöpfung. Neue Aspekte des menschlichen Lebens*. Munique/Zurique: Droemer und Knaur, 1973.

RUSSELL, Bertrand. *Human Knowledge. Its Scope and its Limits*. Londres: George Allan Unwin, 1948.

_____. *A History of Western Philosophy. And its Connection with Political and Social Circumstances from the Earliest Times to the Present Day*. Nova York: Simon and Schuster, 1945.

SANTILLANA, Giorgio de. *The Crime of Galileo*. Chicago: University of Chicago Press, 1963.

_____. *Prologue to Paramenides*. Cincinnati: University of Cincinnati, 1964.

SAPARINA, Yelena. *Cybernetics Within Us*. Moscou: Peace Publishers, 1966.

SARAMAGO, José. *Memorial do convento*. Lisboa: O Campo da Palavra, 1983.

SARTRE, Jean-Paul. *O existencialismo é um humanismo*. Tradução, edição e prefácio de Vergilio Ferreira. Porto: Editorial Presença, 1962.

_____. *Being and Nothingness*. Tradução e prefácio de Hazel E. Barnes. Nova York: Washington Square Press, 1966.

_____. *Words*. Tradução de Irene Clephane. Harmondsworth: Penguin, 1964.

SCHELSKY, Helmut. *Soziologie der Sexualität. Über die Beziehung zwischen Geschlecht, Moral und Gesellschaft*. Reinbek: Rowohlt, 1955.

SCHIWY, Günther. *Der französische Strukturalismus. Mode, Methode, Ideologie*. Apêndice com textos de Saussure, Lévi-Strauss, Barthes, Goldmann, Sebag, Lacan, Althusser, Foucault, Sartre, Ricoeur, Hugo Friedrich. Reinbek: Rowohlt, 1969.

SCHMITZ, Hermann. *Der Leib im Spiegel der Kunst*. Bonn: H. Bouvier, 1966.

SCHOLEM, Gershom. *Sabbatai Tsevi. Le messie mystique. 1626--1676*. Largrasse: Verdier, 1983.

SCHRÖDINGER, Erwin. *Die Natur und die Griechen. Kosmos und Physik*. Reinbek: Rowohlt, 1956.

_____. *Was ist Leben? Eine lebende Zelle emit den Augen des Physikers betrachtet*. Berna: Francke, 1944.

SCHUMACHER, Ernst Friedrich. *Small is Beautiful. A Study of Economics As If People Mattered*. Londres: Abacus, 1974.

SCHUMPETER, Joseph A. *Capitalism, Socialism and Democracy.* Londres: George Allen, 1947.

SEDLMAYER, Hans. *Die Revolution der modernen Kunst.* Reinbek: Rowohlt, 1955.

SHKLOVSKY, Viktor. *Mayakovsky and his circle.* Nova York: Pluto Press, 1972.

SMART, J. J. C. (org.) *Problems of Space and Time. From Augustine to Albert Einstein on the Fundamentals for Understanding the Universe.* Nova York/Londres: Macmillan Press, 1964.

SOKOLSKI, Alexei P. *Das Lehrbuch der Schacheröffnungen.* Berlim: Sportverlag, 1965.

STEIN, Ernıldo. *Introdução ao pensamento de Martin Heidegger.* Porto Alegre: Ithaca, 1966.

THIENEMANN, August. *Leben und Umwelt. Vom Gesamtaushalt der Natur.* Reinbek: Rowohlt, 1956.

TURNER, Ralph. *The Great Cultural Traditions. The Foundations of Civilization – The Ancient Cities,* vol.1; *The Classical Empires,* vol. 2. Nova York/Londres: McGraw-Hill, 1941.

ULLMANN, Ludwig; WINTER, L.W (orgs.). *Der Koran. Das heilige Buch des Islam.* Munique: Wilhelm Goldmann, 1959.

VARET, Gilbert. *L'Ontologie de Sartre.* Paris: Universitaires de France, 1948.

WEIZSÄCKER, Carl Friedrich von. *Die Tragweite der Wissenschaft I. Schöpfung und Weltentstehung. Die Geschichte zweier Begriffe.* Stuttgart: Hirzel, 1964.

WHORF, Benjamin Lee. *Sprache, Denken Wirklichkeit. Beiträge zur Metalinguistik und Sprachphilosophie.* Organização e tradução de Peter Krausser. Reinbek: Rowohlt, 1963.

WIENER, Norbert. *Gott amp; Golem Inc.* Düsseldorf/Viena: Econ--Verlag, 1965.

WITTGENSTEIN, Ludwig. *Tractatus logico-philosophicus. Tagebücher 1914-1916.* Philosophische Untersuchungen. Frankfurt am Main: Suhrkamp, 1980.

ZIMMER, Ernst. *Umsturz im Weltbild der Physik.* Munique: dtv, 1964.

As publicações internacionais de Vilém Flusser*

Língua e realidade. São Paulo: Herder, 1963.

A história do diabo. São Paulo: Martins Fontes, 1965.

Da religiosidade. São Paulo: Conselho Estadual de Cultura, 1967.

La force du quotidien. Prefácio de Abraham Moles. Paris: Maison Mame, 1973.

Le monde codifié. Tradução do inglês de Jean Mestrie e Barbara Niceall. Paris: Institut de l'Environnement, 1973.

Natural:mente. Vários acessos ao significado da natureza. São Paulo: Duas Cidades, 1979.

Pós-história. Vinte instantâneos e um modo de usar. São Paulo: Duas Cidades, 1979.

Für eine Philosophie der Fotografie. Göttingen: European Photography, 1984.

Towards a Philosophy of Photography. Versão inglesa editada por Derek Bennett. Göttingen: European Photography, 1984.

Filosofia da caixa preta. Ensaios para uma futura filosofia da fotografia. São Paulo/Rio de Janeiro: Hucitec/Relume Dumará, 1985 [2002].

Ins Universum der techischen Bilder. Göttingen: European Protography, 1985.

Die Schrift. Hat Schreiben Zukunft? Göttingen/Frankfurt am Main, Immatrix Publications/Fischer Taschenbuch Verlag, 1992 [1987].

---

* Assim como na edição original, inserimos todas as obras de Vilém Flusser publicadas em diversos países e idiomas. (N. E.)

Vampyroteuthis Infernalis. Eine Abhandlung samt Befund des Institut Scientifique de Recherche Paranaturaliste. Göttingen: Immatrix Publications, 1987.

Per una filosofia della fotografia. Tradução do inglês de Bruno Boveri e prefácio de Angelo Schwarz. Turim: Agorá Editrice, 1987.

For fotografiets filosofim. Tradução do alemão e prefácio de Leif Preus. Horten: Preus Fotomuseum, 1987.

Krise der Linearität. Organizado por G. J. Lischka. Berna: Benteli, 1988.

Em filosofi för fotografin. Tradução do inglês e posfácio de Jan-Erik Lundström. Gotemburgo: Bokförlaget Korpen, 1988.

Angenommen. Eine Szenenfolge. Göttingen: Immatrix Publications, 1989.

A fotográfia filozófiája. Tradução do alemão de Veress Panka e Sebesi Istvān. Budapeste: Taróshullám, 1990.

Nachgeschichten. Essays, Vorträge. Compilado e editado por Volker Rapsch. Düsseldorf: Bollmann, 1990.

Hacia uma filosofía de la fotografía. Tradução do inglês de Eduardo Molina e prefácio de Joan Cosa. Cidade do México: Trillas, 1990.

Gesten. Versuch einer Phänomenologie. Düsseldorf/Bensheim: Bollmann, 1991.

Ein Gespräch. Edição de Klaus Nüchtern. Göttingen: European Photography, 1991.

Bir fotograf felsefesime dogru. Tradução do inglês de Ihsan Derman. Istambul: Agaç, 1991.

Bodenlos. Eine philosophische Autobiographie. Posfácio de Milton Vargas. Düsseldorf/Bensheim: Bollmann, 1992.

Ende der Geschichte, Ende einer Stadt? Viena: Picus, 1992.

Dinge und Undinge. Phänomenologische Skizzen. Posfácio de Florian Rötzer. Munique: Hanser, 1993.

Vom Stand der Dinge. Eine kleine Philosophie des Design. Edição de Fabian Wurm. Göttingen: Steidl, 1993.

Lob der Oberflächlichkeit. Für eine Phänomenologie der Medien. Organizado por Stefan Bollmann e Edith Flusser. Bernsheim/Düsseldorf: Bollmann, 1993.

Nachgeschichte. Eine korrigierte Geschichtsschreibung. Organizado por Stefan Bollmann e Edith Flusser. Bensheim/Düsseldorf/Frankfurt am Main, Bollmann/Fischer Taschenbuch Verlag, 1997 [1993].

Die Geschichte des Teufels. Göttingen: European Photography, 1993.

Vor der Freiheit des Migranten. Einsprüche gegen den Nationalsozialismus. Prefácio de Maria Lília Leão. Bensheim: Bollmann, 1994.

Vom Subjekt zum Projekt. Menschwerdung. Organizado por Stefan Bollmann e Edith Flusser. Bernsheim/Düsseldorf/Frankfurt am Main, Fischer Taschenbuch Verlag/Bollmann, 1994 [1998].

Brasilien oder die Suche nach dem neuen Menschen. Für eine Phänomenologie der Unterentwicklung. Organizado por Stefan Bollmann e Edith Flusser. Bensheim/Düsseldorf: Bollmann, 1994.

Los gestos. Fenomenología y communicación. Tradução do alemão de Claudio Gancho. Barcelona: Herder, 1994.

Gesten. Versuch einer Phänomenologie. Frankfurt am Main: Fischer Taschenbuch Verlag, 1994.

Za filosofii fotografie. Traduzido do alemão por Božena e Josef Kosekovi. Praga: Nakladatelstrí Hynek, 1994.

Jude sein. Essays, Briefe, Fiktionen. Organizado por Stefan Bollmann e Edith Flusser. Mannheim/Berlim/Viena, Bollmann/Philo, 1995 [2000].

Die Revolution der Bilder. Der Flusser-Reader zu Kommunikation, Medien und Design. Mannheim: Bollmann, 1995.

Kommunikologie. Organizado por Stefan Bollmann e Edith Flusser. Mannheim/Frankfurt am Main, Bollmann/Fischer Taschenbuch Verlag, 1996 [1998].

_____. Tradução de Junichi Murakami. Tóquio: University of Tokyo Press, 1997.

Zwiegespräche. Interviews 1967-1991. Organizado por Klaus Sander. Göttingen: European Photography, 1996.

Choses et non-choses. Esquisses phénoménologiques. Tradução do alemão de Jean Mouchard. Nîmes: Jacqueline Chambon, 1996.

Az Ágy. Tradução do alemão de Sebók Zoltán. Budapeste: Kilárat Kiadó, 1996.

Moc abrazu. Organizado por Milena Slavická e Jiří Fiala. Praga: OSVU, 1996.

Pour une philosophie de la photographie. Tradução do alemão de Jean Mouchard. Paris: Circe Editions, 1996.

Medienkultur. Organizado por Stefan Bollmann. Frankfurt am Main: Fischer Taschenbuch Verlag, 1997.

Az írás. Van-e jövője az ÍrAsnak*?* Tradução do alemão de Tillmann J. A. e Jósvai Lída. Budapeste: Balassi Kiado, 1997.

Príbeh d'ábla. Tradução de alemão de Jiří Fiala. Praga: Gema Art/OSVU, 1997.

Ficções filosóficas. São Paulo: Editora da Universidade de São Paulo, 1998.

Fenomenologia do brasileiro: em busca de um novo homem. Organização e prefácio de Gustavo Bernardo. Rio de Janeiro: Eduerj, 1998.

Standpunkte. Texte zur Fotografie. Organizado por Andreas Müller-Pohle. Göttingen: European Photography, 1998.

Bezedeno. Filosofická autobiographie. Tradução do alemão de Božena e Josef Kosekovi. Praga: Hynek, 1998.

[*Die Schrift. Hat Schreiben Zukunft?* Seul: Moonye Publishing, 1998.]

Ensaio sobre a fotografia: para uma filosofia da técnica. Lisboa: Relógio d'água, 1998.

Für eine Philosophie der Fotografie. Tradução do alemão de Ingo Duennebier. Tessalônica: University Studio Press, 1998.

Les gestes. Posfácio de Louis Bec. Paris: Cergy/Hors Commerce, 1999.

A dúvida. Prefácio de Celso Lafer. Rio de Janeiro: Relume Dumará, 1999.

The Shape of Things. A Philosophy of Design. Londres: Reaktion Books, 1999.

Bodenlos. Eine philosophische Autobiographie. Frankfurt am Main: Fischer Taschenbuch Verlag, 1999.

Für eine Philosophie der Fotografie. Tradução do alemão de Yoon Chong-Seok. Seul: Communications Banks, 1999.

Briefe an Alex Bloch. Organizado por Edith Flusser e Klaus Sander. Göttingen: European Photography, 2000.

Vogelflüge. Essays zu Natur und Kultur. Tradução do português de Edith Flusser. Munique: Hanser, 2000.

Von der Freiheit des Migranten. Einsprüche gegen den Nationalismus. Berlim/Viena: Philo, 2000.

Towards a Philosophy of Photography. Tradução do alemão de Anthony Mathews e posfácio de Hubertus von Amelunxen. Londres: Reaktion Books, 2000.

Uma filosofía de la fotografía. Tradução do alemão de Thomas Schilling. Madri: Editorial Síntesis, 2001.

Filosofía del diseño. La forma de las cosas. Tradução do inglês de Pablo Marinas e prefácio de Gustavo Bernardo. Madri: Editorial Síntesis, 2002.

Writings. Organização e introdução de Andreas Strohl. Minneapolis/Londres: University of Minnesota Press, 2002.

Zu edna filosofia na fotografiata. Plovdiv: Horizonti, 2002.

Kommunikológia. Bratislava: The Media Institut Bratislava, 2002.

Petite philosophie du design. Paris: Circe Editions, 2002.

The Freedom of the Migrant. Objections to Nationalism. Organizado por Anke Finger e tradução de Kenneth Kronenberg. Champain: University of Illinois Press, 2003.

Absolute Vilém Flusser. Antologia organizada e ensaios biográficos de Nils Röller e Silvia Wagnermaier. Freiburg: Orange Press, 2003.

Pentru o filosofie a fotografie. Texte despre fotografie. Tradução do alemão de Aurel Codoban. Cluj: Idea Design & Print Editura, 2003.

Língua e realidade. São Paulo: Annablume, 2004.

Essais sur la nature et la culture. Paris: Circe Editions, 2005.

A história do diabo. São Paulo: Annablume, 2005.

La civilisation des médias. Paris: Circe Editions, 2006.

Vom Zweifel. Tradução de Edith Flusser. Berlim: European Photography, 1996.

Bodenlos: uma autobiografia filosófica. São Paulo: Annablume, 2007.

Glossário

1. *Latim*

Nesta seção, relacionamos os termos latinos mencionados por Vilém Flusser em suas aulas.

accido, cidi (ad, cado) cair;
1. alcançar, chegar, atingir ou levar; 2. acontecer, ocorrer, realizar; 3. ficar fora, passar, terminar

admetior medir

advento, are aparecimento, chegada

ager, gri campo, pedaço de terra, área, propriedade, paisagem

agricola, ae (ager, colo) agricultor

agricultura, s atividade de cultura do solo

alea 1. cubo, dado; 2. risco, acaso

anathema, atis (gr. ἀνάΘεμα) maldição, anátema

ancilla, ae empregada, criada, escrava, serva

angustiae, orum (-ia, -ae) aperto, estreiteza, espaço estreito; 1. istmo, estreito, gargalo, passagem estreita; 2. curta duração; 3. brevidade; 4. limite, restrição, falha de emergência, situação delicada

ara, ae altar; a) altar como uma constelação; b) refúgio,

proteção, anteparo;
c) elevação

ars, artis arte 1. a) poder = habilidade inata ou adquirida, destreza, fluência; b) qualidade boa ou ruim, virtude ou fraqueza, modo de pensar e agir, comportar-se, proceder, artífice, método artístico; 2. a) arte inferior, ofício, ocupação; b) arte no sentido estrito = belas-artes

autor, oris (augeo) fiador, avalista; 1. relator; 2. criador = indutor, organizador, conselheiro; 3. criador = realizador, culpado, fundador; 4. testemunha, paradigma, modelo

auctus (augeo) ampliação, aumento, crescimento

augeo auxi auctum fazer crescer, promover o crescimento; 1. aumentar, ampliar, expandir, reforçar, estimular, fazer prosperar; 2. estar muito bem servido, sobrecarregar, enriquecer, agradar

bacchalaureus baccha, ae Bacante e **laureus** laurel; bacharel

calculus pequenas pedras lisas e arredondadas; 1. jogo de tabuleiro; 2. conta, cálculo; 3. "voz da pedra": branca para a absolvição, preta para a condenação; 4. "doença do homem de pedra"

capio cepi, captum tomar: 1. assumir, pegar, agarrar; a) (local) conquistar, ocupar, comparecer, ganhar; b) (hostil, violento) tirar, usurpar, dominar, capturar; c) conquistar ou vencer; d) (tarefas, atividades) empreender, começar, tomar, (secretaria da Fazenda) assumir, apresentar; e) tomar para si = atrair, prender, seduzir, induzir, iludir; f) (situações, emoções, ânimo) acometer ou tomar, paralisado, ficar enfraquecido. 2. (por uma melhor finalidade) tomar, escolher, eleger.

3. obter algo como receptor
= aceitar, conseguir, receber;
a) (renda) obter; b) (alegria,
dor) sentir; c) (por meio
de uma transformação da
forma) aceitar. 4. (espacial)
tomar = poder aceitar; a)
ser útil ou apropriado a
algo; b) (mentalmente,
intelectualmente) entender/
compreender completamente,
dar uma noção correta;
julgar, dominar

Capitolium o Capitólio, a
cúpula mais alta a sudoeste
do monte Capitolino, em
Roma, a oeste do fórum,
onde existia um templo para
as três divindades, Júpiter,
Juno e Minerva

chorus 1. dança de roda –
2. coro; a) coro na tragédia;
b) grupo, tropa

civitas, civitatis 1. direitos
do cidadão; 2. cidadania,
coletividade (Estado ou
município)

clarus (para os olhos) claro,
brilhante 1. (para a audição)
claro = alto, nítido, audível;
2. (para o entendimento)
claro, nítido, compreensível;
3. brilhante, glorioso, célebre,
famoso, temido

colligo, legi, lectum ler =
procurar, colher, colecionar.
1. a) jogar, arrumar;
b) colecionar = levar a um
ponto; c) levar às alturas;
2. juntar, colecionar;
a) reunir(-se); b) receber,
atrair algo bom ou habitual;
c) combinar, resumir,
repensar, concluir

concipio, cepi, ceptum (capio)
1. resumir; colocar, aplicar
em uma certa fórmula;
2. interpretar, captar algo;
a) espirar ou inspirar, receber
= conceber, estar grávida;
b) agarrar, reconhecer,
entender, sentir; c) contrair,
levar(-se); d) cometer; deixar
se culpar de alguma coisa

concursus, us 1. confluência –
2. encontrar(-se)

cultio, onis (colo) cultivo

cultor, oris (colo) cultivador, lavrador, criador, plantador; 1. agricultor; 2. morador, habitante; 3. senhor, amigo, amante

cultura, ae (colo) 1. cultivo, lavoura, criação, plantação; 2. formação, educação, cultura

deus, i Deus, divindade

distinctus (distinguo) devidamente separado, devidamente dividido, distinto, variado, diversificado; 1. diferentes cores, colorido; 2. decoração variada; 3. nítido, correto, claro

do dar

doctor, oris doutor

efficientia, ae (efficiens) eficiência

fabula, ae 1. fala do povo; a) assunto, tema da conversa; b) várias conversas. 2. narração, história; a) fábula; b) conto de fada; c) fábula = tema para poesia, drama, peça de teatro, épico

fascis, is maço, pacote; um feixe de varas carregado pelos lictores (na Roma Antiga, eles eram guardas que abriam o caminho em meio ao povo para os magistrados)

Faunus (Fauno) antigo rei do Lácio, neto de Saturno, filho de Pico. Era adorado como o deus do campo e das florestas. Mais tarde, fora confundido com o deus grego Pã.

fictio, onis formação, organização

fidus (fido) = fidelis

fidelis, e fiel, de confiança

figura, ae (fingo) forma, composição, constituição; 1. bela forma, beleza; 2. imagem = representação pictórica; 3. criação = compleição; 4. figura de linguagem

fingo, finxis, finctum modelo, forma, organização artística; 1. construir, representar; 2. organizar, arrumar; 3. formar; 4. pensar ou imaginar

algo; 5. lembrar(-se),
inventar, enganar

forum, i fórum. 1. praça pública no centro das antigas cidades romanas onde funcionava o mercado e realizavam-se julgamentos e assembleias populares; o *forum romanum*, por exemplo, era a principal praça de Roma, a leste do Capitólio; 2. lugar onde se discutem assuntos públicos; 3. tribunal, corte

gens, gentis raça, nação, povo, grupo, parentesco, tribo; 1. comunidade ou pessoas de uma comunidade; 2. área populacional

hic aqui, neste local, neste lugar, nesta área; 1. (temp.) agora, doravante; 2. (causal) nessa ocasião, em tal situação, apesar disso

iaco, ieci, iactum atirar, arremessar; 1. a) derrubar; b) lançar; c) dobrar, vergar; d) cair; 2. levantar, erguer, erigir

identitas, atis (idem) identidade

ignarus 1. desconhecedor, inexperiente, ignorante; 2. desconhecido, estranho

inauguro 1. praticar augúrio, profecia que era feita pelos sacerdotes romanos a partir do voo e do canto dos pássaros; 2. presságio, agouro, profecia

individuus incapaz de dividir, inseparável, indivisível, individualista

ingratus 1. desagradável, indesejável; 2. mal--agradecido, ingrato

iocus, i brincadeira, diversão; 1. (metonímia) o objeto da brincadeira, deus da brincadeira; 2. passatempo, jogo

iustus justo, praticante da justiça; 1. legal, legítimo, merecido, (bem) fundamentado; 2. correto, arrumado, em ordem

latura, ae transporte de cargas

laurus, i louro, coroa de louros; vitória, triunfo

legio, onis 1. Legião; maior unidade do exército romano que possuía uma infantaria de 4.200 a 6.000 homens, número que variou em diferentes momentos, além de uma pequena cavalaria de 300 homens; 2. qualquer grande força militar, principalmente do exército e da infantaria; 3. um vasto número

lex, legis (zu lego) 1. fórmula jurídica para uma sociedade ou caso; a) contrato, tratado; b) condições, determinações contratuais; 2. proposta de lei ou petição para uma lei; b) aplicação da petição, da lei, ordem legislativa, Constituição, regulamento

Lethe Lete – um dos rios do Hades (o submundo, mundo inferior). Quem bebesse ou simplesmente tocasse suas águas esquecia-se da vida passada; logo, esse rio passou a simbolizar o esquecimento.

ludus, i (ludo) passatempo, exercício corporal; 1. jogo de guerra; 2. local de apresentação de jogos, peças teatrais, competições; 3. jogo = diversão, passatempo, brincadeira; 4. brincadeira de criança = beliscar; 5. escola de gladiadores, escola para inexperientes e iniciantes

magister, tri (magis: mais, mais que) cabeça, vigia, supervisor, condutor, director, mestre; 1. mestre (universidade), professor; 2. líder, conselheiro

minister, tri (minor: menos, menos que) serviçal, subordinado, auxiliar, cúmplice

minimus, minime superlativo de *parvus* e *parvum*

mors, tis (morior) morte, tanto a natural quanto a violenta; 1. morte, falecimento, perigo de morte, forma de morte; 2. cadáver, morto, defunto; 3. assassinato = sangue; 4. na mitologia romana, Mors é a personificação da morte, também conhecida como Tânato, na mitologia grega

Narcissus (Narciso) 1. filho do deus dos rios Céfiso e de Líríope, que rejeitou o amor da ninfa Eco e se apaixonou pela sua própria imagem refletida na água; por descuido, ele permaneceu imóvel na contemplação de sua imagem e assim morreu; 2. a flor narciso; 3. homem livre e favorito do imperador Cláudio que atacou Messalina, esposa dele. O assassinato de Narciso foi planejado por Agripina.

narro 1. narrar, contar, relatar; 1. trazer notícias; 2. dizer, falar sobre algo

negotium, i (nec, otium) atividade prática, ocupação; 1. negócio, tarefa, empresa; 2. negócio como a essência de uma empresa; 3. assuntos de Estado; 4. companhias militares; 5. dinheiro = comércio; 6. assuntos internos; 7. assuntos, razões; 8. coisa

nomen, inis nome. 1. palavra, expressão, substantivo; 2. nome de gênero = o meio do terceiro nome de um cidadão romano livre; 3. título, título de honra; 4. gênero, família, pessoa; 5. nome famoso, mero nome; 6. nome ou rubrica de um devedor em um livro de dívidas

nunc 1. (temporal) agora, em nosso tempo, hoje em dia; 2. sob tais circunstâncias; b) nossa!

obiaceo haver, existir; ficar na frente de, oposto, da frente

obicio, ieci, iectum 1. atirar em, contrapor, aguentar; a) em direção a, contra, em oposição a; objetar, opor-se; b) revelar, expor(-se); c) dar ou assustar, causar, provocar; 2. jogar, lançar para frente, derrubar; a) culpa ou vergonha para proteção ou defesa; b) repreender alguém por alguma coisa

obiectus, us (obicio) 1. opor(-se), apresentar, avançar; 2. ter alguma coisa em mãos; 3. avanço, um passo à frente

orbis, is circunferência, linha circular, círculo, esfera; 1. movimento em círculos, curva, volta; 2. posição circular; 3. ciclo, órbita, cercania, periferia; 4. arredondamento, período; 5. *orbis terra*: circunferência da Terra, toda a Terra; *orbis terrarum*: área do globo terrestre conhecido pelos antigos, composta pela África, Ásia e Europa; onde estavam todos países habitados, ou seja, o império romano

origo, inos (orior) origem

otium, i lazer, descanso, ócio

Pan, Panos, Panis segundo a mitologia grega, Pã é o deus das florestas, dos pastores e dos rebanhos, filho de Mercúrio, inventor da siringe, mais conhecida como flauta de Pã; ele é representado com chifres, cauda e patas de bode.

parvus 1. pequeno, baixo, pouco, insignificante; a) curto; b) jovem; c) baixo, insignificante, vago, submisso; d) inferior, impotente, pobre; 2. (subst.) a) *parvus* criança; b) jovem, mínimo; c) *parvum* um pouco, escassez

passio, ionis (patior) paixão

per através, por causa de, devido a, graças a

perceptio, onis (percipio) entendimento, compreensão, percepção; ideia, conceito

percipio, cepi, ceptum (capio) entender, compreender; 1. tentar pôr em prática, encarregar-se de; 2. tomar, receber, obter; 3. notar, perceber; 4. interpretar, assimilar, reconhecer, aprender

persona, ae máscara 1. papel, caráter, pessoa; 2. estado, posição; 3. personalidade, individualidade

pontifex, pontificis Pontífice, papa
populus, i povo, multidão
pretium preço, dinheiro, valor, salário
privatus privado, pessoal
producco, duxi, ductum 1. fora = demonstrar, conduzir; a) desengatar; b) enviar para; c) fazer uma aparição pública; d) tomar forma, esculpir; e) provocar, seduzir; 2. demonstrar; a) crescer, produzir, levantar; b) arrastar, aguentar, continuar; c) trazer algo, transportar
publicus público
realis, e (res) real
religio, onis religião, reflexão, dúvida
religo ligar, assegurar
res coisa
sacer sagrado
sacerdos, sacerdotis sacerdote, sacerdotisa
scaena, scena, ae o área que contém o cenário de uma peça teatral; momentos da evolução de um enredo; representação, encenação, fingimento, cena
schola, scholae estabelecimento de ensino, escola
solus sozinho, solo, só
sonus, i som, tom, ruído
spiritus, us (spiro) respiração, sopro, hálito, brisa, vento; (meton.) alma, espírito
stilus erroneamente associado ao termo grego *stylus*; 1. buril, cinzel; 2. caneta pontiaguda, estilete; 3. modo de escrever, estilo
subicio, ieci, iectum (iare) 1. colocar ou jogar algo embaixo; a) submeter, subjugar; b) enfiar/colocar embaixo; 2. jogar de baixo para cima; 3. trazer, introduzir; a) dar alguma coisa para alguém beber/tomar; incutir, instilar
Temenos Têmenos: local sagrado ao sul de Siracusa
templum, i 1. espaço consagrado pelo áugure para a realização de auspícios; 2. templo, santuário, refúgio

teologia, ae Teologia, ciência que se ocupa da relação entre Deus, o universo e o homem
theologus 1. mitólogo; 2. teólogo, pesquisador da teologia
traditio, onis tradição
turba inquietação, barulho, confusão
universalis, e (universus) universal
universus (unus, verto) universo
urbs, urbis cidade
venio, veni, ventum 1. vir; 2. aproximar; 3. começar; 4. aparecer, surgir; 5. entrar, ingressar, acontecer
vir, viri homem; a) masculino, viril
virtus, tutis masculinidade, virilidade, potência; 1. valentia, coragem, firmeza, decisão; a) atitudes valentes; b) personificação, deusa; 2. a) habilidade, excelência, primor; b) virtude, moralidade, perfeição, perfeição moral, honradez
vis 1. força, firmeza, intensidade; 2. a) valentia; b) violência; c) poder, eficiência, relevância
vox, vocis voz, timbre, som

2. Grego

ἀδικία: injustiça, ofensa

ἀγωνία: 1. competição, espécie de competição; 2. luta em geral; 3. medo de lutar, aflição, angústia

ἀγωνιστής: 1. competidor (também para cavalos); 2. lutador em geral; orador, defensor jurídico (em particular)

αἴσθησις: 1. percepção sensível; 2. órgão dos sentidos

ἀλήθεια: 1. verdade, a manifestação de deus; 2. realidade, circunstâncias concretas (pl.); 3. veracidade, franqueza

ἀνάθεμα: 1. (= ἀνάθεμα: oferenda a um ser divino montada em um templo); maldição, anátema

ἀρετή: habilidade, virtude, qualquer propriedade valorosa; 1. relativo à compleição, ao caráter, à inteligência e à capacidade; a) habilidade, destreza; b) excelência, qualidade superior, valor, virtude; 2. relativo à saúde, às posses etc.: viço, prosperidade, fortuna

ἀσχολία: falta de ócio, falta de tempo (livre), impedimento, ocupação; (pl.) negócios, óbices (que impedem alguma atividade por tomar o tempo de alguém: ασχολίτινός)

ατομος: 1. não cortado, não ceifado; 2. não dividido, não divisível, infinitamente pequeno; **ἀτόμῳ ἐν** = em um instante

βίος: (lat. *vivere, vivus, vita*) 1. vida, tempo de uma vida, modo de viver, conduta; 2. a) meio de vida, alimentação, víveres; b) descrição de vida, biografia; 3. os seres vivos

δίκη: "diretiva, instrução"; 1. maneira, costume; 2. direito, justiça; 3. procedimento jurídico, sentença jurídica, expediente jurídico; 4. disputa jurídica, processo; 5. pena, penalidade (determinada judicialmente)

δόγμα: 1. opinião; 2. deliberação, decisão, ordem; 3. tese, teorema, dogma

δράμα: 1. ação, ato; 2. espetáculo, drama

ἰδέα: 1. visão exterior, aspecto, figura; 2. propriedade, qualidade, modo, maneira; 3. opinião, ideia, representação, protótipo

ἰδιώτης: I. 1. (em oposição à coletividade ou ao Estado) um indivíduo, uma pessoa do povo, cidadão; (pl.) povo 2. pessoa privada (em oposição a dignitários), homem comum, de baixo escalão, soldado raso; 3. leigo (em oposição a quem exerce uma arte ou uma ciência), trabalhador, peão, inepto. II. 1. alguém em seu foro privado; 2. indivíduo inculto, sem instrução

καταστροφή: 1. reviravolta, queda, derrubada; 2. submissão, subjugação, destruição, ruína; 3. fim, término, morte

κορυφαῖος: o mais alto; (relativo a coisas): principal, proeminente; (relativo a pessoas): capitão, chefe, guia, superior, chefe de coro, corifeu

κορυφή: 1. cume, cimo; 2. ápice, pináculo; 3. o sumo, o sublime, o principal

κρίνω: (lat. *cerno, certus, cribrum* [peneira, filtro, crivo]) I. (voz at.) 1. cortar, separar, estratificar, distinguir; 2. separar, selecionar, escolher; 3. decidir, deliberar, condenar; II. (voz med.) escolher para si, interpretar; III. (voz pass.) 1. ser escolhido, julgado, decidido; 2. ser levado a julgamento, ser chamado à responsabilidade, ser condenado; 3. apartar-se, pôr-se à prova na luta, disputar judicialmente

κρίτεον: *ver* **κρίνω**

μάθησις: 1. aprendizado; 2. lição, aula; 3. conhecimento, saber, ciência

μάρτυς: 1. testemunha;
2. mártir
μορφάεις: bem formado, de
belas formas
μορφή: (etimol. incerta) 1.
forma, figura; (em particular)
a) bela forma, graça; b) forma
(ideal); 2. qualidade
μουσικός: músico, relativo às
musas. 1. musical; (relativo
a pessoas) músico; 2. (em
geral) com formação artística
e científica, refinado,
harmônico
οἰκία: 1. habitação, casa,
moradia; a) quarto, cômodo,
(pl.) casa; b) templo;
c) caverna, gruta; 2. bens da
casa, economia doméstica;
a) bens; b) família; 3. lugar de
morada, terra natal, pátria
οὐράνιος: 1. celestial, celeste;
2. sideral, astral, astronômico,
incomensurável
οὐρανός: 1. céu; a) abóbada
celeste; b) atmosfera ao redor
da Terra, atmosfera, éter;
c) morada dos deuses;
d) universo; 2. Urano (como
personalidade divina)

παιδεία: 1. educação, formação;
2. ciclo de matérias, o que
se adquire por meio da
educação; 3. aqueles que são
educados, juventude
πνεῦμά: 1. sopro, corrente de ar;
a) vento; b) perfume;
2. alento, respiração, fôlego;
a) vida; b) alma, espírito
πόλεμος: guerra, combate,
batalha, luta
πολεμικός: concernente ou
próprio da guerra, do
combate
πόλις: 1. a) cidadela, cidade
rodeada por muros de
fortificação; (em especial)
a cidadela de Atenas;
b) metrópole, capital;
2. cidade, comunidade,
cidadania, nacionalidade
πολιτεία: 1. a) direito do
cidadão; b) cidadania,
comunidade; c) vida pública
do cidadão, conduta;
2. Estado
πολίτικός: 1. relativo à cidade
e ao cidadão; 2. cívico;
a) concernente ao Estado
e à sua administração;

b) experimentado nas questões do Estado, com conhecimento da vida pública, homem público, político

πρόβλημα: 1. promontório, extremidade de uma cadeia de montanhas, rochedo, obstáculo; 2. anteparo, proteção, baluarte, bastião, (metafórico) pretexto, subterfúgio; 3. algo que foi anteposto, tarefa, (científico) questão, problema

προσκήνιον: proscênio, parte dianteira e mais visível do palco.

σκηνή: 1. a) tenda, barraca de acampamento; b) alojamento, acampamento; c) palco, armação de madeira sobre a qual os atores atuam; d) cobertura, teto de um carro; 2. parada, estadia (em especial) refeições em uma tenda. Ver também *scaena*

σοφία: 1. habilidade, sagacidade, destreza; 2. (metafórico) a) inteligência, conhecimento, perspicácia, saber, esperteza, astúcia; b) sabedoria de vida, sabedoria, filosofia

στρατεία: 1. a) campanha militar, forças militares em campanha; b) serviço militar; 2. exército de guerra, poder militar

στρατηγός: comandante de armas, general; (em especial) 1. em Atenas, o mais alto comando militar; 2. entre os persas, o governador militar de uma província; 3. entre os romanos, o pretor; 4. capitão de uma guarda de templo; 5. nas cidades jônicas da Ásia Menor, chefe, governador da cidade

τέλος: 1. a) fim, termo, término; b) acabamento, consumação, cumprimento, sucesso, meta, finalidade; 2. ponto culminante, ápice; 3. imposto, tributo alfandegário; 4. destacamento, legião; 5. (pl.) consagração, benção solene, mistérios

τέμενος: (lat. *templum*) 1. área oriunda de uma partilha de terras, bem imóvel pertencente à realeza; 2. terra consagrada a alguma divindade, área sagrada

τέχνη: I. (*abstrato*) 1. habilidade, destreza, artesanato, ofício, arte, técnica; 2. perícia intelectual, destreza manual, ardil, maquinação; II. (*concreto*) artefato, objeto manufaturado

τόπος : 1. lugar, posição, espaço, cercania; 2. (*metafórico*) a) passagem de um texto; b) tema, assunto; c) oportunidade, ocasião; d) posição social

ὕβρις: 1. soberba, sacrilégio, excesso; 2. crime (sacrílego), violência, abuso, difamação, ofensa

Índices

1. Índice de nomes

Arendt, Hannah 206, 372
Aristóteles 66, 67, 84, 89, 136, 142, 160, 236, 322, 372
Bach, Johann Sebastian 156
Bachelard, Gaston 18, 372
Baudelaire, Charles 211, 376
Baudrillard, Jean 53, 100, 119, 288, 320, 348, 373
Baum, Vicki 250,
Bec, Louis 120, 259, 388
Beethoven, Ludwig van 196
Benjamin, Walter 177
Boas, Franz 117
Bollmann, Stefan 19, 20, 294, 356, 364-365, 386-387
Braun, Hanns 261
Buber, Martin 109, 206
Buñuel, Luis 114
Bush, George 138
Cézanne, Paul 272-273
Chardin, Teilhard de 276
Chirac, Jacques 252
Comte, Auguste 316
Darwin, Charles 48
Demócrito 277-279, 287
Descartes, René 149, 159, 161, 284-287, 291, 301
Dostoiévski, Fiodor 263
Duchamp, Marcel 175
Edison, Thomas Alva 70
Eichmann, Adolf 206
Einstein, Albert 70, 171, 322, 375, 382

Eisenstein, Sergei 240, 376
Engels, Friedrich 209-300
Epicuro 277-278, 281
Flusser, David 327
Flusser, Edith 11, 20-21, 26-27, 294, 342, 364, 369
Fitzgerald, Edward 101, 378
Forest, Fred 244-245, 362
Freud, Sigmund 68, 255, 379
Galilei, Galileu 65- 67, 160-161, 170, 272, 283, 321
Gödel, Kurt 263, 379
Goethe, Johann Wolfgang von 52, 68, 165, 172, 214, 274, 369
Gorbachev, Mikhail 138
Göring, Hermann 206
Gutenberg, Johannes (Johannes Gensfleisch) 139-142, 144, 156, 157
Greeley, Horace 300
Hálek, Vítězslav 270
Halevi, Yehudah 307
Hegel, Georg Wilhelm Friedrich 18, 78, 90, 118, 182, 256, 320, 324
Heidegger, Martin 85, 90, 107-109, 112, 128, 232-236, 299-300, 342, 377
Heine, Heinrich 307
Henrique, o Navegador 146, 334
Heráclito 58, 277- 279
Hillel (rabi Hillel) 109
Hindemith, Paul 262
Hitler, Adolf 14, 268
Hussein, Saddam 73, 223-224
Husserl, Edmund 14, 18, 46, 49, 107-108
Ingold, Felix Philipp 294, 353
Kant, Immanuel 37, 63-64, 114, 169, 173
Kepler, Johannes 160, 272
Khayyam, Omar 101-102, 275
Kierkegaard, Sören 111, 378
Kittler, Friedrich A. 11, 17, 27, 328, 348
Kohl, Helmut 92
Leibniz, Gottfried Wilhelm 160-
-162, 165, 287
Leonardo da Vinci 192, 193
Le Pen, Jean-Marie 252
Lucrécio 277- 279, 281
Lullus, Raimundus 287
Lumière, Louis Jean e Auguste Marie Louis Nicolas 225-226
Lutero, Martinho 268
Mallarmé, Stéphane 181, 290
Mandelbrot, Benoît 285, 288

Marx, Karl 90, 118, 182, 209
May, Karl 250
Mead, Margret 117
Méliès, Georges 226
Merleau-Ponty, Maurice 107
Mitterrand, François 91, 92
Moles, Abraham 242, 270, 272, 361-362, 384
Morgenstern, Christian 117
Mozart, Wolfgang Amadeus 174, 270
Napoleão Bonaparte 314
Newton, Isaac 67, 160-162, 164, 272, 313
Nicolau de Cusa 31, 156
Nietzsche, Friedrich 68, 75, 122, 364
O'Grady, Gerald 239
Ovídio 139
Paik, Nam June 239, 362
Parmênides 213
Pascal, Blaise 15, 287, 323, 324
Petrarca, Francesco 267
Pitágoras 12-13, 152-154, 157, 165
Platão 40, 55, 58, 85, 152, 202, 209, 229, 230-231

Pribram, Karl H. 97
Raimund, Ferdinand 213
Rapaport, Anatol 261
Rilke, Rainer Maria 121, 233
Rômulo 42, 59, 178-180
Rybczynski, Zbigniew 240
Sahlins, Marshall 79
Sartre, Jean-Paul 90, 107, 110, 222, 233
Schiller, Friedrich 271
Schopenhauer, Arthur 122-123
Sêneca 47, 308
Serres, Michel 279
Shakespeare, William 98, 124, 192, 270
Stein, Gertrud 149
Tomás de Aquino (São Tomás) 61, 236
Van Gogh, Vincent Willem 174, 270
Vasulka, Steina e Woody 239, 240, 362
Wittgenstein, Ludwig 13, 64, 68, 97-98, 128, 156, 212, 236-237

2. Índice de termos

A

Abraão 111-112
Abstração 37, 40, 102, 107, 115, 121-122, 125, 148-149, 283, 339
Acaso 221, 263, 272, 275, 277-279, 281-283, 290-291, 295, 302
Acrópole 307-308
Alavanca 70, 99
Alemão 13, 39, 96, 106, 115, 124, 140, 155, 178, 186, 190, 254, 259, 261-263, 266-268, 275, 305, 321, 330, 333, 335, 343, 351, 356
Álgebra 14
Algoritmo 14, 31, 100, 166, 283-284, 286-289, 362
   Fractal 100, 288
Alquimia 312
Amor ao próximo 325
Aoristo 106
Aparelho 36, 51, 60, 70-71, 119, 148, 194, 216, 219, 225, 276, 299, 324, 341
Apresentação 319
Aquiles 162
Ares 308

Aritmética 147-148, 152, 158-159, 161, 231, 264, 284, 286, 289
Armazenar 33-36, 51, 122, 193, 253
Ars
   moriendi 47
   electronica 347
Art sociologique 244-245, 362
Arte
   Obra de 174, 178, 290
Artista 175, 177, 181-182, 187, 191-192, 194, 239, 244, 270-271, 303, 362, 368
Astronomia 161, 313
Atenas 308
Átomo 63, 103, 105, 278
Ator 92, 207
Aura 177-178, 194
Autoesquecimento 195
Autômato 185, 187, 318
Autonomia 110, 289, 318
Autor 36, 42, 59, 170, 177-181, 193, 203, 312, 338-339, 355-356, 359

B

Bíblia 84, 89, 268
Biblioteca 26, 36, 54-56, 83, 90-91, 101, 140, 342, 371

Big man 79, 81, 202
Biologia 35, 68, 100, 313-316
Biosfera 276
Bispo 48, 84, 86-89, 138, 141, 257
Blueprint 184
Bomba atômica 174

C
Cabo 92, 274, 322
Caos 270-271, 280, 286, 288, 347
Cálculo(s) 40-41, 64, 102-103, 120, 156, 161, 163, 166-167, 206, 224, 279, 282, 287, 314, 318
Calculadora 163, 165, 222
Calcular 40, 157, 158, 163, 164-166, 194, 272, 275
Câmera 41, 176-177, 219, 228, 238, 243-245
  De vídeo 244
  Fotográfica 148, 211-212, 218-219
Casa 24, 42, 55, 76-79, 81-82, 86, 88, 90-91, 93, 114, 118, 133, 134, 142, 148, 175, 201, 207-208, 244-245, 247, 257, 260, 267-269

Catar 147, 166
Céu 47, 55, 83, 88, 110, 160, 213, 271, 321-322
Cibernética 48
Ciência 64-65, 89, 94, 96, 109, 142, 164-166, 169-176, 180-181, 186, 188-189, 248, 256, 283, 287, 300, 312, 316, 345
Cifra 149
Cineasta 38, 41, 224-225, 228, 231, 240, 242, 349, 361, 366
Círculo 41-42, 57, 61, 87, 88, 154, 160, 198, 225, 289, 296, 336
Civilização 47, 312
Código 30-31, 39, 78, 125, 138, 140, 146-147, 157
  alfanumérico 157
  linguístico 31
  secreto 78, 145, 158
Combinação de sons 270
Comportamento, modelo de 138, 174, 248-249, 314
Computação 174
Computador 14, 89, 95, 98-99, 104-105, 120, 127, 138, 175, 188, 221-224, 237, 241, 254, 269, 275, 291

Comunicação 5, 17, 20, 24, 29,
  30, 33-37, 44-46, 49, 50,
  52-53, 55, 70-72, 77-78, 82,
  90-93, 96, 106, 110, 178, 197-
  198, 204, 207, 209, 215, 227,
  239, 268, 273, 280-281, 308,
  324, 329, 332, 345-346, 348
  Revolução na 23, 246-247, 309
Comunismo 203
Comunistas 221, 252, 274
Concreto 11, 100-101, 158, 284
Conectividade 43, 70-71, 90,
  241, 269, 274, 276, 318, 359
Conhecimento 30-33, 56, 64, 68,
  97, 102, 108-109, 112, 138,
  141-142, 170, 174, 182, 188,
  209, 218, 246, 248-249, 252,
  284, 300-302
  Modelo de 31
Consciência 52, 65, 78, 87, 130,
  135, 138, 143, 217-218, 226,
  246, 256, 266, 298, 358
  fotográfica 218
  histórica 135, 140, 145, 163, 210,
    214, 225, 299, 302, 314
  pós-histórica 215, 226
  trans-histórica 217
  infeliz 78

Contar 39, 96, 125, 132,
  134-135, 147-148, 153, 155,
  167, 194, 209, 369
Continuar 103, 124, 177, 256,
  327, 340, 356
Couch potatoes 251
Crença 35, 172, 299, 317
Criatividade 35-36, 72, 103, 155,
  176, 178, 191, 194-196, 226,
  262, 268-270, 272-273, 322,
  347, 364
Cristo 42, 180, 298, 325
Cultura 5, 15, 17-18, 23, 26,
  32-34, 36, 41, 43, 45-47,
  49-51, 54-57, 64, 69-70, 76,
  87, 109, 121, 130, 133, 143,
  145, 148, 163, 186, 198-199,
  223, 253, 273, 281, 296, 301,
  340, 347-348, 351
  oral 51, 53-54, 57
  imaginária 132
  material 53-54, 69, 114, 118,
    130, 132

D
"Dallas" (série de TV) 248, 251,
  253
Dasein 43, 108, 116, 233

Decadência 76, 96, 108, 264, 273
Dedo 103, 148, 165, 310
Demagogia 51, 204
Democracia 13, 51
Desemprego 199-200, 314, 317
Design 273, 347
Deus 14, 42, 58-59, 62, 82, 110-111, 138, 142, 153, 156, 158-159, 163, 165, 170, 203, 212, 214, 222, 225, 227, 231, 284-285, 287, 296-298, 306, 308, 311-312
Dialética 39, 55, 77-78, 126, 136-137, 182, 266
Diálogo 18, 23, 41, 49-50, 57-62, 67, 170, 176-177, 181, 247, 250, 334, 340, 350, 359
Digitalização 22
Discurso 13, 18, 23, 26, 50-51, 57-58, 60-62, 64, 78, 170-171, 173, 176, 181, 186, 340
Doutor 137-138, 141, 309, 310, 312,

E

Educação 13, 144, 201
Elite 14, 50-51, 60, 137-138, 144, 157-158, 164, 166,
Emissora 207, 251- 254, 256-257, 269, 338
Enfeixamento 42-43, 70-71, 90, 246, 253, 257
Engenheiro 186, 300, 313, 361
Entropia 34, 63, 269, 281
 Equação da 63
Equação diferencial 164
Epicurismo 279
Escola 42, 47, 61, 84, 141, 144, 175, 201, 239, 269, 305, 306, 308-309, 312-317, 320, 328
Escrever 294, 303, 330-331, 333-335, 338, 350, 358, 361, 369
Escrita 40, 54, 130, 133-136, 139-140, 143, 145, 179, 267, 331, 334, 349, 352, 355, 358, 359, 362
Espaço 24, 42, 61, 75-78, 93-99, 108, 147, 150-151, 171, 193, 196, 201, 207-209, 225, 283, 301, 305, 307, 309, 323, 326, 339
 cósmico 94-96, 98
 público 24, 78, 81, 84, 88, 90, 92, 201-202, 207, 209, 247, 268, 307, 360
 privado 24, 53, 81, 86, 88, 90-92, 94, 201, 207-209, 268-269, 360
 sagrado 81-82, 84
 virtual 96-99, 223, 242, 289

Especulação 232, 236
Espelho 63, 232, 236, 237, 238, 241, 242, 368
Estar ligado a 360
Estereótipo 257
Estratégia 259, 302, 347
Ética 68, 169, 205-206, 213, 248, 249, 281
Etnologia 202
Etrusco 266
Experiência 57, 92, 96, 102, 121, 180, 325, 345, 350, 362
Experimento 89, 141-142, 224, 245, 312, 332, 362

F

Fascismo 342
Falar 13, 24, 37, 40, 48-49, 50-52, 61, 87, 94, 97-99, 106, 149, 208, 214, 221-222, 226, 245, 250, 268, 293, 302
Fantasia 66, 101, 272, 289, 361
Feedback 61-62, 72, 113, 119-120, 251, 290
Fenomenologia 14, 61, 107, 118, 182, 218, 226, 229, 256
Ficção 64, 67, 151, 227

Filme 14, 41, 114, 137, 174, 188, 213, 224-226, 229, 239-243, 245, 361, 368
de ficção 227
de ação 227-228
Filosofia 5, 18-19, 46, 48, 55, 83, 85, 107, 164, 213, 232, 236-239, 265, 297, 299, 311, 331-333, 347-349, 352-353, 366-369
Física 35, 46, 164, 312-313, 315-316, 318
nuclear 194
Fotografia 14, 19, 41, 174-175, 212, 214-219, 242-243, 320, 347, 369
Francês 179, 190, 192, 234, 258, 265, 279
Funcionário 119, 141, 244, 319, 320
Futebol 71, 259, 353
Fuzzy sets 57, 316, 317

G

Game 223, 257, 261, 262
Geometria 14, 80, 94, 147, 150, 151-152, 158-159, 202, 264, 273, 284
Gótico 266

Grego 13, 47, 56-58, 77, 83, 85, 103, 106, 115-116, 124, 136, 151-154, 157, 176, 178, 213, 219, 226-227, 236, 258, 268, 307-309
Mundo 129
Guerra 62, 89, 104, 108, 136, 150, 220-221, 223-224, 244, 258, 259, 318, 322

H
Hardware 330
Hermes 308
História 11, 15, 51, 65, 72, 73, 75, 96, 108, 119, 121, 129, 134-135, 137, 143, 156, 160, 162, 173, 194, 202-205, 211-212, 214-221, 223-226, 228, 230, 252-255, 260, 265, 276, 280, 287, 295, 307, 314, 330, 331, 337, 339, 364, 368
Holograma 99-100
Homo erectus gracilis 123
Homo erectus robustus 37, 123
Homo ludens 318
Homo sapiens neandertalenses 123
Homo sapiens sapiens 38, 123, 282
Homo universale 192-193
Humanidades 30, 333

Humanismo 32, 325
Humanities 30, 33

I
Iconoclastia 130
Idade Média 35, 46, 87, 109, 136-137, 279, 309
Ideologia 52, 141, 198, 218, 270, 272
Idolatria (cf. *adoração de imagens*) 40, 129
Ifigênia 111
Igreja 42, 47-48, 65-67, 136-138, 170, 180
Ilusão 165, 225-226, 252
Ímã 292-293
Imagem(ns) 32-33, 35, 38-41, 43-44, 56-58, 63, 70-73, 95, 125-137, 161, 176, 182, 198, 209, 211-220, 223-225, 231-232, 234, 236, 238, 240, 242, 249-250, 253-254, 269, 273, 277-278, 283, 288, 293-294, 297-298, 303, 321, 326, 336-337, 357, 361-362, 365, 368
  adoração de (cf. *Idolatria*) 40, 129
  crítica da 249
  da caverna 73

destruição de 130
do mundo 38, 209
fazer 40, 56, 129
fotográfica, cf. *Fotografia* 211
Imaginação 39, 125, 127, 133,
    137, 150, 156, 225, 272, 368
Imortalidade 195
Indivíduo 58, 103, 105, 170,
    194, 323
Industrial 143-144,
    Revolução 89-90, 141
    Sociedade 141, 185
Informática 11, 64, 138-139, 141,
    166, 189, 194, 316, 350
Inglês 96, 131, 140, 179, 190,
    212, 234, 236, 258, 262-263,
    265-267, 306
Inquisição 310
Interface 314
Intersubjetividade 106, 326
Irresponsabilidade 108
Isaque 111
Italiano 266-267

J

Jesuítas 142
Jesus 109, 111, 325,
Jocus 262

Jogo(s) 66, 71, 109, 114, 167, 230,
    237, 257-265, 269-270, 272,
    275, 282, 284, 290-291, 302-
    303, 312, 317, 324, 339
    Meta- 263, 269, 272
    Teoria dos 258, 261, 316
Judeu 15, 47, 56, 68, 110, 178,
    206, 224, 297, 307-308, 323
Judaísmo 110, 129, 337

K

Kitsch 87, 145, 197-199

L

Laboratório 90, 175
Latino 140, 268, 325
Lei(s) 31, 65, 67-68, 82, 161, 170,
    197, 203-205, 213, 283, 363,
    283-284, 287-288, 300
    de Galileu 161, 170, 283
    de Mendel 34, 146
Ler 13, 26, 133-134, 138-139, 141,
    144-145, 157, 203, 314, 355
Letra(s) 31-32, 54, 135-136, 139-
    -140, 142, 144, 157, 171,
    361-362
Liberdade 288, 290-291, 294-
    -295-304, 324

Língua(s) 14-15, 18, 22, 31, 52, 96, 106, 126, 128-129, 133--135, 139-140, 146, 148, 155, 179, 189-192, 234, 237, 258, 261-262, 264-268, 300, 306, 330-331, 334-335, 339-340, 343, 345, 347, 351, 355-356

Livro 12-13, 17-19, 23-27, 29, 42, 105, 136, 138-141, 143-144, 146, 156-157, 184, 187-188, 191, 206, 208, 234-235, 239, 245, 250, 261, 264, 273, 293--294, 303, 329-331, 333-337, 339-341, 347-348, 352, 354--356, 359-361, 363-364, 366, 367, 369

Lógica 56, 203, 296, 311-313, 316

Lombardas 266

Luva 100, 120

M

Magia 56, 129-130, 135, 145, 165, 214, 295, 357

Mágico 53, 213, 215, 225, 278, 296, 306

Mandamento 82, 203-205

Memória 37-38, 41, 49-50, 53-55, 79, 121, 125, 194-196, 202, 238-241, 254, 334, 338, 366

Mensagem 14, 42, 58-59, 72, 140, 212, 250

Mercado de trabalho 143

Mestre 88, 141, 180

Marxismo 40, 143, 184

Máquina 18, 20, 36, 40 42-43, 62, 71, 101, 104, 120, 142-144, 146, 148, 166, 184, 185--187, 191, 200, 204-206, 212, 218, 220, 242, 269, 274, 303, 313-314, 318-319, 367, 369

Máscara 92, 191, 227-228

Massa 50-51, 58-61, 87, 137, 139, 247-248, 250-256, 274, 321
cultura de 87
turismo de 247

Material 19, 22-23, 25, 44, 53-54, 56, 69, 87, 113-114, 118, 122, 127, 130, 132, 140, 152, 182--186, 191-192, 367
humano 44

Matemática 14, 30, 32, 60, 65, 96, 116, 153-154, 161, 163, 165, 269, 313, 316, 325

Mathesis universalis 65

Mecânica 18, 160-161, 171, 313, 333
quântica 171

Mediação 77

Memória 37-38, 49-50, 53-55, 79, 125, 195-196, 202, 238-241, 254, 334, 366
  apoio da 55, 125
Metafísica 62, 73, 100, 103
Microscópio 322
Mídia 13, 21, 27, 97, 209, 250, 337, 341-342, 354-355
Milagre 231, 296, 298
Ministro 180
Minitel 322, 360
Mitsein 107
Modelo 14, 31, 48, 88-90, 119, 138, 141, 173-175, 197, 200, 220-221, 247-249, 252, 273, 275-276, 314, 361, 367
Modernidade 48-49, 285
Moderno 49, 109, 156, 193, 225, 279, 285, 306
Monge 110, 136-138, 141, 222, 311
Monitor 73, 238, 245, 269
Moral da informação 273
Morte 12-13, 20, 35, 46, 48-49, 55, 63, 116, 126, 135, 155, 169, 177, 205-206, 211, 218, 220, 227, 233-235, 241, 271, 309, 325, 353, 356, 363-364, 369
Mito 56, 135, 145, 151-153, 161, 209, 278, 357

Mundo(s) 14, 37-41, 43, 55, 59, 72, 78, 91-93, 95-97, 99-103, 107, 113-115-116, 118, 120--131, 136, 138, 144, 150-153, 156-161, 165-166, 179, 183, 209, 213-214, 221, 231-233, 237-239, 242, 246, 257, 275, 278-280, 283-284, 289, 291, 295-299, 301-302, 306, 308, 312, 317-318, 320, 322, 325, 330, 353, 361, 363, 368
  Alternativo 41, 99 100, 289
  Visão de 278-279, 289
Música 36, 154, 188, 250, 325

N

Nada 13, 33, 55, 65, 68-69, 71, 81-82, 98, 104, 107-109, 113-114, 119, 121, 130, 148, 151, 153, 155, 157, 164, 170, 174, 181, 185, 192, 194-195, 198, 204, 217-218, 220-221, 224, 226, 229, 233-234, 236-237, 240-241, 253-256, 265, 275--276, 278, 280, 287, 290, 293, 296-297, 313, 316, 319, 323, 337, 344, 346, 354-355
Napolitano 266
Narciso 232, 242

Natureza 13, 30-34, 36, 49, 51, 65, 68, 87, 109, 116, 181, 121, 157, 163, 182-183, 186, 198--199, 213, 273, 283-284, 287, 312, 339
  leis da 31, 65, 68, 213, 283--284, 287
  ciências da 13, 30-31, 33, 36, 49, 51, 109
Necessidade 247, 275, 282, 300-301
Neolítico 75
Nirvana 157
Nômade 79, 330
Noosfera 276
Número 14, 24, 31-32, 104, 148--150, 154-155, 162, 208, 230, 258, 260, 263, 281-282, 285

O

Objetividade 216, 285
Objeto 37, 103, 106-107, 115, 118, 120, 133, 140, 187-188, 272
Ócio 47, 200, 305-306, 309, 314, 316-317
Olho 68, 128, 151, 152, 187, 212, 225, 249, 294
Ontologia 342
Oração 110, 117

Óptica 172, 215
Orfeu 121, 153, 325
Ouvir 24-25, 270

P

Pá 153, 325
Paganismo 129
Paleolítico 70, 75, 80
Paraíso 47, 76, 163, 199, 364
Paixão 325
Páthos 325
Pecado 213-214, 295-298, 313
Pessoa privada 77
Persona 80, 228
Pictograma 133
Pirâmide 42, 46, 59-60
Poema 122, 181, 270
Pólemos 58
Política 218-219, 230-231, 247-249, 257, 295, 312, 318, 353, 360
Pontifices 59, 180
Posthistoire, cf. pós-história 214
Pós-história 220, 224, 351, 352, 357
Pré-história 14, 56, 212, 357
Preocupação 232, 235
Privado

Espaço 24, 53, 81, 86, 88, 90-92, 94, 201, 207, 209, 268, 360
Probabilidade 64, 97, 171, 279, 281-282
Processamento 35, 81, 255
Programa 22, 72-73, 209, 253, 255, 269, 321, 350, 359
Projeto
Projeção 288-290
Projetor 229, 231
Protótipo 257
Provençal 267, 327
Proxêmica 108-109
Psicanálise 227
Publicar 17, 19, 24, 78, 82, 86, 89-91, 176, 190, 330, 334-335, 338-340, 344-345, 351, 355, 358, 360
Público 18, 23-24, 53, 57-58, 78, 81-82, 84, 88, 90-92, 94, 98-99, 172, 198, 201-202, 207-209, 247, 268-269, 307, 320, 332, 334, 339, 354, 356, 360

Q
Química 313-314

R
Ratio, cf. também *Razão* 102, 163, 226
Razão 33, 63, 66, 69, 100, 103-104, 121, 164-165, 169, 173, 181, 202-203, 222, 226, 291, 301, 324, 337
Realidade 12, 35, 38, 46, 57, 64, 70, 102, 108, 173, 187, 195, 200, 207-209, 215, 222, 237, 242-243, 268, 291, 320, 324, 331, 353
Receptor 42, 52, 59, 62, 71, 238, 252
Reflexão 83, 232, 279, 305, 334, 368
Religião 40, 42, 181, 327
Renascimento 47-48, 84, 89, 141-142, 173, 192
República 40, 59, 77, 79, 81, 85, 90-91
Responsabilidade 92, 110, 112, 200, 204, 323-325
Rômulo 42, 59, 178-180
Ruído 50, 196, 231, 272

S
Saber 30, 40, 42, 56, 62, 64, 85, 98, 104, 115, 126,

132-133, 145, 147, 156, 159, 163, 166, 188, 256, 259, 290, 297, 325, 358
Sacerdotes 59, 149
Sagrado 81-82, 84, 94, 98, 306, 308
Sara 111
Scan 127
Sedentarismo 201
Sentido 21, 36, 41-42, 48-49, 56, 58, 62-64, 71, 73, 82, 92, 96, 99, 103, 106, 110, 112, 146, 156, 164, 166, 174, 176, 178, 186, 191-192, 196, 217-218, 226, 228, 232, 242, 247, 256-257, 261-262, 264, 269, 275, 277, 283, 288, 293, 296, 299, 301-303, 307, 316-317, 323, 366, 368
Sexo 76, 113, 199
Simulacro 119, 320
Siringe 153
Software 167, 177, 185-187, 189, 191, 319, 330,
Sociedade 21, 27, 43, 46-49, 66, 71, 135, 141, 143, 152, 158, 183, 185, 191, 246-247, 255, 270, 274, 276, 313, 317, 321, 323, 337
Sombra 232

SS (Schutzstaffel, principal exército nazista) 68, 206
Sujeito 31, 37, 102-103, 106-107, 118, 120, 122, 124, 205, 239

T

Talmude 110
Tcheco 50, 270, 337
Teamwork 228
Técnica 13, 36, 73, 100, 122, 142, 163, 169-176, 178, 186, 193-195, 205, 242, 298-300, 312, 325, 343, 360, 363, 366-367
Telefax 322
Telefone 322
Telégrafo 322
Telenovela 206
Teleologia 302
Telescópio 321-322
Televisão 14, 42, 54, 60, 62, 87, 91-92, 207, 209, 223, 242--243, 245, 249, 251, 254, 264, 274, 320-322, 338, 369
Templo 90, 305-306
Texto 5, 20, 22-23, 25-26, 40, 106, 136-137, 186, 189-191, 303, 307, 329, 332-336, 341-342, 344, 346, 350, 355, 359, 363, 365, 368

Teatro 14, 42, 57-58, 60, 192,
    209, 227, 269
Teologia 35, 40, 311
Termodinâmica 34, 146, 198,
    217, 280-281
Trabalho 21-22, 26, 29, 47-48,
    76, 84-86, 89, 99, 117, 140,
    142-143, 181-186, 188, 192,
    199-200, 240, 273-274, 306,
    317, 329, 358, 361, 365, 369
Tradição 42, 65, 67, 181, 199,
    223, 277, 307, 362
Transcendência 155-156, 299

U

Universidade 5, 11-12, 14, 17,
    26-27, 35, 60, 88, 101, 117,
    244, 252, 310, 312-313, 316,
    327-330, 333, 335, 342, 369
Universo 34, 330-331, 347, 361
Utopia 185-186, 192, 294

V

Vanguarda 157, 185, 199-200
Verdes, Os (*Die Grünen*, partido
    político) 198

Vídeo 14, 29, 232, 237-245, 342,
    361-363, 365-368
Virtual 89, 96-99, 223-224, 242,
    246, 289, 292-293

W

Workshop 37

X

Xadrez, jogo de 261

Z

Zapping 251
Zaratustra 194
Zeitgeist 274
Zero 149, 155, 157, 159, 166,
    262-263, 285, 333, 339
    Dimensão 40, 151, 166
    Ponto 285
    Jogo de soma 261-262
Zuhanden-sein 236

3. Índice de lugares

África central 75,
Alemanha 5, 12, 15, 17, 26, 32, 60, 82, 164, 190, 328, 330--331, 335-337, 341, 346, 353, 356, 358, 360
Alpes 75
Ancara 72
Auschwitz 32, 68, 206, 209
Basileia 248
Caldeia 131
Chernobyl 97
Colônia 21, 27, 342, 351, 368
Côte d'Azur 251
Dordonha 38, 69, 75
Düsseldorf 71-72
Egito 133
Espanha 310
Eufrates 79
Floresta Negra 234
Formosa 83
França 17, 75, 92, 192, 244, 265, 310, 313, 328, 336, 360, 362
Ibiza 314, 320
Índia 260
Indo 79
Iraque 108, 220, 223
Islândia 248
Israel 110, 338
Itália 86, 141, 266, 310, 328
Jericó 79
Jerusalém 206, 299, 306, 327, 337
Lascaux 38, 76, 125, 254
Marselha 71, 282, 328, 352
Mediterrâneo 133
Metaponto 153, 155
Mongólia 145
Murmansk 248
Nápoles 267
Nilo 14, 51, 247-248
Nova York 96, 239, 333, 337, 352, 362
Odessa 240
Pádua 310
Paris, Sorbonne 18, 61, 244, 310, 328, 352
Pechemerle 76, 125
Pequim 333
Pérsia 260
Pirineus 75
Praga 12, 14-15, 21, 23, 92, 163, 267, 330, 332, 338, 369
Robion 11, 91, 265, 327, 358, 368
Roma 80, 178-180, 227, 267
São Paulo 5, 29, 239, 322, 326, 328, 331-333, 352
Semipalatinsk 156

Stanford 97
Sul da França 75, 310
Tanganica 248
Tel Aviv 79
Tell el Amarna 79
Toulouse 71
Trento 267

Troia 111
Ulan Bator 72
União Soviética 158
Ur 131
Vaticano 332
Vegetação 81
Zurique 21, 294